摩訶止観（I）

菅野博史 訳註

第三文明選書18

はしがき

私は今年、七十歳を迎える。第三文明社からは、これまで『法華玄義《ほっけげんぎ》』上・中・下（一九九五年）、『法華文句《もんぐ》』Ⅰ～Ⅳ（二〇〇七～二〇一一年）をレグルス文庫として刊行していただいた。幸いなことに一定の評価を得て、現在でも第三文明選書1～7として刊行されている。このたび、同じく訓読訳と語注という形で『摩訶止観《まかしかん》』を刊行する機会を与えられたことは、望外の喜びである。いずれ現代語訳にも取り組むつもりではあるが、日本における仏教の学習には、訓読訳も重要性を持っていることは事実である。振り返れば、私の最初の著作は、第三文明社から出していただいたレグルス文庫の『一念三千とは何か――『摩訶止観』正修止観章』（一九九二年、現在は第三文明選書8として刊行）であった。それから三十年が経過したことになる。

本書は天台大師智顗《ちぎ》（五三八～五九七）と弟子の章安大師灌頂《かんじょう》（五六一～六三二）の合作とも言うべき『摩訶止観』を読み下し、語注を付けたものである。『摩訶止観』は天台三大部の一つである。後に、法華三大部とも呼ばれることがあるのは、これらの三著が『法華経』の三大章《しょう》疏《しょ》と捉えられたからである。実際、『法華玄義』は『法華経』の五字（妙法蓮華経）の経題を名《みょう》体宗用教《たいしゅうゆうきょう》の五重玄義の視点から解釈したものとして、『法華文句』は『法華経』一部の文々句々を因縁・約教・本迹・観心の四種の立場から注釈したものとして、『法華経』と直接の関係を持っていることは見易い事実である。ところが『摩訶止観』は止観という仏教の実践行を体系付けた書とでも呼ぶべきもので、一見すると『法華経』と直接の関係がないかのように考えられ易い。しかし、『法華経』は蔵教・通教・別教の方便の教えをまじえずに、大乗仏教の究極の教えとされる円教の教えだけを説いたものと規定され、その円教に対応する円頓《えんどん》止観を説いていることに着目すれば、『摩訶止観』は修行の立場から『法華経』を解釈したものとして、単なる字句の解釈よりも一層重要な『法華経』の研究書であると捉えることも可能であろう。

　これまでの『摩訶止観』の翻訳についていえば、『昭和新纂国訳大蔵経・宗典部十三』（訳者不記、東方書院、一九三二年）と『国訳一切経・和漢撰述部・諸宗部三』（田村徳海訳、大東出版社、一九三九年）とに、訓読訳が収められている。また、村中祐生訳『摩訶止観』（『大乗仏典《中国・日本篇》6』、中央公論社、一九八八年）は巻第四下までの現代語訳を収めている。新田雅章訳『摩訶止観』（『仏典講座25』、大蔵出版、一九八九年）は巻第二下までの訓読訳を収めている。その後、菅野博史は『一念三千とは何か――『摩訶止観』正修止観章』（前出）を刊行し、陰界入《おんかいにゅう》境《きょう》に対する観不可思議境の部分（つまり、一念三千が説かれる箇所）の現代語訳を提示した。さらに、その後、池田魯参氏によって、『詳解摩訶止観　天巻　定本訓読篇』（大蔵出版、一九九六年）、『詳解摩訶止観　人巻　現代語訳篇』（大蔵出版、一九九七年）、『詳解摩訶止観　地巻　研究註釈篇』（大蔵出版、一九九八年）の三部作が刊行された。本書の語注に示した経論の出典調査について、池田氏の研究に負うところが大きい。記して感謝の意を表する。また、海外のものとして、台湾の李志夫編著『摩訶止観之研究』上・下（中華仏学研究所論叢30、法鼓文化事業股份有限公司、二〇〇一年）が刊行された。Paul L. Swanson 氏によって英訳、*Clear Serenity, Quiet Insight: T'IEN-T'AI CHIH-I'S MO-HO CHIH-KUAN*, 3 volumes, University of Hawai'i Press, 2018 が刊行された。

次に、本書の凡例を記す。

一　底本には『大正新脩大蔵経』第四十六巻所収本を用いる。また、『天台大師全集・摩訶止観』（中山書房、一九六九年。初版は一九一九年）所収本を参照する。文字を改める場合は、語注のなかで、いちいち注記する。

二　見開き二頁にわたって、はじめに訓読訳を掲げ、次に、訓読訳に出る重要な語句に語注を付ける。語注の番号は、見開き二頁の範囲で連番とし、次頁では、新たに1から始める。

三　訓読訳と底本との対照の便宜のために、訓読訳の上段余白に『大正新脩大蔵経』第四十六巻の頁・段を記した。たとえば、14ａは十四頁上段を示す（中段はｂ、下段はｃと表記する）。

四　訓読訳の字体は、原則として常用漢字を用い、また、異体字を通用の字体に改める場合もある。

五　仮名遣いは、原則として現代仮名遣いを用いる。

六　リズムを重んじる伝統的な訓読よりも、意味を取りやすくするために、主格を示す「は」を多用するなど工夫する。伝統的な訓読といっても、さまざまな方式がある。本書では、仮定形の場合は、原則として「未然形＋ば」の形式で訓読する。

七　送り仮名は多めに送り、読み仮名を多めに振る。

八　読みやすくするため、訓読訳に簡略な科文を示す。科文については、『国訳一切経』を参考にし、数字化した。ただし、『国訳一切経』の科文のあまりに細かい分科は省略したところもある。

九　語注については、仏教用語だけでなく、文意を容易に把握できるように、一般の難解な語句にも付ける。語注の見出し語は、原漢文を掲げる。注のなかで、経論を引用する場合、専門家のための情報提供であるので、原則的に原漢文のままにする。

十　語注のなかのローマ字は、とくに断りがない場合は、サンスクリット語（梵語）を示す。音訳（音写語）に対応する梵語を記す場合が多いが、実際には梵語ではなく俗語である場合も多い。また、対応する原語も複数ある場合もあるので、本書に記した対応梵語も一応の目安とご理解いただきたい。

十一　経論の出典は、引用文の後ろの（　）に記す。『大正新脩大蔵経』の頁・段・行を、T25, 23a11-13（『大正新脩大蔵経』第二十五巻、二十三頁上段十一行～十三行）などと記す。また、『新纂大日本続蔵経』の頁・段・行を、X28, 365b24-c4（『新纂大日本続蔵経』第二十八巻、三百六十五頁中段二十四行～下段四行）などと記す。

十二　本書は四冊本であるが、第四冊の巻末に解説と索引を付ける。索引の語句の選定にあたっては、原則として語注の見出し語を採用する。したがって、記載の頁数は、その語句の説明が記されている頁ということになる。また、本文に難解な語句が出てきた場合は、その頁に語注が付いていなくとも、すでに前の部分で語注を付けた可能性が高いので、巻末の索引を検索して、その語句の説明を参照していただきたい。

十三　本書を四分冊とし、第一冊は『摩訶止観』の巻第一上から巻第三上まで、第二冊は巻第三下から巻第五下まで、第三冊は巻第六上から巻第八上まで、第四冊は巻第八下から巻第十下までを収める。頁は四分冊にわたって通頁とする。

十四　本書で用いる略号は以下の通りである。

『大正新脩大蔵経』第九巻二十一頁中段三行→T9, 21b3

『天台大師全集・摩訶止観』→『全集本』

妙楽大師湛然（七一一～七八二）の『止観輔行伝弘決』→『輔行』

慧澄癡空（一七八〇～一八六二）の『摩訶止観開講演義』→『講義』

大宝守脱（一八〇四～一八八四）の『摩訶止観開講要義』→『講述』

本書の完成には、時間がかかるが、完成に向けて努力したい。『法華玄義』、『法華文句』の訳註と同様に、多くの方にご利用いただければ、訳註者としてこれ以上の幸せはない。

二〇二二年五月

菅野博史

目次

『摩訶止観』科文(I)　　(頁)

『摩訶止観』の構成（五略十広）

（十広）　（五略）

- ①大意
  - 発大心
  - 修大行
  - 感大果
  - 裂大網
  - 帰大処
- ②釈名
- ③体相
- ④摂法
- ⑤偏円
- ⑥方便 —— 二十五箇条の修行の用心が説かれる（具五縁・呵五欲・棄五蓋・調五事・行五法）
- ⑦正観
  - （十境）
  - 陰入界
    - （十乗観法）
    - 観不可思議境
    - 起慈悲心
    - 巧安止観
    - 破法遍
    - 識通塞
    - 修道品
    - 対治助開
    - 知次位
    - 能安忍
    - 無法愛
  - 煩悩
  - 病患
  - 業相
  - 魔事
  - 禅定
  - 諸見
  - 増上慢
  - 二乗
  - 菩薩
- ⑧果報
- ⑨起教
- ⑩旨帰

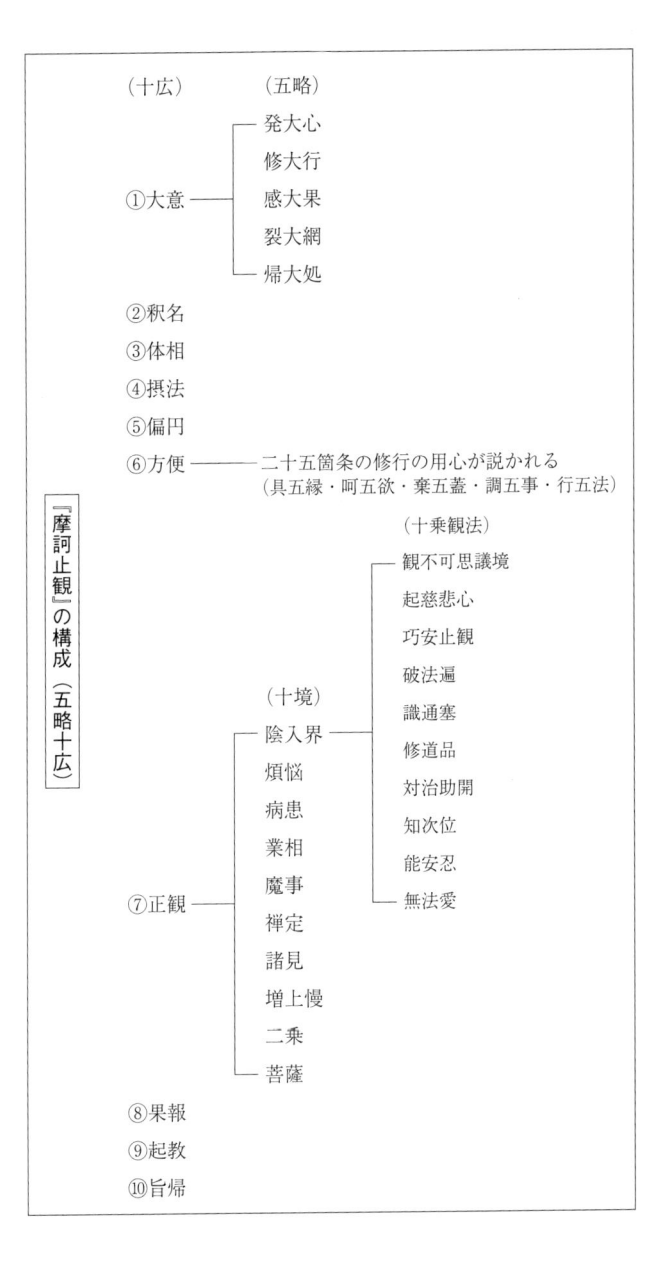

本文レイアウト／安藤　聡
装幀／クリエイティブ・コンセプト

摩訶止観（I）

摩訶止観 巻第一上

隋の天台智者大師説く
門人の灌頂記す

序分（縁起）

1a

1. 通序

止観の明静《みょうじょう》なること、前代に未だ聞かず。智者は、大隋の開皇《かいこう》十四年[1]四月二十六日より、荊《けい》州《しゅう》の玉泉寺[2]に於いて、一夏《いちげ》[3]に敷揚《ふよう》[4]し、二時[5]に慈霔《じちゅう》[6]す。楽説《ぎょうぜつ》[7]窮まらずと雖も、纔《わず》かに見[8]境[9]に至るに、法輪を転ずることを停《とど》めて、後分[10]を宣《の》べず。

2. 別序

2.1. 付法の由漸《ゆうぜん》を明かす

然るに、流れを挹《く》んで源を尋ね、香を聞《か》ぎて根を討《たず》ぬ[11]。『論』に云わく、「我が行に、師保《しほ》無

(1)大隋開皇十四年――西暦五九四年。
(2)荊州玉泉寺――湖北省宜昌市にある。梁宣帝が建てた（五五九年）覆船山寺に、智顗が隋文帝から玉泉寺の勅額を受けて建立した。
(3)一夏――夏安居をする四月十六日～七月十五日までの三カ月の夏の期間を指す。
(4)敷揚――伝播宣揚すること。
(5)二時――朝と夕方。
(6)慈霔――慈心によって雨の注ぐように教えを説くこと。
(7)楽説――説法を好むこと。
(8)纔――やっとのことで、初めての意。
(9)見境――十境（陰界入境・煩悩境・病患境・業相境・魔事境・禅定境・諸見境・増上慢境・二乗境・菩薩境）の第七の諸見境（さまざまな誤った見解という対境）を指す。
(10)後分――『摩訶止観』の十広のうち、第七章の「正修止観」の十境の第八の増上慢境、第九の二乗境、第十の菩薩境や、第八章「果報」、第九章「起教」、第十章「旨帰」を指す。本書前掲の「五略十広」の図表を参照。
(11)挹流尋源聞香討根――『詩経』小雅・谷風、「酌其流須尋其濫觴、知其香須討其根本」を参照。

4

し」[1]と。『経』に云わく、「莂《べつ》を定光《じょうこう》より受く」[2]と。『書』に言わく、「生まれながらにして知る者は上なり。学びては次に良し」[3]と。法門は浩妙《こうみょう》[4]なり。天真独朗《てんしんどくろう》[5]と為すや、藍従《あいよ》りして青し[6]と為すや。行人は若し付法蔵[7]を聞かば、則ち宗元[8]を識らん。大覚世尊[9]は劫を積みて行満じ、六年に渉りて以て見を伏《ぶく》し、一指を挙げて魔を降《くだ》[10]す。始めは鹿苑《ろくおん》[11]、中ごろは鷲頭《じゅず》[12]、後は鶴林《かくりん》[13]なり。

(1) 論曰我行無師保――『大智度論』巻第一、「我行無師保　志一無等侶　積一行得仏　自然通聖道」(T25, 65a1-2) を参照。「師保」は、師匠、先生の意。

(2) 経云受莂於定光――『増一阿含経』巻第十一、善知識品、「爾時定光如来観察梵志心中所念、便告梵志曰、汝将来世当作釈迦文仏如来至真等正覚」(T2, 599b13-15) を参照。また、『太子瑞応本起経』巻上、「因記之曰、汝自是後、九十一劫、劫号為賢、汝当作仏、名釈迦文〔天竺語、釈迦為能、文為儒、義名能儒〕」(T3, 473a21-23) を参照。

「定光」は、燃灯とも訳す。釈尊に授記した過去仏。

(3)書言生知者上学而次良――『論語』季氏篇、「孔子曰、生而知之者、上也。学而知之者、次也。困而学之、又其次也。困而不学、民斯為下矣」を参照。

(4)浩妙――広大で絶妙なこと。

(5)天真独朗――「天真」は、天から与えられた純粋な本性のこと。「独朗」は、それだけが明らかであること。『輔行』巻第一之一、「理非造作、故曰天真。証智円明、故云独朗」(T46, 143c27-28)を参照。

(6)従藍而青――『荀子』勧学篇、「青取之於藍、而青於藍」に基づく表現。

(7)付法蔵――法蔵(教えの蔵)=仏法を付嘱すること。

(8)宗元――本源、根元の意。

(9)大覚世尊――仏のこと。「大覚」は、仏の偉大な覚りを意味する。また、仏を意味する。「世尊」は、Bhagavat の漢訳。世間で最も尊い人の意。

(10)挙一指而降魔――『方広大荘厳経』巻第九、成正覚品、「坐於師子座　作遊戯神通　仏以指按地　即時六種動　降伏魔軍衆　如制兜羅綿　魔王懐憂悩　以杖而画地」(T3, 597a3-6)を参照。

(11)鹿苑――鹿園、鹿薗、鹿野苑、鹿野園などともいう。釈尊が成道後、初めて五人の弟子を相手に説法した地。現在のサールナート。ベナレスの北東約七キロメートルにある。

(12)鷲頭――『法華経』の説法場所である霊鷲山のこと。

(13)鶴林――沙羅双林のこと。釈尊がクシナガラで入滅したとき、沙羅双樹林が白色になって枯れ死んださまが、白い鶴が群がるように見えたことからいう。

2.2. 付法相承《そうじょう》を明かす

2.2.1. 金口《こんく》相承

法を大迦葉に付す[1]。迦葉は、舎利を八分して[2]、三蔵を結集《けつじゅう》す[3]。法を阿難に付す[4]。阿難は、河の中にて風三昧に入り、四つに其の身を派《わか》つ[5]。法を商那和修《しょうなわしゅ》に付す[6]。修は手より甘露を雨《ふ》らし、五百の法門を現わす[7]。法を毱多《きくた》に付す[8]。多は俗にありて三果を得[9]、戒を受けて四果を得たり[10]。法を提迦多《だいかた》に付す[11]。多は壇に登りて初果を得[12]、三羯磨《さんこんま》して[13]四果を得たり。法を弥遮迦《みしゃか》に付す[14]。

（1）大迦葉——摩訶迦葉（Mahākāśyapa）のこと。付法蔵の第一祖。

（2）八分舎利——「舎利」は、śarīra の音写語。仏の遺骨のこと。『般泥洹経』巻下、「於時八国得仏八分舎利、各還起塔、皆甚厳好」（T1, 190b29-c1）を参照。

（3）結集三蔵——「結集」は、仏典を集めること。「三蔵」は、経蔵・律蔵・論蔵のこと。

（4）阿難——Ānanda の音写語。釈尊の侍者で、多聞第一と呼ばれる。付法蔵の第二祖。

（5）阿難河中入風三昧四派其身——『付法蔵因縁伝』巻第二、「阿難念曰、仏記罽賓当有比丘名摩田提。於彼国土流布法眼、即便以法付摩田提。踊身虚空、作十八変、入風奮迅三昧、分身為四分。一分向忉利天与釈提桓因。一分与大海娑伽龍王。一分与彼毘舎離子。一分授与阿闍世王。如是四処各起宝塔、焼香散華供養舎利」（T50, 303b4-10）

を参照。また、『法華文句』巻第二にも、「於恒河中、入風奮迅三昧、分身為四分。一与天、一与龍、一毘舎離、一阿闍世」(T34, 18c1-3) とある。「風三昧」は、引用文中の「風奮迅三昧」を指す。

(6)商那和修――Śāṇavāsa の音写語。阿難の弟子。付法蔵の第三祖。

(7)法付商那和修修手雨甘露現五百法門――『付法蔵因縁伝』巻第二、「商那和修知其弟子憍慢未息、手指虚空、便下香乳。如高山頂懸泉流注。問言、毱多、是何定相。憂波毱多即入三昧、深心観察、不能曉了、即問其師、是何三昧。和修答言、此即名為龍奮迅定。如是次第五百三昧。問其名字、都不了知。商那和修一一為説」(T50, 304b22-28) を参照。

(8)毱多――憂(優)波(婆)毱多のこと。Upagupta の音写語。付法蔵の第四祖。

(9)三果――声聞の四果(預流果・一来果・不還果・無学果)のうちの第三果、不還果(阿那含果)を指す。

(10)四果――声聞の四果のうち、第四果の無学果(阿羅漢果)を指す。

(11)提迦多――提多迦のほうが適当である。Dhṛitaka, Dhītika の音写語。付法蔵の第五祖。

(12)登壇――受戒のために、戒壇に登ること。

(13)三羯磨――「羯磨」は、karma の音写語で、戒律に関する行為の作法をいう。白四羯磨(一白三羯摩)は衆僧法(サンガ=四人以上で構成される教団のなかで申し述べる方法)の一つで、僧衆に一度告知し、三度可否を問うこと。一度告知することを一白といい、三度可否を問うことを「三羯磨」という。これは具足戒を受ける場合、僧残罪の懺悔の場合などに行なわれる。ここでは、登壇して初果を得、一度可否を質問して二果を得、二度可否を質問して三果を得、三度可否を質問して四果を得ることをいう。

(14)弥遮迦――Miccaka, Mikkaka の音写語。付法蔵の第六祖。

1b

す。迦は仏駄難提《ぶつだなんだい》[1]に付す。提は仏駄蜜多《ぶつだみった》[2]に付す。多は王に三帰[3]を授け、算者[4]を降伏《ごうぶく》す。法を脇《きょう》比丘[5]に付す。比丘は胎を出ずるに髪白く、手より光を放ちて経を取る。法を富那奢《ふなしゃ》[6]に付す。奢は論じて馬鳴《めみょう》[7]に勝ち、髪を剃りて弟子と為す。鳴は頼吒和羅妓《らいたわらぎ》[8]を造る。妓の音は無常・苦・空を演べ、聞く者は道を悟る。法を毘羅《びら》[9]に付す。羅は無我論を造り、論の向かう処に、邪見は消滅す。法を龍樹[10]に付す。樹は生身を生じ、龍は法身を成ず。法を提婆《だいば》[11]に付す。婆は天眼を鑿《うが》ちて、万の肉眼を施す。法を羅睺羅《らごら》[12]に付す。羅は鬼の名の書を識り、外道を降伏す。法を僧佉難提《そうきゃなんだい》[13]に付す。提は偈を説いて羅漢を試む。法を僧佉耶奢《やしゃ》[14]に付す。奢は海に遊び、城を見て偈を説く。法を鳩摩羅駄《くまらだ》[15]に付す。駄は万騎を見て馬の色を記し、人の名を得て衣を分別す。法を闍《じゃ》夜那《やな》[16]に付す。那は重を犯せる人の為めに火の坑《あな》を作り、入れて懺悔《さんげ》せしむるに、坑は池と成り罪を滅す。法を盤駄《ばんだ》[17]に付す。駄は摩奴羅《まぬら》[18]に付す。羅は恒河《ごうが》[19]を分かちて二分と為し、自ら一分を

(1)仏駄難提——Buddhanandi の音写語。付法蔵の第七祖。
(2)仏駄蜜多——Buddhamitra の音写語。付法蔵の第八祖。

(3)三帰――仏・法・僧の三宝に帰依すること。
(4)算者――占い師の意味。
(5)脇比丘――Pārśva の音写語。付法蔵の第九祖。
(6)富那奢――Puṇyayaśas の音写語。付法蔵の第十祖。
(7)馬鳴――Aśvaghoṣa の音写語。付法蔵の第十一祖。
(8)頼吒和羅妓――馬鳴が作成した頼吒和羅という名の伎楽。『付法蔵因縁伝』巻第五、「於華氏城遊行教化。欲度彼城諸衆生、故作妙伎楽名頼吒啝羅。其音清雅哀婉調暢、宣説苦空無我之法」(T50, 315a20-22) を参照。
(9)毘羅――迦毘摩羅 (Kapimala の音写語) の略。付法蔵の第十二祖。
(10)龍樹――Nāgārjuna の音写語。付法蔵の第十三祖。
(11)提婆――聖提婆。Āryadeva の Ārya を聖と訳し、deva を提婆と音写する。付法蔵の第十四祖。
(12)羅睺羅――羅睺羅跋陀羅 (Rāhulabhadra の音写語) の略。付法蔵の第十五祖。
(13)僧佉難提――Saṅghanandi の音写語。付法蔵の第十六祖。
(14)僧佉耶奢――Saṅghayaśas の音写語。付法蔵の第十七祖。
(15)鳩摩羅駄――Kumāralabdha の音写語。付法蔵の第十八祖。
(16)闍夜那――『付法蔵因縁伝』には「闍夜多」とある。これは、Jayata の音写語。付法蔵の第十九祖。
(17)盤駄――婆修盤駄 (頭) (Vasubandhu) の略。付法蔵の第二十祖。天親、世親と訳す。
(18)摩奴羅――Manura, Manorhita の音写語。付法蔵の第二十一祖。
(19)恒河――ガンジス河のこと。

化す。法を鶴勒夜那《かくろくやな》[1]に付す。那は師子[2]に付す。師子は檀弥羅王《だんみらおう》[3]の害する所と為り、剣もて斬るに乳を流す。付法蔵の人は、迦葉に始まり、師子に終わるまで、二十三人なり。末田地《までんち》[4]と商那とは同時なり。之れを取れば、則ち二十四人なり。諸師は皆な金口《こんく》の記《しる》す所なり。並びに是れ聖人にして、能く利益すること多し。昔の王は厩《うまや》を寺に立てず、厩を屠《と》に立つ[5]。況んや好《よ》き世に聖に値う。寧《いずく》んぞ益無からんや。又た、婆羅門の髑髏《どくろ》を貨《う》るに、孔《あな》の達する者、半《なかば》なる者、不《しか》らざる者あり。達する者は、塔を起て、礼供《らいく》して天に生ずることを得[6]。聞法の要、功徳は此の若し。仏は此の益の為めに法蔵を付するなり。

2.2.2. 今師《こんし》相承

此の止観は天台智者の己心の中に行ずる所の法門を説く。智者は生まるるに、光は室に満ち、

（1）鶴勒夜那——Haklena-yaśa の音写語。付法蔵の第二十二祖。

（2）師子——Siṃha の音写語。付法蔵の第二十三祖。

（3）檀弥羅王——「檀弥羅」は、Mihirakula の音写語。『付法蔵因縁伝』では、この王によってインドの仏教は滅んだとされる。

（4）末田地——Madhyantika の音写語。末田地を付法蔵の系譜に入れると、全部で二十四祖となる。

（5）昔王不立厩於寺立厩於屠——『付法蔵因縁伝』巻第六、「如昔往日華氏国王、有一白象。気力勇壮、能滅怨敵。若有罪人令象踏殺、後時象厩為火所焼。移在異処、近一精舎。聞有比丘誦法句曰、為善生天、為悪入淵。心便柔和、起慈悲意。後付罪人、都不殺害。但以鼻嗅舐之而去。王見斯已、心大惶怖。召諸智臣、共謀此事。時有一臣即白王言、此象繫処近在精舎、必聞妙法。是故爾耳。今可移繫令近屠肆。彼覩殺害、悪心当盛。王用其計、繫象屠所。象見殺戮剝皮斬截、悪心猛熾、残害増甚」（T50, 322a6-16）を参照。「屠」は、引用文の「屠所」の略。屠殺場のこと。

（6）又婆羅門貨髑髏孔達者半者不者達者起塔礼供得生天——『付法蔵因縁伝』巻第六、「又於往昔有婆羅門、持人髑髏其数其多。詣華氏城、遍行衒売。経歴多時、都無買者。便極瞋恚、高声唱言、此城中人若不就我買髑髏者、吾当相為作悪名聞言。汝諸人愚癡闇鈍。爾時城中諸優婆塞聞是語已、畏其毀謗、便持銭物至彼買之。即以銅筋貫穿其耳。若徹之者、便与多価。其半徹者、与価漸少。都不通者、全不与直。時婆羅門問優婆塞、我此髑髏皆悉無異。何故価直而有差別。優婆塞言、如前髑髏有通徹者、斯人生時、聴受妙法、智慧高勝、貴其若此。相与多価。其半徹者、雖聴妙法、未善分別。以是因縁、与汝少直。全不通者、此人往昔都不聴法。吾以是故不相与価。時優婆塞持此髑髏、往至城外、起塔供養、命終皆得生于天中」（同前、322b7-22）を参照。

目に双瞳《そうどう》[1]を現ず。法華経懺《せん》を行じて陀羅尼を発し[2]、受法の師に代わって、金字の『般若』を講じ[3]、陳・隋の二国は、宗《あが》めて帝の師と為し、安禅《あんぜん》として化《け》し[4]、位は五品《ごほん》[5]に居《こ》す。故に『経』に云わく、「四百万億那由他の国の人に施すに、一一に皆な七宝[6]を与え、又た化して六通[7]を得しむとも、初随喜の人[8]に如《し》かざること、百千万倍なり」[9]と。況んや五品をや。文に云わく、「即ち如来の使いにして、如来に使わされ、如来の事を行ず」[10]と。『大経』に云わく、「是れ初依の

(1)双瞳――重瞳《ちょうどう》ともいう。一つの眼球に二つの瞳孔があることで、英雄、聖王の相とされる。

(2)行法華経懺発陀羅尼――ここでは、智顗が慧思(五一五~五七七)のもとで、法華三昧の前方便を得て、初旋陀羅尼を得たことを指す。『隋天台智者大師別伝』、「思師歎曰、非爾弗証、非我莫識。所入定者、法華三昧前方便也。所発持者、初旋陀羅尼也」(T50, 192a5-7)を参照。「初旋陀羅尼」は、『法華経』普賢菩薩勧発品に、「爾時受持読誦法華経者、得見我身、甚大歓喜、転復精進、以見我故、即得三昧及陀羅尼、名為旋陀羅尼・百千万億旋陀羅尼・法音方便陀羅尼、得如是等陀羅尼」(T9, 61b5-9)と出る。『法華文句』巻第十下、「陀羅尼、旋仮入空也。百千旋者、旋空出仮也」(T34, 148c22-23)によれば、「初旋陀羅尼」は空観に相当し、「百千万億旋陀羅尼」は仮観に相当する。

一般には、「法華経懺」は、法華懺法のことで、法華三昧を修得するための儀式作法を意味する。これを説明したものとして、智顗『法華三昧懺儀』がある。

（3）代受法師講金字般若――「受法師」は、智顗が法を受けた南岳大師慧思を指す。智顗は、慧思の指示によって、慧思の代わりに、金字の『大品般若経』を講義した。『隋天台智者大師別伝』、「思師造金字大品経竟。自開玄義、命令代講」（T50, 192a22-23）を参照。

（4）安禅而化――「安禅」は、静かに禅定に入ること。「化」は、遷化すること。智顗は、開皇十七年（五九七）十一月二十四日（実際には新暦の五九八年一月七日）に逝去した。

（5）五品――五品弟子のこと。『法華経』分別功徳品に基づいて、智顗が立てた円教の位で、十信以前の位。随喜品・読誦品・説法品・兼行六度品・正行六度品のこと。六即の観行即に相当する。『隋天台智者大師別伝』、「吾不領衆、必浄六根。為他損己、只是五品位耳」（同前、196b13-14）を参照。

（6）七宝――いくつかの説があるが、『法華経』授記品（T9, 21b20-21）によれば、金・銀・琉璃・車渠・馬瑙・真珠・玫瑰《まいえ》の七種の宝石。

（7）六通――神足通・天眼通・天耳通・他心通・宿命通・漏尽通の六種の超能力。

（8）初随喜人――五品の最初の随喜品の人を指す。本ページ注5を参照。

（9）経云施四百万億那由他国人一一皆与七宝又化令得六通不如初随喜人百千万倍――『法華経』随喜功徳品、「仏告弥勒、我今分明語汝。是人以一切楽具、施於四百万億阿僧祇世界六趣衆生、又令得阿羅漢果、所得功徳、不如是第五十人、聞法華経一偈随喜功徳、百分、千分、百千万億分、不及其一、乃至算数譬喩所不能知」（同前、46c23-28）を参照。

（10）文云即如来使如来所使行如来事――『法華経』法師品、「当知是人則如来使、如来所遣、行如来事」（同前、30c27-28）を参照。

菩薩なり」[1]と。

智者は南岳[2]に師事す。南岳の徳行は、思議す可からず。十年専ら誦し、七載《しちさい》は方等、九旬《くじゅん》は常坐し[3]、一時に円かに証し、大・小の法門を朗然《ろうねん》[4]として洞《ほが》らかに発す。南岳は、慧文《えもん》禅師[5]に事《つか》う。斉高《せいこう》[6]の世にあたって河《か》・淮《わい》[7]に独歩し[8]、法門は世の知る所に非ず、地を履《ふ》み天を戴いて高厚を知ること莫《な》し[9]。文師の用心は一に『釈論』[10]に依る。『論』は是れ龍樹の説く所にして、付法蔵の中の第十三の師なり。智者の『観心論』に云わく、「龍樹師に帰命す」[11]と。験《あき》らかに知んぬ、龍樹はこれ高祖師なることを。

疑う者は云わく、『中論』は遺蕩《けんとう》[12]し、止観は建立す。云何んが同じきことを得ん。

然るに、天竺に『論』を注するに、凡そ七十家あり。応に青目《しょうもく》[13]を是として諸師を非とすべか
1c らず。また『論』に云わく、「因縁もて生ずる所の法を、我れは即ち是れ空なりと説く。亦た是れ仮名と為す。亦た是れ中道の義なり」[14]と、云云。

(1) 大経云是初依菩薩――『南本涅槃経』(慧厳等訳『大般涅槃経』) 巻第六、四依品 (T12, 637a20-c4) に説かれる人

の四依は、出世の凡夫、須陀洹・斯陀含の人、阿那含の人、阿羅漢の人を指す。『輔行』巻第一之一、「若准円位、五品・六根並名初依」（T46, 148c16-17）を参照。これによれば、初依菩薩は、円教の五品弟子位・六根清浄位（十信）に相当する。

(2)南岳――南岳大師慧思を指す。ちなみに南岳は衡山のことで、慧思はこの山で逝去した。

(3)十年専誦七載方等九旬常坐――具体的なことはわからないが、十年間、『法華経』を読誦し、七年間、方等三昧を修行し、九旬（九十日）の間、常に坐禅をしたことを指すと推測される。

(4)朗然――はっきりとして明るいさま。

(5)慧文禅師――伝記は不詳。『大智度論』によって一心三観を悟ったとされ、それを慧思に伝えたといわれる。

(6)斉高――北斉（五五〇～五七七）のこと。高氏が建てた。

(7)河淮――黄河と淮河の領域。『輔行』には、河北と淮南とする。

(8)独歩――他に抜きん出て優れていること。

(9)履地戴天莫知高厚――『荀子』勧学、「故不登高山、不知天之高也。不臨深谿、不知地之厚也」を参照。

(10)釈論――『大智度論』のこと。

(11)智者観心論云帰命龍樹師――『観心論』、「稽首龍樹師」（T46, 585c20）を参照。

(12)遣蕩――「遣」は、取り除くこと。「蕩」は、洗い流すこと。ここでは、『中論』における実体否定＝空の思想を指す。

(13)青目――『中論』の注釈者。鳩摩羅什訳『中論』には、青目（Piṅgala）の注が含まれている。

(14)論云因縁所生法我説即是空亦為是仮名亦是中道義――『中論』巻第四、観四諦品、「衆因縁生法　我説即是無　亦為是仮名　亦是中道義」（T30, 33b11-12）を参照。

天台は南岳の三種の止観を伝う。一に漸次《ぜんじ》、二に不定《ふじょう》、三に円頓《えんどん》なり。皆な是れ大乗にして、倶に実相を縁じ、同じく止観と名づく。漸は則ち初めは浅く後は深く、彼の梯隥《ていとう》[1]の如し。不定は前後更互《きょうご》す。金剛宝、之れを日の中に置くが如し[2]。円頓は初後不二にして、通者[3]の空に騰《あが》るが如し。三の根性の為めに、三の法門[4]を説き、三の譬喩[5]を引く。略して説くこと竟《お》わる。更に広く説かん。

漸は初めに亦た実相を知る。実相は解し難く、漸次にすれば行じ易し。先に帰・戒[6]を修して、邪を翻《ひるがえ》して正に向かい、火・血・刀[7]を止《とど》めて、三善の道[8]に達す。次に禅定を修して、欲の散網[9]を止め、色・無色の定道[10]に達す。次に無漏を修して、三界の獄を止め、涅槃の道に達す。次に慈悲を修して、自証[11]を止め、菩薩の道に達す。後に実相を修して、二辺の偏りを止め、常住の道に達す。是れ初めは浅く後は深き漸次止観の相と為す。

不定とは、別の階位無く、前の漸と後の頓に約して、更《たが》いに前にし更いに後にし、互いに浅く互いに深く、或いは事、或いは理なり。或いは世界[12]を指して第一義と為し、或いは第一義を指して為人・対治と為す。或いは観を息《や》むるを止と為し、或いは止を照らすを観と為す。故に不定の止観と名づく。

(1)梯隥——階段の意。
(2)如金剛宝置之日中——「金剛宝」は、金剛石＝ダイヤモンドという宝石。『南本涅槃経』巻第二十二、光明遍照高貴徳王菩薩品、「何故名為金剛三昧。善男子、譬如金剛、若在日中、色則不定。金剛三昧亦復如是、在於大衆色亦不定。是故名為金剛三昧」(T12, 754a21-24) を参照。
(3)通者——神通力を持つ者の意。
(4)三法門——三種の止観（漸次止観・不定止観・円頓止観）を指す。
(5)三譬喩——梯隥、金剛宝、通者の三種の比喩。
(6)帰戒——三帰・五戒のこと。三帰は、三宝（仏・法・僧）に帰依すること。五戒は、不殺生・不偸盗・不邪婬・不妄語・不飲酒を守ること。『灌頂経』巻第三、「長者執持已受三帰及五戒竟。仏語長者、汝能持是帰戒」(T21, 503b24-25) を参照。
(7)火血刀——地獄道を火塗、餓鬼道を刀塗、畜生道を血塗といっている。『翻訳名義集』巻第二、「按四解脱経云、地獄名火塗道、餓鬼名刀塗道、畜生名血塗道」(T54, 1092a23-24) を参照。
(8)三善道——阿修羅道・人道・天道を指す。
(9)欲散網——「欲」は、欲界を指す。「散」は、禅定と反対の散乱した心の状態。
(10)色無色定道——色界の四禅（初禅・二禅・三禅・四禅）、無色界の四無色定（空無辺処定・識無辺処定・無所有処定・非想非非想処定）を指す。
(11)自証——自分で小乗の涅槃を証得すること。
(12)世界——世界悉檀を指す。「第一義」は第一義悉檀、「為人・対治」は為人悉檀、対治悉檀をそれぞれ指す。

疑う者の云わく、教・境・名は同じくして、[1]相は頓爾《とんに》[2]に異なるや。

然るに、同にして而も不同、不同にして而も同なり。漸次の中に六あり。善・悪に各おの三あり。無漏・総の中に三あり。凡そ十二の不同あり。[3]多きに従って言を為す。故に不定と名づく。此の章は、同じく大乗、同じく実相、同じく止観と名づく。何が故に名づけて辨差《べんしゃ》[4]と為すや。

然るに、同にして而も不同、不同にして而も同なり。漸次の中に九の不同あり、[5]不定の中に四の不同あり、[6]総じて十三の不同あり。多きに従って言を為す。故に不同と名づくるのみ。一切の聖人は、皆な無為の法を以て、差別有りとは、即ち其の義なり。

円頓とは、初めより実相を縁ず。境に造《いた》りて即ち中にして、真実ならざること無し。縁を法界に繋け、念を法界に一《ひとし》うす。[7]一色・一香も中道に非ざること無し。己界《こかい》、及び仏界、衆生界

(1) 教境名同――漸次止観・不定止観・円頓止観の三観はすべて大乗の「教え」であり、実相の「境」を対象とし、すべて止観という「名」であることを意味する。

（2）頓爾——突然であるようす。

（3）漸次中六善悪各三無漏総中三凡十二不同——この文については異説が多くわかりにくい。「六」は、三善（阿修羅・人・天）・三悪（地獄・餓鬼・畜生）を六と数える。「無漏総中三」がもっともわかりにくいので、ここでは明確な解釈を提示することは断念する。ただし、『輔行』による「十二」という数字の説明は以下の通りである。「無漏」は、蔵教の声聞・縁覚、通教の声聞・縁覚を指し、四と数える。「総」は、禅定・慈悲の二を指す。実相は、三種の止観に共通するので、含めない。これで合わせて十二となる。『輔行』巻第一之二、「此中番数但有五重、義則十三。言五重者、一帰戒、二禅定、三無漏、四慈悲、五実相。義十三者、初番有六。謂三悪・三善。第三番四謂両教二乗。并前六義、合為十也。余三不開。合為十三。於十三中、実相是所縁之境。望頓是同、不応数為不同之限。故下問答中云、漸次中有十二不同、即此意也」（T46, 150b19-25）を参照。

（4）辨差——三種止観の相違を弁別すること。

（5）漸次中九不同——三善、三悪、禅定、無漏、慈悲を合わせて九と数える。

（6）不定中四不同——世界悉檀、第一義悉檀、止、観を合わせて四と数える。

（7）繫縁法界一念法界——『文殊師利所説摩訶般若波羅蜜経』巻下、「法界一相、繫縁法界、是名一行三昧」（T8, 731a26-27）を参照。『輔行』巻第一之二、「即念為繫、寂而常照。即繫為念、照而常寂。能所尚一、況止観耶。一色一香無非中道者、中道即法界、法界即止観。止観不二、境智冥一。所縁所念雖属於境、且語能縁以明寂照。自山家教門所明中道唯有二義。一離断常属前二教。二者仏性属後二教。於仏性中、教分権実。故有即離。今従即義。故云、色香無非中道。此色香等、世人咸謂以為無情。然亦共許色香中道、無情仏性惑耳驚心。今且以十義評之、使於理不惑。余則例知」（T46, 151c19-29）を参照。

も亦た然り。陰《おん》・入[1]は皆な如なれば、苦として捨つ可き無く、無明の塵労《じんろう》[2]は即ち是れ菩提なれ
ば、集として断ず可き無く、辺邪は皆な中正なれば、道として修す可き無く、生死は即ち涅槃
なれば、滅として証す可き無し。苦無く集無きが故に世間無く、道無く滅無きが故に出世間無
2a し。純一の実相にして、実相の外に更に別の法無し。法性の寂然なるを止と名づけ、寂にして
常に照らすを観と名づく。初後を言うと雖も、二無く別無し。是れ円頓止観と名づく。

漸と不定とは、置いて論ぜず。今は経に依って、更に円頓を明かす。甚深の妙徳に了達せる
賢首《げんじゅ》の「菩薩は生死に於いて、最初に発心する時、一向に菩提を求めて、堅固にして動ず可か
らず。彼の一念の功徳は、深広《じんこう》にして崖際《がいさい》[3]無く、如来は分別して説き、劫を窮むとも尽くすこ
と能わず」と曰うが如し[4]。

此の菩薩は、円の法を聞き、円の信を起こし、円の行を立て、円の位に住し、円の功徳を以
て自ら荘厳し、円の力用《りきゆう》を以て衆生を建立す。

云何んが円の法を聞くや。生死は即ち法身、煩悩は即ち般若、結業は即ち解脱なりと聞く。
三の名有り[5]と雖も、三の体無し。是れ一体なりと雖も、三の名を立つ。是の三は即ち一相なり。
其の実は異なり有ること無し。法身は究竟《くきょう》すれば、般若・解脱も亦た究竟す。般若は清浄なれ
ば、余も亦た清浄なり。解脱は自在なれば、余も亦た自在なり。一切の法を聞くことも亦た是

の如し。皆な仏法を具して、減少する所無し。是れ円の法を聞くと名づく。

云何んが円の信なるや。一切の法は即空・即仮・即中にして、一・二・三無くして、而も一・二・三ありと信ず。一・二・三無しとは、是れ一・二・三を遮《しゃ》す。而も一・二・三ありとは、是れ一・二・三を照らす。遮無く照無く、皆な究竟・清浄・自在なり。深きを聞いて怖れず、広きを聞いて疑わず、深きに非ず広きに非ざるを聞いて、意に而も勇有るは[6]、是れ円の信と名づく。

(1)陰入——五陰（色・受・想・行・識）、十二入（眼・耳・鼻・舌・身・意の六根と色・声・香・味・触・法の六境）を指す。

(2)塵労——心を塵のように汚し、疲れさせるものの意で、煩悩のこと。『維摩経』（『維摩詰所説経』）巻中、仏道品、「塵労之疇為如来種」（T14, 549b17）を参照。

(3)崖際——際限の意。

(4)如了達甚深妙徳賢首曰菩薩於生死最初発心時一向求菩提堅固不可動彼一念功徳深広無崖際如来分別説窮劫不能尽——『六十巻華厳経』（仏陀跋陀羅訳『大方広仏華厳経』）巻第六、賢首菩薩品、「菩薩於生死　最初発心時　一向求菩提　堅固不可動　彼一念功徳　深広無辺際　如来分別説　窮劫猶不尽」（T9, 432c29-433a3）を参照。

(5)三名——法身・般若・解脱の名称のこと。

(6)皆究竟清浄自在聞深不怖聞広不疑聞非深非広意而有勇——『輔行』巻第一之二、「究竟即法身、清浄即般若、自在即解脱。深即般若、広即解脱、非深非広即是法身」（T46, 153a1-3）を参照。

云何んが円の行なるや。一向に専ら無上の菩提を求め、辺に即して中にして、余に趣向《しゅこう》[1]せず、三諦をば円かに修して、無の辺の寂する所、有の辺の動ずる所と為らず、不動不寂にして、直ちに中道に入る。是れ円の行と名づく。

云何んが円の位に入るや。初住に入る時、一住は一切住にして、一切は究竟、一切は清浄、一切は自在なり。是れ円の位と名づく。

云何んが円の自在荘厳なるや。彼の『経』に広く自在の相を説けり。[2]「或いは此の根に於いて正受に入り、或いは彼の根に於いて起出して説き、或いは一根に於いて双べて入出し、或いは一根に於いて入出せず。余の一一の根も亦た是の如し。或いは此の塵に於いて正受に入り、或いは彼の塵に於いて起出して説く。或いは一塵に於いて双べて入出し、或いは一塵に於いて入出せず。余の一一の塵も亦た是の如し。或いは此の方に於いて正受に入り、或いは彼の方に
2b
於いて起出して説く。或いは一方に於いて双べて入出し、或いは一方に於いて入出せず。或いは一物に於いて正受に入り、或いは一物に於いて起出して説く。或いは一物に於いて双べて入出し、或いは一物に於いて入出せず」と。若し委《くわ》しく説かば、秖《た》だ一根・一塵に於いて、即ち入り、即ち出で、即ち双べて入出し、即ち入出せず。正報の中に於いて、一一に自在なり、依《え》報《ほう》[3]の中に於いても、亦た是の如し。是れ円の自在荘厳と名づく。譬えば日光が四天下[4]を周《めぐ》るに、

一方は中、一方は旦《たん》、一方は夕、一方は夜半にして、[5] 輪廻すること同じからざれども、祇だ是れ一つの日にして、而も四処[6]に見ること異なり。菩薩の自在なることも亦た是の如し。

（1）趣向——趣き向かうこと。

（2）彼経広説自在相——『六十巻華厳経』巻第七、賢首菩薩品、「如此一方所示現　諸仏子等為眷属　一切十方亦如是　示現三昧自在力　十方世界有縁故　往返出入度衆生　或見菩薩入正受　或見菩薩従定起　或東方見入正受　或西方見三昧起　或西方見入正受　或東方見三昧起　如是出入遍十方　或異方見入正受　或異方見三昧起　是大仙定自在力」（T9, 438b13-20）を参照。

（3）依報——主体である衆生を正報といい、正報の住する環境世界を「依報」という。いずれも過去の業の報いとして成立したものなので、報という。

（4）四天下——須弥山の周囲の四洲（東弗婆提《とうほつばだい》・南閻浮提《なんえんぶだい》・西瞿耶尼《さいくやに》・北鬱単越《ほくうったんのつ》）のこと。

（5）譬如日光周四天下一方中一方旦一方夕一方夜半——『長阿含経』巻第二十二、世本縁品、「此閻浮提日中時、弗于逮日没、拘耶尼日出、鬱單曰夜半。拘耶尼日中閻浮提日没、鬱單曰日出、弗于逮夜半。鬱單曰日中、拘耶尼日没、弗于逮日出、閻浮提夜半。若弗于逮日中、鬱單曰日没、閻浮提日出、拘耶尼夜半。閻浮提東方、弗于逮為西方。閻浮提為西方、拘耶尼為東方。拘耶尼為西方、鬱單曰為東方」（T1,147c6-13）を参照。

（6）四処——四天下、四洲を指す。本ページ注4を参照。「中」は日中、「旦」は朝の意。

云何んが円の建立衆生なるや。[1] 或いは一つの光を放って、能く衆生をして即空・即仮・即中の益を得、入・出・双入出・不入出の益を得しむ。[2] 行・住・坐・臥・語黙・作作に歴《ふ》るも亦た是の如し。[3] 有縁の者は見ること、目もて光を観《み》るが如し。無縁は覚らず。盲瞽《もうく》は常に闇《くら》し。[4] 故に龍王を挙げて譬えと為す。竪《たて》は六天に遍く、横は四域に亘《わた》り、種種の雲を興し、種種の雷を震い、種種の電《いなずま》を耀《かがや》かし、種種の雨を降らすも、龍は本宮に於いて動ぜず揺るがず、而も一切に於いて施設《せせつ》すること同じからず。[5] 菩薩も亦た是の如し。内に自ら即空・即仮・即中に通達し、法性を動ぜずして、而も種種の益を獲、種種の用を得しむ。是れ円の力用もて衆生を建立すと名づく。

初心は尚お爾り。況んや中・後心をや。如来は殷勤《おんごん》に此の法を称歎し、聞く者は歓喜す。[6] 常《じょう》

（1）建立衆生――「建立」は、救済するの意。『輔行』巻第一之二、「荘厳・建立有何差別。答。並是不可思議一心三智。能厳法身、名為荘厳。外益於彼、名為建立。故法華云、定慧力荘厳、以此度衆生。度生、即建立也」（T46, 153c5-9）を参照。

（2）入出双入出不入出――『輔行』巻第一之二、「正受空功徳、出説仮功徳、双入出・不入出中功徳。中有双遮・双照故也」（同前、153a16-17）を参照。本書二二ページの「円自在荘厳」の段落に頻出する表現、「入正受」は空、「起出説」は仮、「双入出」は中道の双照、「不入出」は中道の双遮にそれぞれ相当する。

（3）行住坐臥語黙作作――『金光明経文句記』巻第三、「行・住二作、必兼坐・臥・語黙・作作。是名六作」（T39, 114a7-8）を参照。「作作」は、仕事の意。

（4）盲聾――目の不自由な人。

（5）挙龍王為譬竪遍六天横亘四域興種種雲震種種雷耀種種電降種種雨龍於本宮不動不揺而於一切施設不同――『六十巻華厳経』巻第七、賢首菩薩品、「龍王示現自在時　従金剛際至他化　興雲充遍四天下　其雲種種荘厳色　第六他化自在天　於彼雲色如黄金……他化雷震如梵音　化楽天上妙音声……又復他化自在天　雨妙香華為荘厳　化楽天上薝蔔華　曼陀羅華及沢香……如是無量難思議　興雲雷震種種雨　自於宮殿身不動　能現自在不思議……若能受持此品者　功徳於彼為最勝」（T9, 440b16-441a27）を参照。「六天」は、六欲天（四王天・忉利天・夜摩天・兜率天・化楽天・他化自在天）のこと。「四域」は、四天下、四洲を指す。本書二三ページ注4を参照。

（6）如来慇勤称歎此法聞者歓喜――『法華経』方便品、「世尊何故慇懃称歎甚深微妙難解之法」（同前、6b11-12）、同、法師功徳品、「以深浄妙声　於大衆説法　以諸因縁喩　引導衆生心　聞者皆歓喜　設諸上供養」（同前、49c7-9）を参照。

啼《たい》は東に請い、[1] 善財は南に求め、[2] 薬王は手を焼き、[3] 普明は頭を刎《は》ぬ。[4] 一日に三たび恒河沙《ごうがしゃ》の身を捨つるとも、尚お一句の力に報ずること能わず。[5] 況んや両肩に荷負《かふ》すること百千万劫すると[6]も、寧《いずく》んぞ仏法の恩に報ぜんや。一経の一説は此の如し。余経も亦た然り。

疑う者は云わく、余の三昧も、[7] 願わくは誠証《じょうしょう》[8]を聞かん。

然るに、経論は浩博なり。[9] 委《くわ》しく引く可からず。略して一両を挙げん。『浄名』に云わく、「始め仏樹に坐して、力もて魔を降し、甘露の滅を得て、覚道は成ず。三たび法輪を大千に転

(1) 常啼東請――薩陀波倫《さつだぱりん》菩薩（常啼菩薩）が曇無竭《どんむかつ》菩薩の教えを聞くために、東に向かって法を求めること。『大品般若経』（『摩訶般若波羅蜜経』）巻第二十七、常啼品（T8, 416a-421b）を参照。

(2) 善財南求――『六十巻華厳経』巻第四十四から第六十までの入法界品第三十四において、善財童子が文殊菩薩の指示にしたがって、南方に多くの善知識を訪ね、教えを求める物語を指す。『六十巻華厳経』巻第四十五、入法界品、「爾時文殊師利知善財等一切大衆、聞説此法、皆大歓喜、発菩提心。顕明過去諸善根已、不捨本座。如応化度覚城衆生已、遊行南方。爾時善財童子従文殊師利、聞仏如是諸妙功徳、専求菩提」（T9, 688b8-12）を参照。

(3) 薬王焼手――『法華経』薬王菩薩本事品に出る薬王菩薩の焼身供養を指す（同前、53c-54a）。

(4) 普明刎頭――千人の王の頭を刎ねて家の神を祭ろうとした班足王は、千番目の王として普明王を捕らえたが、かえって普明王に教化された物語に基づく。『仁王般若波羅蜜経』巻下、護国品、「大王、昔有天羅国王、有一太子欲登王位、一名班足。太子為外道羅陀師受教、応取千王頭以祭家神。自登其位、已得九百九十九王、少一王。即北行

万里、即得一王、名普明王。其普明王白班足王言、願聴一日飯食沙門、頂礼三宝。其班足王許之一日。時普明王即依過去七仏法、請百法師、敷百高座、一日二時講般若波羅蜜八千億偈竟、其第一法師為普明王而説偈言……形無常主 神無常家 形神尚離 豈有国耶。爾時法師説此偈已、時普明王眷属得法眼空、王自証虚空等定、聞法悟解。還至天羅国班足王所衆中、即告九百九十九王言、就命時到、人人皆応誦過去七仏仁王問般若波羅蜜経中偈句。時班足王問諸王言、皆誦何法。時普明王即以上偈答王。王聞是法、得空三昧。九百九十九王亦聞法已、皆証三空門定。時班足王極大歓喜、告諸王言、我為外道邪師所誤、非君等過。汝可還本国、各各請法師講般若波羅蜜名味句。時班足王以国付弟、出家為道、証無生法忍、如十王地中説。五千国王常誦是経、現世生報」（T8, 830a24-b28）を参照。

(5)一日三捨恒河沙身尚不能報一句之力――『金剛般若経』（鳩摩羅什訳『金剛般若波羅蜜経』）、「若有善男子、善女人、初日分以恒河沙等身布施、中日分復以恒河沙等身布施、後日分亦以恒河沙等身布施、如是無量百千万億劫以身布施。若復有人、聞此経典、信心不逆、其福勝彼。何況書写、受持、読誦、為人解説」（同前、750c7-12）を参照。「一句」は、『金剛般若経』の一句を指す。

(6)両肩荷負――『法華経』信解品、「世尊大恩　以希有事　憐愍教化　利益我等　無量億劫　誰能報者　手足供給　頭頂礼敬　一切供養　皆不能報　若以頂戴　両肩荷負　於恒沙劫　尽心恭敬　又以美饍　無量宝衣　及諸臥具　種種湯薬　牛頭栴檀　及諸珍宝　以起塔廟　宝衣布地　如斯等事　以用供養　於恒沙劫　亦不能報」（T9, 18c23-19a2）を参照。

(7)余三昧――漸次止観と不定止観を指す。

(8)誠証――真実の証拠の意。

(9)浩博――広く多いの意。

ずるに、其の輪は本来常に清浄なり。天人は道を得。此れを証と為す。三宝は是に於いて世
間に現わる」[1]と。此れは即ち漸教の始めなり。又た云わく、「仏は一音《いっとん》を以て法を演説するに、
衆生は類に随って各おの解を得。或いは恐怖し、或いは歓喜し、或いは厭離《おんり》を生じ、或いは疑
いを断ず。斯れは則ち神力不共《じんりきふぐう》の法なり」[2]と。此れは不定教を証するなり。又た云わく、「法
2c を説くに、有ならず、亦た無ならず。因縁を以ての故に、諸法は生ず。我無く、造無く、受者
無けれども、善悪の業は、敗亡《はいもう》せず」[3]と。此れは頓教を証するなり。『大品』に云わく、「次第
の行、次第の学、次第の道」[4]と。此れは漸を証するなり。又た云わく、「衆色を以て摩尼珠《まにしゅ》を
裹《つつ》み、之れを水中に置けば、物に随いて色を変ず」[5]と。此れは不定を証するなり。又た云わく、
「初発心従り、即ち道場に坐し、法輪を転じて衆生を度す」[6]と。此れは頓を証するなり。
『法華』に云わく、「是の如き人は、応に此の法を以て漸く仏慧に入るべし」[7]と。此れは漸を
証するなり。又た云わく、「若し此の法を信ぜずば、余の深法の中に於いて、示教利喜《じきょうりき》せよ」[8]

(1) 浄名云始坐仏樹力降魔得甘露滅覚道成三転法輪於大千其輪本来常清浄天人得道此為証三宝於是現世間――『維摩経』巻上、仏国品、「始在仏樹力降魔　得甘露滅覚道成　已無心意無受行　而悉摧伏諸外道　三転法輪於大千　其輪本来常清浄　天人得道此為証　三宝於是現世間」(T14, 537c17-20) を参照。

（2）云仏以一音演説法衆生随類各得解或有恐怖或歓喜或生厭離或断疑斯則神力不共法――『維摩経』巻上、仏国品、「仏以一音演説法　衆生各各随所解　普得受行獲其利　斯則神力不共法　仏以一音演説法　或有恐畏或歓喜　或生厭離或断疑　斯則神力不共法」（同前、538a4-7）を参照。

（3）云説法不有亦不無以因縁故諸法生無我無造無受者善悪之業不敗亡――『維摩経』巻上、仏国品、「説法不有亦不無　以因縁故諸法生　無我無造無受者　善悪之業亦不亡」（同前、537c15-16）を参照。

（4）大品云次第行次第学次第道――『大品般若経』巻第二十三、三次品、「新学菩薩摩訶薩、云何於諸法無所有性中次第行、次第学、次第道、以是次第行、次第学、次第道、得阿耨多羅三藐三菩提」（T8, 384b13-16）を参照。

（5）云以衆色裹摩尼珠置之水中随物変色――『大品般若経』巻第十、法称品、「復次世尊、是摩尼宝所在水中、水随作一色。世尊、是宝若以青物裹著水中、水色則為青。若黄赤白紅縹物裹著水中、水随作黄赤白紅縹色。如是等種種色物裹著水中、水随作種種色」（同前、291c21-25）を参照。

（6）云従初発心即坐道場転法輪度衆生――『大品般若経』巻第二、往生品、「舎利弗、有菩薩摩訶薩初発意時、便得阿耨多羅三藐三菩提転法輪、与無量阿僧祇衆生作益厚已入無余涅槃。是仏般涅槃後、余法若住一劫若減一劫」（同前、226a8-12）を参照。

（7）法華云如是之人応以此法漸入仏慧――『法華経』化城喩品、「此諸衆生于今有住声聞地者、我常教化阿耨多羅三藐三菩提。是諸人等応以是法漸入仏道」（T9, 25c9-11）を参照。

（8）云若不信此法於余深法中示教利喜――『法華経』嘱累品、「於未来世、若有善男子、善女人、信如来智慧者、当為演説此法華経、使得聞知、為令其人得仏慧故。若有衆生不信受者、当於如来余深法中、示教利喜。汝等若能如是、則為已報諸仏之恩」（同前、52c16-21）を参照。

と。此れは不定を証するなり。又た云わく、「正直に方便を捨てて、但だ無上道を説く」[1]と。此れは頓を証するなり。

『大経』に云わく、「牛従り乳、乃至、醍醐を出だす」[2]と。此れは漸を証するなり。又た云わく、「毒を乳の中に置けば、乳は即ち人を殺し、乃至、毒を醍醐に置けば、醍醐は人を殺す」[3]と。此れは不定を証するなり。又た云わく、「雪山《せっせん》に草有り、名づけて忍辱《にんにく》と曰う。牛若し食せば、即ち醍醐を得」[4]と。此れは頓を証するなり。

『無量義』に云わく、「仏は法輪を転ずるに、微渧《みたい》先に堕ちて、諸の欲塵を淹《ひた》し、涅槃の門を開いて、解脱の風を扇ぎ、世の熱悩を除いて、法の清涼を致す。次に十二因縁の雨を降らして、無明の地に灑《そそ》ぎ、邪見の光を掩《おお》う。後に無上の大乗を澍《そそ》ぎ、普く一切をして菩提心を発せしむ」[5]と。此れは漸を証するなり。『華厳』に曰わく、「娑伽羅龍《しゃからりゅう》は車軸のごとく海に雨らすに、余地は堪えず。上の根性の為めに円満の修多羅《しゅたら》を説く。二乗は聾の如く瘂の如し」[6]と。『浄名』に曰わく、「瞻蔔林《せんぷくりん》に入れば、余香を齅《か》がず。此の室に入る者は、但だ諸仏の功徳の香

(1) 云正直捨方便但説無上道――『法華経』方便品、「今我喜無畏　於諸菩薩中　正直捨方便　但説無上道」(T9,

10a18-19）を参照。

（2）大経云従牛出乳乃至醍醐――『南本涅槃経』巻第十三、聖行品、「善男子、譬如従牛出乳、従乳出酪、従酪出生酥、従生酥出熟酥、従熟酥出醍醐。醍醐最上。若有服者、衆病皆除。所有諸薬悉入其中」（T12, 690c28-691a2）を参照。

（3）云置毒乳中乳即殺人乃至置毒醍醐醍醐殺人――『南本涅槃経』巻第二十七、師子吼菩薩品、「善男子、譬如有人置毒乳中、乃至醍醐皆悉有毒。乳不名酪、酪不名乳、乃至醍醐亦復如是。名字雖変、毒性不失、遍五味中、皆悉如是。若服醍醐、亦能殺人。実不置毒於醍醐中。衆生仏性亦復如是。雖処五道受別異身、而是仏性常一無変」（同前、784c8-14）を参照。

（4）云雪山有草名曰忍辱牛若食者即得醍醐――『南本涅槃経』巻第二十七、師子吼菩薩品、「善男子、雪山有草名曰忍辱。牛若食之、則成醍醐」（同前、784a27-28）を参照。

（5）無量義云仏転法輪微渧先堕淹諸欲塵開涅槃門扇解脱風除世熱悩致法清涼次降十二因縁雨灑無明地掩邪見光後澍無上大乗普令一切発菩提心――『無量義経』徳行品、「又能善知諸根性欲、以陀羅尼無礙辯才、請仏転法輪、随順能転、微渧先堕、以淹欲塵、開涅槃門、扇解脱風、除世熱悩、致法清涼、次降甚深十二因縁、用灑無明老病死等、猛盛熾然苦聚日光。爾乃洪注無上大乗、潤漬衆生諸有善根、布善種子、遍功徳田、普令一切発菩提萌、智慧日月、方便時節、扶疎増長大乗事業、令衆疾成阿耨多羅三藐三菩提、常住快楽微妙真実、無量大悲救苦衆生」（T9, 384b20-29）を参照。

（6）華厳曰娑伽羅龍車軸雨海余地不堪為上根性説円満修多羅二乗如聾如瘂――『六十巻華厳経』巻第二十七、十地品、「譬如娑伽羅龍王所澍大雨、唯除大海、余不能受。菩薩摩訶薩亦復如是。如来微密雨、大法雨、一切衆生・声聞・辟支仏、乃至九地菩薩所不能受。唯此菩薩住法雲地、悉能受持」（同前、573a12-16）を参照。

を聞《か》ぐのみ」[1]と。『首楞厳《しゅりょうごん》』に曰わく、「万種の香を擣《つ》いて丸と為す。若し一塵を焼かば、衆気を具足す」[2]と。『大品』に曰わく、「一切種智を以て一切法を知らんには、当に般若波羅蜜を学ぶべし」[3]と。『法華』に曰わく、「合掌して、敬心を以て具足の道を聞かんと欲す」[4]と。『大経』に曰わく、「譬えば人有り、大海に在りて浴するが如し。当に知るべし、是の人は已に諸河の水を用う」[5]と。『華厳』に曰わく、「譬えば日出でて、先に高山を照らし、次に幽谷《ゆうこく》を照らし、次に平地を照らすが如し」[6]と。「平地」は、不定なり。「幽谷」は、漸なり。「高山」は、頓なり。上来は皆な是れ金口の誠言《じょうごん》にして、三世の如来の尊重する所の法なり。過去過去、久遠久遠は、邈《はる》かにして萌始《みょうし》無し[7]。現在現在は、辺無く際無し。未来未来は、展転して窮まらず。
3a 已《い》・今《こん》・当《とう》の若《ごと》きは、思議す可からず。当に知るべし、止観は諸仏の師なり。法は常なるを以ての故に、諸仏も亦た常なり[8]。楽・我・浄等も亦復た是の如し。是の如き引証は、寧んぞ信ぜざらんや。

既に其の法を信ずれば、須《すべか》らく三文を知るべし。『次第禅門』は合して三十巻あり。今の

(1)浄名曰入瞻蔔林不嗅余香入此室者但聞諸仏功徳之香――『維摩経』巻中、観衆生品、「舎利弗、如人入瞻蔔林、

唯嗅瞻蔔、不嗅余香。如是。若入此室、但聞仏功徳之香、不楽聞声聞・辟支仏功徳香也」（T14, 548a25-27）を参照。「瞻蔔」は、campaka の音写語。香木の一種。瞻蔔の林に入ると、その芳香を嗅ぐだけで、その他の香りを嗅がないように、維摩詰の部屋に入れば、ただ仏の功徳の香りを嗅ぐだけで、声聞、縁覚の功徳の香りを嗅がないことをいう。

（2）首楞厳曰擣万種香為丸若焼一塵具足衆気――『首楞厳三昧経』巻上、「堅意、譬如有王若諸大臣、百千種香擣以為末。若有人来索中一種、不欲余香共相熏雑。堅意、如是百千衆香末中、可得一種不雑余不。不也。世尊」（T15, 633b23-26）を参照。

（3）大品曰以一切種智知一切法当学般若波羅蜜――『大品般若経』巻第一、序品、「菩薩摩訶薩欲以一切種智知一切法、当習行般若波羅蜜」（T8, 218c17-19）を参照。

（4）法華曰合掌以敬心欲聞具足道――『法華経』方便品、「諸天龍神等　其数如恒沙　求仏諸菩薩　大数有八万　又諸万億国　転輪聖王至　合掌以敬心　欲聞具足道」（T9, 6c3-6）を参照。

（5）大経曰譬如有人在大海浴当知是人已用諸河之水――『南本涅槃経』巻第二十二、光明遍照高貴徳王菩薩品、「譬如有人在大海浴。当知是人已用諸河泉池之水。菩薩摩訶薩亦復如是。修習如是金剛三昧。当知已為修習諸余一切三昧」（T12, 753b21-24）を参照

（6）華厳曰譬如日出先照高山次照幽谷次照平地――『六十巻華厳経』巻第三十四、宝王如来性起品、「譬如日月出現世間、乃至深山、幽谷、無不普照。如来智慧日月、亦復如是。普照一切無不明了」（T9, 616b25-27）を参照。

（7）萌始――始まりの意。

（8）以法常故諸仏亦常――『南本涅槃経』巻第四、四相品、「以法常故、諸仏亦常」（T12, 627c16）を参照。

十軸[1]は、是れ大荘厳寺法慎《ほうしん》の私記なり[2]。不定の文とは、『六妙門』の如し。不定の意を以て、十二禅[3]・九想[4]・八背《はっぱい》[5]・観練熏修《かんれんくんじゅ》[6]・因縁[7]・六度[8]に歴《ふ》るに、無礙《むげ》に旋転して、縦横自在なり。此れは是れ陳の尚書令毛喜[9]、智者に請いて、此の文を出ださしむるなり。円頓の文とは、灌頂、荊州の玉泉寺にて記す所の十巻の如き是れなり。三つの文有りと雖も、文を執して自ら疣害《ゆうがい》[10]することを得ること無かれ。『論』に云わく、「般若を若しは見るも、若しは見ざるも、皆な縛なり、皆な脱なり[11]」と。文も亦た例して然り。

（1）十軸――十巻の意。
（2）次第禅門合三十巻今之十軸是大荘厳寺法慎私記――『次第禅門』＝『釈禅波羅蜜次第法門』は、智顗の講説を法慎が記録したものであり、本来は三十巻であるはずであるが、部分的に記録しただけなので、現行本は十巻であることを意味している。
（3）十二禅――四禅（色界の初禅・二禅・三禅・四禅）・四無量心（慈・悲・喜・捨の心を無量に起こし、無量の衆生を救済すること）・四無色定（空無辺処定・識無辺処定・無所有処定・非想非非想処定）のこと。
（4）九想――身体の醜悪な九種の相を観じて、身体に対する執著を離れる脹想・青瘀《しょうお》想・壊想・血塗漫想・膿爛想・噉《かん》想・散想・骨想・焼想のこと。
（5）八背――八背捨のこと。八解脱ともいう。背捨は、貪著の心に背き捨てること。初禅・二禅・四禅・四無色定・滅尽定を指す。『次第禅門』巻第十（T46, 540c20-25）によれば、内有色相（＝想）外観色背捨・内無色相外観色背捨・浄背捨身作証・虚空処背捨・識処背捨・不用処背捨・非有想非無想背捨・滅受想背捨。第一・第二は初禅・二禅により、第三は四禅により、第四から第七までは四無色定による。第八は滅尽定に入ること。

(6)観練熏修——観・練・熏・修の四種類の禅定のこと。観禅は、対象を明らかに観照する禅で、九想・八背捨・八勝処（八背捨の第一・第二をそれぞれ二分して、内有色相外観色少勝処・内有色相外観色多勝処・内無色相外観色少勝処・内無色相外観色多勝処の四つの勝処があり、さらに、八背捨の第三を四分して、青勝処・黄勝処・赤勝処・白勝処の四つがある）・十一切処（万物を一つの対象に総合して観察する十種の禅観。十種の対象とは、青・黄・赤・白・地・水・火・風・空・識である）を指す。練禅は、観禅を鍛錬する禅で、九次第定を指す。熏禅は、前の禅を繰り返し行ない熏習させる禅で、師子奮迅三昧を指す。修禅は、前の禅を最高度に高める禅で、超越三昧を指し、頂禅ともいう。

(7)因縁——十二因縁を指す。

(8)六度——六波羅蜜（布施波羅蜜・持戒波羅蜜・忍辱波羅蜜・精進波羅蜜・禅定波羅蜜・般若波羅蜜）を指す。

(9)陳尚書令毛喜——陳の官僚で、智顗の弟子となった。栄陽郡陽武県の出身。生没年は、五一六〜五八七年。

(10)疣害——『輔行』巻第一之二には、「疣者、肉之凸患。害者、肉之損患……故引以為増減二（底本の「三」を宮本〔宮内庁図書寮蔵宋本〕・甲本〔徳川時代刊島地大等氏蔵本〕によって改める）謗」（同前、156c7-10）とある。これによれば、「疣」は肉の盛り上がる患い（いぼ）のことで、「害」は肉のへこむ患いのこと。これによって、増やす（ないものをあるとする）誹謗と減らす（あるものをないとする）誹謗をたとえるとされる。

(11)論云若見若不見般若皆縛皆脱——『大智度論』巻第十八、「若不見般若　是則為被縛　若人見般若　是亦名被縛　若人見般若　是則得解脱　若不見般若　是亦得解脱」（T25, 190c13-16）を参照。

疑う者は云わく、「諸法は寂滅の相なり。言を以て宣《の》ぶ可からず[1]」と。『大経』に云わく、「生生不可説、乃至、不生不生不可説[2]」と。若しは通、若しは別、言語の道は断え、能説無く、所説無し。身子は云わく、「吾れ聞く。解脱の中には言説有ること無し、と。故に吾れは此に於いて、云う所を知らず[3]」と。『浄名《じょうみょう》』に云わく、「其の説く所は、説無く示無し。其の聴法は、聞無く得無し[4]」と。斯の人は説くこと能わず、斯の法は説く可からずして、而も人に示すと言わんや。然るに、但だ一辺を引いて、其の二を見ず。『大経』に云わく、「因縁有るが故に、亦た説くことを得可し[5]」と。『法華』に云わく、「無数の方便、種種の因縁もて衆生の為めに説く[6]」と。又た云わく、「方便力を以ての故に、五比丘の為めに説く[7]」と。若しは通、若しは別、皆な説くことを得べし。『大経』に云わく、「眼有る者は盲人の為めに乳を説く[8]」と。此れは真諦の説く可きを指す。『天王般若』に云わく、「総持に文字無く、文字は総持を顕わす[9]」と。此れは俗諦の説く可きを指す。又た、「如来は常に二諦に依って法を説く[10]」と。『浄名』に云わく、「文字の性は離るれば、即ち是れ解脱なり[11]」と。説に即してこれ説無きなり。『大経』に云わく、

（1）諸法寂滅相不可以言宣——『法華経』方便品、「諸法寂滅相　不可以言宣　以方便力故　為五比丘説」（T9, 10a4-5）を参照。

（２）大経云生生不可説乃至不生不生不可説――『南本涅槃経』巻第十九、光明遍照高貴徳王菩薩品、「不生生不可説、生生亦不可説、生不生亦不可説、不生不生亦不可説、生亦不可説、不生亦不可説。有因縁故、亦可得説」（T12, 733c9-12）を参照。

（３）身子云吾聞解脱之中無有言説故吾於此不知所云――『維摩経』巻中、観衆生品、「解脱者無所言説、故吾於是不知所云」（T14, 548a10-11）を参照。

（４）浄名云其所説者無説無示其聴法者無聞無得――『維摩経』巻上、弟子品、「夫説法者、無説無示。其聴法者、無聞無得」（同前、540a18-19）を参照。

（５）大経云有因縁故亦可得説――本ページ注２を参照。

（６）法華云無数方便種種因縁為衆生説――『法華経』方便品、「我以無数方便　種種因縁　譬喩言辞　演説諸法」（T9, 7a18-19）を参照。

（７）云以方便力故為五比丘説――前ページ注１を参照。

（８）大経云有眼者為盲人説乳――『南本涅槃経』巻第十三、聖行品、「如生盲人不識乳色、便問他言、乳色何似」（T12, 688c15-16）を参照。

（９）天王般若云総持無文字文字顕総持――『勝天王般若波羅蜜経』巻第六、陀羅尼品、「爾時功徳華王菩薩而説偈言、総持無文字　文字顕総持　般若大悲力　離言文字説」（T8, 720c4-6）を参照。

（10）如来常依二諦説法――『中論』巻第四、観四諦品、「諸仏依是二諦、而為衆生説法」（T30, 32c23）を参照。

（11）浄名云文字性離即是解脱――『維摩経』巻上、弟子品、「文字性離　無有文字　是則解脱　解脱相者　則諸法也」（T14, 540c19-20）を参照。

「若し如来は常に法を説かずと知らば、是れ即ち多聞《たもん》なり」[1]と。此れは不説にして、而も是れ
説なるを指すなり。『思益《しやく》』に云わく、「仏、及び弟子は、常に二事を行ず。若しは説、若しは
黙なり」[2]と。『法華』に云わく、「去来、坐立に、常に妙法を宣《の》ぶること、大雨を注ぐが如し」[3]
と。又た云わく、「若し仏道を求めんと欲せば、常に多聞の人に随え。善知識とは、是れ大因
3b 縁なり。謂う所は、化導して、仏を見ることを得しむ」[4]と。『大経』に云わく、「空中の雲雷は、
象牙の上の華を生ず」[5]と。何れの時に一向に説無からんや。若し説・黙を競わば、教の意を解
せず、理を去ること逾《いよ》い よ遠し。説を離れて理無く、理を離れて説無し。説に即して無説にし
て、無説は即ち説なり。二無く別無く、事に即して真なり。大悲もて一切の無聞を憐愍《れんみん》す。月
は重山に隠るれば、扇を挙げて之れに類し、風は太虚《たいこ》に息《やす》めば、樹を動ぜして之れに訓《おし》うるが
如し。今の人は意鈍にして、玄覧《げんらん》[6]は則ち難し。眼は色に依って入る。文を仮《か》るれば、則ち易し。
若し文に封ぜられて害を為さば、須らく文は文に非ざること、一切の文に達すること、文に非
ず不文に非ざることを知るべし[7]。能く一文に於いて一切の解を得ん。此の義の為めの故に、三

（1）大経云若知如来常不説法是即多聞――『南本涅槃経』巻第二十四、光明遍照高貴徳王菩薩品、「若知如来常不説法、亦名菩薩具足多聞。何以故。法無性故。如来雖説一切諸法、常無所説。是名菩薩修大涅槃成就第五具足多聞」

（T12, 764c3-6）を参照。

（2）思益云仏及弟子常行二事若説若黙――『思益梵天所問経』巻第三、論寂品、「仏告無尽意、善男子、汝等当行二行。若説法、若聖黙然」（T15, 51c1-2）を参照。

（3）法華云去来坐立常宣妙法如注大雨――『法華経』薬草喩品、「我無貪著　亦無限礙　恒為一切　平等説法　如為一人　衆多亦然　常演説法　曾無他事　去来坐立　終不疲厭　充足世間　如雨普潤　貴賤上下　持戒毀戒　威儀具足　及不具足　正見邪見　利根鈍根　等雨法雨　而無懈倦」（T9, 20a14-20）を参照。

（4）云若欲求仏道常随多聞人善知識者是大因縁所謂化導令得見仏――『大通方広懺悔滅罪荘厳成仏経』巻下、「若欲求仏道　常随多聞人」（T85, 1351b22）を参照。『法華経』妙荘厳王本事品、「当知善知識者是大因縁、所謂化導令得見仏、発阿耨多羅三藐三菩提心」（T9, 60c9-10）を参照。

（5）大経云空中雲雷生象牙上華――『南本涅槃経』巻第八、如来性品、「譬如虚空震雷起雲、一切象牙上皆生花。若無雷震、花則不生、亦無名字。衆生仏性亦復如是。常為一切煩悩所覆、不可得見。是故我説、衆生無我。若得聞是大般涅槃微妙経典、則見仏性、如象牙花。雖聞契経一切三昧、不聞是経、不知如来微妙之相、如無雷時象牙上花不可得見。聞是経已、即知一切如来所説秘蔵仏性、譬如天雷見象牙花。聞是経已、即知一切無量衆生皆有仏性。以是義故、説大涅槃名為如来秘密之蔵、増長法身、猶如雷時象牙上花。以能長養如是大義故、得名為大般涅槃」（T12, 652b13-25）を参照。

（6）玄覧――深遠な洞察の意。

（7）文非文達一切文非文非不文――『輔行』巻第一之二によれば（T46, 157b21-22）、「文非文」は空観、「達一切文」は仮観、「非文非不文（『輔行』には「非文不文」に作る）」は中観に相当する。

種の文を以て、一に達する門と作すなり。已に略して縁起を説き竟わる。

正説分

1. 標章

今、当に章を開いて十と為すべし。一に大意[1]、二に釈名《しゃくみょう》[2]、三に体相[3]、四に摂法《しょうぼう》[4]、五に偏円[5]、六に方便[6]、七に正観《しょうがん》[7]、八に果報、九に起教《ききょう》、十に旨帰《しき》なり[8]。十はこれ数の方[9]にして、多からず少なからず。始めは則ち期《ご》すること茶《だ》[10]に在るを標し、終わりは則ち宗に帰し極に至り、始めを善くし終わりを令《よ》くす[11]。総じて十章の中に在り。

（1）大意——以下、『摩訶止観』の十章＝「十広」が列挙されている。第一の大意は、「五略」から構成されている。五略とは、発大心・修大行・感大果・裂大網・帰大処の五項である。十広と五略の関係については、大意から偏円までの五章が発大心に、方便と正観の二章が修大行に、果報の章が感大果に、起教の章が裂大網に、旨帰の章が帰大処にそれぞれ対応していて、よく整理された構成を示している。これがいわゆる五略十広の組織である。

（2）釈名——第二章の釈名においては、止観の名義について解釈しており、相待の止観、絶待の止観、止観とその他の名称の同一性、三徳（法身・般若・解脱）との対応関係などが説かれる。

(3)体相——第三章の体相においては、止観の体相（本体と様相）を明らかにする。教相の各段階における止観の規定、止観によって得られる三智（一切智・道種智・一切種智）と三眼（慧眼・法眼・仏眼）という果、智・眼によって見られる境界などが説かれている。

(4)摂法——第四章の摂法においては、止観が一切の仏法を包摂することを明らかにする。

(5)偏円——第五章の偏円においては、大小、半満、偏円、漸頓、権実の五項によって止観の区別を明らかにする。

(6)方便——第六章の方便においては、第七章の正観において明かされる十境十乗観法の準備条件である二十五箇条の修行の用心が説かれている。二十五箇条とは、具五縁（持戒清浄・衣食具足・息諸縁務・閑居静処・得善知識）、呵五欲（色・声・香・味・触の五種の対境に対する欲望を五欲といい、これを呵責すること）、棄五蓋（貪欲・瞋恚・睡眠・掉悔・疑の五種の煩悩を捨てること）、調五事（食・眠・身・息・心の五事を適度に調整すること）、行五法（欲・精進・念・巧慧・一心の五法を実行すること）である。

(7)正観——第七章の正観においては十境十乗観法が明かされ、その中で一念三千説が説かれる。

(8)八果報九起教十旨帰——十広の第八果報（止観によって得られる果報）、第九起教（止観によって教を生起させること）、第十の旨帰（止観の趣旨）は、実際には説かれない。

(9)方——きちんとして正しいこと。『輔行』巻第一之二には、「数方と言うとは、方は猶お法のごときなり」（T46, 157c3）とある。

(10)荼——悉曇四十二字門の最後の文字なので、字母の究極と解釈される。

(11)善始令終——始めから終わりまで良くすること。嵇康『琴賦』、「既豊贍以多姿、又善始而令終」を参照。

2. 生起

生起は、専ら十章を次第するなり。至理《しり》は寂滅にして、生無く生者無く、起無く起者無し。因縁有るが故に、十章は通じて是れ生起なり。別して論ずれば、前の章を生と為し、次の章を起と為す。縁由《えんゆ》[1]、趣次[2]も亦復た是の如し。謂う所は、無量劫より来《このかた》、癡惑《ちわく》[3]に覆われて、無明は即ち是れ明なることを知らず。今、之れを開覚[4]するが故に、大意と言う。既に無明は即ち明なりと知れば、復た流動《るどう》せず。故に名づけて止と為す。朗然《ろうねん》として大いに浄く、之れを呼びて観と為す。既に名を聞けば、体を得。体は即ち法を摂《しょう》し、偏円を摂す。偏円の解を以て、方便を起こす。方便は既に立つれば、正観は即ち成ず。正観を成じ已れば、妙なる果報を獲《う》。自得の法従《よ》り、教を起こし他を教え、自他倶に安んじ、同じく常寂に帰す。秖《た》だ生無く起無きに達せざるが為めに、是の故に生起す。既に生無く起無きことを了すれば、心行[5]は寂滅し、言語の道は断え、寂然として清浄なり。

3. 分別

分別とは、十章の功徳は、嚢《ふくろ》の中に宝有るが如し。探って人に示さずば、人の見る者無けん。今の十章は、幾ばくか真、幾ばくか俗、幾ばくか非真非俗なる。幾ばくか聖説《しょうせつ》・聖黙《しょうもく》・非説非

3c
黙なる。幾ばくか定、幾ばくか慧、幾ばくか非定慧なる。幾ばくか目・足、幾ばくか非目足なる。幾ばくか因・果・非因果なる。幾ばくか自・他・非自他なる。幾ばくか共《ぐ》・不共《ふぐう》・非共非不共なる。幾ばくか通・別・非通別なる。幾ばくか広・略・非広略なる。幾ばくか横《おう》・竪《じゅ》・非横竪なる。是の如き等の種種に、応に自在に問いを作すべし。初めの八章は、俗に即して真、果報の一章は真に即して俗、旨帰の章は非真非俗なり。正観は聖黙、余の八章は聖説、旨帰は非説非黙なり。正観は一分は是れ定、余の八章、及び一分は是れ慧、旨帰は非定非慧なり。大意より正観に至るまでは是れ因、果報は是れ果、旨帰は非因非果なり。前の八章は自行、起教は化他、旨帰は非自非他なり。大意より起教に至るまでは是れ目、方便より果報に至るまでは是れ足、旨帰は非目非足なり。大意より正観に至るまでは共、果報と起教は不共、旨帰は非共非不共なり。大意の一は通、余の八章は別、旨帰は非通非別なり。大意は略、八章は広、旨帰

(1)縁由——きっかけの意。前の章が後の章のきっかけとなること。
(2)趣次——趣旨の順序、意味の流れの意。後の章が前の章の意味の流れであること。
(3)癡惑——愚かで迷うこと。
(4)開覚——悟るの意。開も覚も悟るという意味の動詞。
(5)心行——心の働きの意。

は非広非略なり。体相は竪、余の八は横、旨帰は非横非竪なり。

4. 料簡

料簡とは、問う。略指[1]と大意と同異云何ん。

答う。通じては則ち名は異にして意は同じ。別しては則ち略指は三門[2]にして、大意は一頓[3]に在り。

問う。顕教に約して顕観を論ぜば、亦た応に秘教に約して密観を論ずべきや。

答う。既に顕と秘を分かてば、今は但だ顕を明かすのみにして、秘を説かず。

問う。門を分かつことは爾る可し。任《ほしいまま》に論ずること、得るや。

答う。或いは得、或いは得ず。教は是れ上の聖の、下に被《こうむ》らしむるの言なり。聖は顕と秘との両《ふた》つの説を能くす。凡人の宣述[4]は秖だ顕を伝う可く、秘を伝うること能わず。聴く者は何に因《よ》りてか観を作さん。或いは得とは、六根浄の位の能く一の妙音を以て三千界に遍満し、意に随って悉《こと》ごとく能く至れば[5]、則ち能く秘教を伝う。若し観を修せば、修する所の顕法を発して[6]、修せざる者を発せず[7]。宿習《しゅくじゅう》[8]を発する人は、密観を論ずることを得。

問う。初め浅く後に深きは漸観なり。初め深く後に浅きは、是れ何れの観の相なるや。

答う。是れ不定観なり。

問う。初後倶に浅きは、是れ何れの観の相なるや。

答う。小乗の意にして、三止観の相に非ざるなり。

問う。小乗も亦た是れ仏説なり。何の意もて非と言うや。若し非と言わば、応に漸と言うべからず。

答う。既に大と小を分かてば、小は論ずる所に非ず。今、漸と言うは、微《み》従り著《ちょ》に至る[9]の漸

(1)略指――簡略な趣旨の意。
(2)三門――三種止観のこと。
(3)一頓――円頓止観のこと。
(4)宣述――述べること。
(5)六根浄位能以一妙音遍満三千界随意悉能至――『法華経』法師功徳品、「是説法之人　若欲以妙音　遍満三千界　随意即能至」(T9, 49c12-13) を参照。「六根浄位」は、六根清浄位＝十信を指す。
(6)所修顕法――修行した顕露の法のことで、漸次止観・不定止観・円頓止観の三種止観を指す。
(7)不修者――密観（秘密の観）を指す。
(8)宿習――過去世の習慣の意。
(9)従微至著――かすかなものから顕著なものに至ること。

なるのみ。小乗は初後倶に実相を知らず。故に今の漸に非ざるなり。
問う。三文を示さば、文は是れ色なり。色は是れ門なりや、門に非ずと為すや。若是《も》し門な
4a らば、色は是れ実相なり。更に何の通ずる所かあらん。若し門に非ずば、云何んが而も一色・一香皆な是れ中道なりと言うや。
答う。文と門とは並びに是れ実相なり。衆生は顛倒《てんどう》多く、不顛倒少なければ、文をもって之れを示す。即ち文に於いて文・非文・非文非不文に達すれば、文は是れ其の門なり。門に於いて実相を得るが故に、文は是れ其の門なり。門に一切の法を具す。即ち門、即ち非門、即ち非門非不門なり。

5. 広釈（十広）

解釈とは、十章を釈するなり。

5.1. 大意（五略）

初めに大意を釈せば、始終を囊括《のうかつ》[1]し、初後に冠戴《かんたい》[2]す。意は緩《ゆる》くして見難し。今、撮《と》って五と為す。謂わく、発大心《ほつだいしん》・修大行《しゅだいぎょう》・感大果《かんだいか》・裂大網《れつだいもう》・帰大処《きだいしょ》なり。

云何んが大心を発するや。衆生は昏倒《こんとう》[3]して、自ら覚知せず。勧めて醒悟《しょうご》[4]して、上求《じょうぐ》・下化《げけ》[5]せしむ。

云何んが大行を修するや。復た発心すと雖も、路を望んで動ぜざれば、永く達する期《ご》無し。勧めて牢強《ろうごう》[6]に精進して、四種三昧[7]を行ぜしむ。

云何んが大果を感ずるや。梵天を求めずと雖も、梵天は自《おのず》ら応ず。[8]妙報を称揚[9]して、其の心

(1)嚢括——包含、総括するの意。
(2)冠戴——上から覆うこと。
(3)昏倒——めまいがして倒れること。顚倒、倒錯すること。
(4)醒悟——悟ること、目覚めること。
(5)上求下化——上には覚りを求め、下には衆生を教化すること。「上求菩提下化衆生」を省略した表現。
(6)牢強——堅く強いこと。
(7)四種三昧——常行三昧・常坐三昧・半行半坐三昧・非行非坐三昧のこと。
(8)雖不求梵天梵天自応——『南本涅槃経』巻第二、純陀品、「如是之人雖不求解脱、解脱自至、如彼貧女不求梵天、梵天自応」(T12, 613c21-23) を参照。
(9)称揚——ほめたたえること。

を慰悦《いえつ》[1]せしむ。

云何んが大網を裂くや。種種の経論は、人の眼目を開く。而して此れを執して彼れを疑い、一を是として諸を非とし、雪と聞いて冷《つめた》しと謂い、乃至、鶴と聞いて動ずと謂う。[2]今、経論を融通[3]して、結びを解き籠《とかご》を出だす。

云何んが大処に帰するや。法に始終無く、法に通塞《つうそく》[4]無し。若し法界を知らば、法界に始終無く通塞無く、豁然《かつねん》[5]として大いに朗らかにして、無礙自在なり。五略を生起して、十広を顕わす、云云。

5.1.1. 発大心

発心に就いて、更に三と為す。初めに方言[6]、次に非を簡《えら》び、後に是を顕わす。

5.1.1.1. 方言を釈す

菩提[7]とは、天竺の音なり。此の方には道と称す。質多《しった》[8]とは、天竺の音なり。此の方には心と言う。即ち慮知の心なり。天竺に又た汗栗駄《うりつだ》[9]と称す。此の方には是れ草木の心と称するなり。又た矣栗駄《いりつだ》[10]と称す。此の方には是れ精要を積聚《しょうようしゃくじゅ》[11]する者を心と為すなり。

（1）慰悦——安らかにし喜ばせること。

（2）聞雪謂冷乃至聞鶴謂動——『南本涅槃経』巻第十三、聖行品、「如生盲人不識乳色、便問他言、乳色何似。他人答言、色白如貝。盲（底本の「育」を文意によって改める）人復問、是乳色者、如貝声耶。答言、不也。復問、貝色為何似耶。答言、猶稲米末。盲人復問、乳色柔軟如稲米末耶。稲米末者、復何所似。答言、猶如雨雪。盲人復言、彼稲米末冷如雪耶。雪復何似。答言、猶如白鶴。是生盲人雖聞如是四種譬喩、終不能得識乳真色。是諸外道亦復如是。終不能識常・楽・我・浄。善男子、以是義故、我仏法中有真実諦、非於外道」（T12, 688c15-25）を参照。

（3）融通——障りなく通じさせること。

（4）通塞——通じることと塞がること。

（5）豁然——からっと開けたさま。疑いなどがすっきりと解決することを形容する。

（6）方言——インドと中国の二つの地域の言語の意。

（7）菩提——bodhi の音写語。覚りの意。

（8）質多——citta の音写語。心の意。『摩訶止観』では、慮知の心（思慮分別の心）とする。

（9）汗栗駄——hṛdaya の音写語。心髄、精髄、精要の意。心の意。『摩訶止観』においては、草木の心とする。

（10）矣栗駄——これも hṛdaya の音写語であるが、『摩訶止観』おいては、「汗栗駄」と区別している。

（11）積聚精要——精髄を集めること。

5.1.1.2.　非を簡ぶ

今、非を簡ぶとは、積聚と草木等の心を簡びて、専ら慮知の心に在るなり。道にも亦た通有り、別有り。今、亦た之れを簡ぶに、略して十と為す。

若《も》其し心は念念に貪・瞋・癡を専らにせば、之れを摂すれども還らず、之れを抜けども出でず。日に増し月に甚だしく、上品の十悪[1]を起こすこと、五扇提羅《せんだいら》[2]の如き者は、此れは地獄の心を発し、火途《かず》の道を行ずるなり。若其し心は念念に眷属多からんことを欲して、海の流れを呑むが如く、火の薪《たきぎ》を焚《や》くが如くして、中品の十悪を起こし、調達《じょうだつ》は衆を誘う[3]が如くば、此れは
4b
畜生の心を発して、血途《けつず》の道を行ず。

若《も》其し心は念念に名、四遠《しおん》八方[4]に聞こえ、称揚、欽詠《こんよう》[5]せらるることを得んと欲し、内に実徳無くして、虚しく賢聖《げんじょう》[6]に比し、下品《げぼん》の十悪を起こし、摩犍提《まけんだい》[7]の如くならば、此れは鬼の心を発して、刀途の道を行ず。

（1）上品十悪――『大智度論』巻第八十六、「十不善道、有上中下。上者、地獄。中者、畜生。下者、餓鬼。十善道亦有上中下。上者、天。中者、人。下者、鬼神」（T25, 663a17-19）を参照。

（2）五扇提羅――『未曾有因縁経』巻下、「時五比丘、即今皇后随従担輿扇提羅等五人是也」（T17, 583b29-c1）を参照。「扇提羅」は、caṇḍāla の音写語。旃陀羅とも音写する。インドの四姓（バラモン、クシャトリヤ、ヴァイシャ、シュードラ）から除外された身分の低い者。

（3）調達誘衆――『大智度論』巻第二十六、「仏語提婆達、汝狂人、死人、嗽唾人。狂人者、以提婆達罪重、当入阿鼻地獄、故三種苦切語。死人者、似人而不能集諸善法故、亦以提婆達剃頭法服、似如聖人、内無慧命、故名死人。如死人種種荘厳、転転爛壊、終不可令活。提婆達亦如是。仏日日種種教化、悪心転劇、悪不善法日日転増、乃至作三逆罪。以是故、名為死人。嗽唾人者、提婆達貪利養故、化作天身小児。在阿闍貰王抱中、王嗚其口与唾令嗽。以是故、名嗽唾人。問曰、提婆達得禅定、已離欲、云何復嗽他唾。答曰、是人悪心亦深、其根亦利。離欲故能変化、嗽唾時便失、利根故求時便得。以是故、名嗽唾人。狂義如先説。復次以提婆達白仏、仏已老矣。常楽閑静、可入林中以禅自娯、僧可付我。仏言、舎利弗、目揵連等有大智慧、善軟清浄人、尚不令僧属。何況汝狂人、死人、嗽唾人。如是等因縁故、仏於諸法雖無所著、而為教化故、現苦切語」（T25, 252b15-c5）を参照。「調達」は、提婆達多（Devadatta）の漢訳。

（4）四遠八方――「四遠」は、四方の遠方の地。「八方」は、四方・四維（北東・北西・南東・南西）の八つの方角。

（5）欽詠――敬い歌うこと。

（6）賢聖――賢人と聖人のこと。

（7）摩犍提――Mākandika, Māgandika の音写語。もと外道であったが、釈尊の弟子となった。『大智度論』巻第一、「摩犍提問曰、若不見聞等　亦非持戒得　非不見聞等　非不持戒得　如我心観察　持唖法得道。仏答言、汝依邪見門　我知汝癡道　汝不見妄想　爾時自当唖」（同前、64a3-9）を参照。

若其し心は念念に常に彼れに勝れんことを欲し、人に下るに耐えず、他を軽んじて己れを珍《とうと》び、鵄《とび》高く飛びて下し視るが如くして、而も外には仁・義・礼・智・信を揚げ、下品の善心を起こさば、阿修羅の道を行ず。

若其し心は念念に世間の楽を欣《ねが》い、其の臭き身を安んじ、其の癡心を悦ばしめば、此れは中品の善心を起こして、人の道を行ず。

若其し心は念念に三悪は苦多く、人間は苦楽相い間《まじ》わり、天上は純《もっぱ》ら楽なりと知りて、天上の楽の為めに六根を閟《とざ》して出ださず、六塵[1]を入らざらしめば、此れは上品の善心を起こして、天の道を行ず。

若其し心は念念に大威勢ありて、身・口・意に譈《わず》かに所作有り、一切は弭従《びしゅう》[2]せんことを欲せば、此れは欲界の主の心を発して、魔羅《まら》[3]の道を行ず。

若其し心は念念に利智[4]、辨聡《べんそう》[5]、高才、勇哲[6]にして、六合《りくごう》[7]に鑒達《かんだつ》し、十方に顒顒《ぎょうぎょう》[8]たることを得んと欲せば、此れは世智の心を発して、尼犍《にけん》[9]の道を行ず。

若其し心は念念に五塵[10]・六欲[11]の外の楽しみは蓋《けだ》し微にして、三禅[12]の楽しみは石泉《せきせん》の如く[13]、其の楽しみが内に重くば、此れは梵心[14]を発して、色・無色[15]の道を行ず。

若其し心は念念に善悪輪環《りんかん》[16]し、凡夫は耽湎《たんめん》[17]するも、賢聖に呵せられ、悪を破するは浄慧に由

(1)六塵——六境（色・声・香・味・触・法）のこと。
(2)弭従——服従すること。
(3)魔羅——Māra の音写語。魔ともいう。仏道修行を妨げる魔王の名。
(4)利智——鋭い智慧があること。
(5)辨聡——聡明なこと。
(6)勇哲——勇ましく賢いこと。
(7)六合——天地と東西南北の四方を合わせたもので、全世界を意味する。
(8)顒顒——仰ぎ慕うようす。
(9)尼犍——尼乾子ともいう。Nirgranthaputra の音写語の一部。ヴァイシャーリーに住んだ有名なジャイナ教徒の名。
(10)五塵——色・声・香・味・触の五境（五種の対象）のこと。心を汚すので塵といわれる。
(11)六欲——眼・耳・鼻・舌・身・意の六根から生じる欲望。
(12)三禅——色界の第三禅のこと。
(13)如石泉——『大智度論』巻第八、「是楽二種。内楽、涅槃楽。是楽不従五塵生、譬如石泉、水自中出、不従外来。心楽亦如是。行等心、修梵行、得十善業道、清淨無穢。是名内楽」（T25, 120c10-13）を参照。
(14)梵心——梵天に生まれようとする心。
(15)色無色——色界、無色界のこと。
(16)輪環——循環すること。
(17)耽湎——耽溺すること。

4c

り、浄慧は浄禅に由り、浄禅は浄戒に由ることを知りて、此の三法を尚《たっと》[1]ぶこと、飢えたるが如く渇《かわ》きたるが如くならば、此れは無漏の心を発して、二乗の道を行ず。

若しは心、若しは道、其の非は甚だ多し。略して十を言うのみ。或いは上を開いて下を合し、或いは下を開いて上を合するも、十の数をして方に足らしむるのみ。一種を挙げて語の端と為す。強き者は先に牽《ひ》く。『論』に、「破戒の心は地獄に堕し、慳貪《けんどん》の心は餓鬼に堕し、無慚愧の心は畜生に堕す」と云うが如き[2]は、即ち其の義なり。

或いは先に非心《ひしん》[3]を起こし、或いは先に是心《ぜしん》を起こし、或いは是非は並び起こる[4]。象、魚、風は並びに池の水を濁すに譬う。象は外を譬え[5]、魚は内を譬え、風は並び起こるを譬う。又た、象は諸の非、外自《よ》り起こるを譬え、魚は内観羸弱《るいじゃく》[6]にして二辺の動ずる所と為るを譬え、風は内外合雑《ごうぞう》[7]して、穢濁《おじょく》混和[8]するを譬う。

又た、九種は是れ生死にして、蚕の自ら縛するが如し。後の一は是れ涅槃にして、麞《のろ》の独り跳《はね》るが如し。自ら脱することを得と雖も、未だ仏法を具せず。倶に非なるが故に双《なら》べ簡ぶ。前の九は是れ世間にして、動ぜず出でず[9]。後の一は出ずと雖も、大悲無し。倶に非なれば、双べ簡ぶなり。

有為・無為、有漏・無漏、善・悪、染・浄、縛・脱、真・俗等の種種の法門も亦た是の如し。

又た、九法は世間の苦諦に約し、後の一は苦諦に非ず。苦諦に非ずと雖も、曲《ごく》・拙《せつ》・灰《け》・近《ごん》[10]な

(1)三法――浄慧、浄禅、浄戒を指す。
(2)論云破戒心堕地獄慳貪心堕餓鬼無慚愧心堕畜生――『大智度論』巻第二十一、「問曰、経中説三念因縁除恐怖。五念復云何能除恐怖。答曰、是比丘自念布施・持戒功徳、怖畏亦除。所以者何。若破戒心、畏堕地獄。若慳貪心、畏堕餓鬼及貧窮中。自念我有是浄戒・布施、若念浄戒、若念布施、心則歓喜、作是言、若我命未尽、当更増進功徳。若当命終、不畏堕悪道。以是故、念戒施、亦能令怖畏不生」(T25, 219a16-23) を参照。
(3)非心――誤った心の意。「是心」は、正しい心の意。
(4)是非――直前に出る「是心」と「非心」を指す。
(5)外――「外」は非、非心に対応し、「内」は是、是心に対応する。「並起」は、内と外が同時に生起すること。
(6)羸弱――弱いこと。
(7)合雑――交錯すること。
(8)混和――混じり合うこと。
(9)世間不動不出――『大品般若経』巻第七、無生品、「於世間中不動不出。是名世間檀那波羅蜜。……於世間中能動能出。是故名出世間檀那波羅蜜」(T8, 272b18-29) を参照。
(10)曲拙灰近――『輔行』巻第一之三 (T46, 163a5-6) によれば、「曲」は析智紆廻《しゃくちうえ》(蔵教の迂回《うえ》する立場)、「拙」は生滅拙度 (蔵教の生滅、拙い救済の立場)、「灰」は蔵教の灰身滅智《けしんめっち》の立場、「近」は化城に至るだけで、宝処に至らない立場をそれぞれ意味する。

り。故に双べて非《ひ》し簡却《けんきゃく》[1]す。次に有為・有漏は集諦に約し、後の一は集諦に非ずと雖も、曲・近・灰・拙なり。亦た、双べて非し簡ぶなり。次に善・悪、染・浄は道諦に約し、後の一は是れ道諦なり。是れ道諦なりと雖も、亦た前に簡ぶが如し。次に縛・脱、真・俗は滅諦に約す。後の一は是れ滅諦なりと雖も、亦た前に簡ぶが如し。

若し是の意を得ば、一切の根、塵[2]、三業[3]、四儀[4]に歴て、心を生じ念を動ずるに、皆な此《か》く観察して、濁心をして起こることを得しむること勿《なか》れ。設《たと》い起こるとも、速やかに滅せよ。明眼有る人は能く険悪の道を避くるが如く[5]、世に聡明の人有りて、能く衆悪を遠離す。初心の行者も、若し此の意を見ば、世間の為めに、而も依止と作るに堪《た》えたり。

問う。行者は自ら発心するや、他は教えて発心せしむるや。

答う。自・他・共・離は、皆な不可なり[6]。但だ是れ感応道交《かんのうどうきょう》にして、発心を論ずるのみ。子は水火に堕《お》つれば、父母は騒擾《そうじょう》して、之れを救うが如し。『浄名』に云わく、「其の子は病を得れば、父母も亦た病む[7]」と。『大経』に云わく、「父母は病子に於いて、心は則ち偏えに重し[8]」と。法性の山を動じて生死の海に入る。故に病行・嬰児《ように》行有り。是れ感応の発心と名づくるなり。

『禅経』に云わく、「仏は四随《しずい》を以て法を説く。随楽《ずいぎょう》・随宜・随治・随義なり[9]」と。彼の意を

将護《しょうご》[10]して、説いて其の心を悦《よろこ》ばしむ。先世の習に附して、受行し易《やす》からしむ。病の軽重を観

(1) 簡却——選び捨てる、排除すること。
(2) 根塵——眼・耳・鼻・舌・身・意の六根と、色・声・香・味・触・法の六塵（六境）を指す。
(3) 三業——身・口・意の三種の行為。
(4) 四儀——行・住・坐・臥にわたる戒律、礼式に合致した行為の意。
(5) 如有明眼人能避険悪道——『四分僧戒本』、「譬如明眼人　能避険悪道　世有聡明人　能遠離諸悪」（T22, 1030a14-15）を参照。
(6) 自他共離皆不可——『中論』巻第一、観因縁品、「諸法不自生　亦不従他生　不共不無因　是故知無生」（T30, 2b6-7）を参照。
(7) 浄名云其子得病父母亦病——『維摩経』巻中、文殊師利問疾品、「譬如長者唯有一子、其子得病、父母亦病。若子病愈、父母亦愈。菩薩如是。於諸衆生、愛之若子。衆生病則菩薩病、衆生病愈、菩薩亦愈」（T14, 544b24-27）を参照。
(8) 大経云父母於病子心則偏重——『南本涅槃経』巻第十八、梵行品、「譬如一人而有七子、是七子中一子遇病、父母之心非不平等、然於病子心則偏多」（T12, 724a24-26）を参照。
(9) 禅経云仏以四随説法随楽随宜随治随義——出典未詳。
(10) 将護——助け守るの意。

じて、薬を設くること多少なり。道機は時に熟すれば、聞いて即ち道を悟る。豈に機に随う感応の利益に非ずや。

『智度論』に四悉檀あり。[1] 世法の間隔《けんきゃく》するを世界と名づけ、其の堪能《たんのう》に随うを為人と名づく。両《ふた》つの悉檀は、四随《しずい》と同じ。亦た是れ感応の意なり。更に『論』の五の復次《ふくじ》を引く。[2] 一に菩薩の種種の行を明かすが故に、般若波羅蜜経を説く。二に菩薩をして念仏三昧を増さしむるが故に、三に跋致《ばっち》の相貌《そうみょう》を説くが故に。四に弟子の悪邪を抜くが故に、五に第一義を説くが故に、般若波羅蜜経を説く。此の五の復次は四随・四悉と皆な異ならず。又た、五因縁[3]と同じ。

若し機に随わずば、他を悩ますが故に説けども、彼れに於いて益無し。大悲の雷雨の若《ごと》きは、微《み》従り著《ちょ》に之《ゆ》くことを得。

『論』に云わく、「真法、及び説者は、聴衆は得ること難きが故なり。是の如きは則ち生死は有の辺に非ず、無の辺に非ず」[4]と。実相は、難に非ず易に非ず、有に非ず無に非ず、此れを真法と名づく。能く此の如く説き聴くを、真の説・聴と名づく。三悉檀の益有るを、有の辺と名づけ、第一義の益を、有の辺に非ず無の辺に非ずと名づく。故に知んぬ、縁起は能く大事を辦《べん》ずるは、則ち感応の意なり。

5a

（1）智度論四悉檀――『大智度論』巻第一に出る世界悉檀・各各為人悉檀・対治悉檀・第一義悉檀の四種の悉檀のこと。仏の説法を四種に分類したものである。悉檀は siddhānta の音写語で、確定した説の意。世界悉檀は世俗における真実、各各為人悉檀は衆生の性質・能力に応じて、善を生じるように説かれた真実、対治悉檀は衆生の悪を断ち切るように説かれた真実、第一義悉檀は究極的な真実をいう。『大智度論』巻第一、「復次仏欲説第一義悉檀相故、説是般若波羅蜜経。有四種悉檀。一者世界悉檀、二者各各為人悉檀、三者対治悉檀、四者第一義悉檀。四悉檀中、一切十二部経、八万四千法蔵、皆是実、無相違背。仏法中、有以世界悉檀故実、有以各各為人悉檀故実、有以対治悉檀故実、有以第一義悉檀故実」（T25, 59b17-24）を参照。

（2）引論五復次――本文にあるように、「復次」で始まる『大智度論』巻第一の五つの文を指す。出典については以下の通りである。『大智度論』巻第一、「仏今欲為弥勒等広説諸菩薩行。是故説摩訶般若波羅蜜経」（同前、58a1-3）、「復次有菩薩修念仏三昧、仏為彼等欲令於此三昧得増益故、説般若波羅蜜経」（同前、58a4-5）、「復次欲説阿鞞跋致、阿鞞跋致相故説」（同前、59b6-7）、「復次有悪邪人、懐嫉妬意、誹謗言、仏智慧不出於人。但以幻術惑世。断彼貢高邪慢意故、現無量神力、無量智慧力、於般若波羅蜜中、自説、我神徳無量、三界特尊、為一切覆護。若一発悪念、獲罪無量。一発浄信、受人天楽、必得涅槃果」（同前、58b19-24）、「復次仏欲説第一義悉檀相故、説是般若波羅蜜経」（同前、59b17-18）を参照。

（3）五因縁――「五略」（発大心・修大行・感大果・裂大網・帰大処）と同じ意味。

（4）論云真法及説者聴衆難得故如是則生死非有辺非無辺――『中論』巻第四、観邪見品、「真法及説者　聴者難得故　如是則生死　非有辺無辺」（T30, 39a16-17）を参照。

然るに、四随・四悉・五縁は、名は異なれども、意義は則ち同じ。今之れを説かん。四随は是れ大悲の応益、悉檀は是れ憐愍《れんみん》の遍施にして、蓋《けだ》し左右の異なりのみ。因縁と言うは、或いは聖を因とし、凡を縁とし、或いは凡を因とし、聖を縁とすれば、則ち感応道交なり。当に知るべし、三法の言味[1]は相い符《かな》えば、則ち意は同じ。随楽欲《ずいぎょうよく》は偏えに修因の尚《たっと》ぶ所を語り、世界は偏えに受報の間隔《けんきゃく》を語る。蓋し因・果の異なりなるのみ。便宜とは、法を選んで、以て人に擬す。為人とは、人を観じて、以て法を逗《ず》すれば、此れは乃ち欣《ごん》・赴《ふ》の不同なるのみ。又た、五因縁とは、衆生の信楽を因と為して、仏は一法、一切法を説くは、大菩提心なり。『経』に於いては是れ楽欲、『論』に於いては是れ世界なり。衆生に大精進の勇猛有れば、仏は一行、一切行を説く。則ち四の三昧[2]なり。『経』に於いては是れ便宜、『論』に於いては是れ為人なり。衆生に平等の大慧有るを因と為し、仏の一破、一切破を説くを感ずれば、勝れたる果報を獲《う》。及び経論に通ず。経論に於いては倶に是れ対治なり。衆生に仏の智・眼有るを因と為し、仏の一究竟、一切究竟を説くを感ずれば、旨帰の寂滅を説くことを得。経論に於いては倶に是れ第一義なり。

又た、五縁と五復次とは、菩提心は是れ諸行の本なり。『論』に種種の行を挙ぐるは、蓋し枝・本の異なりなるのみ。四の三昧は是れ通修、念仏は是れ別修なるは、蓋し通・別の異なり

5b なるのみ。勝報は備《つぶ》さには依・正の習果・報果を説く、跋致は偏えに習果の入位の相を挙ぐるは、蓋し双・隻の異なりなるのみ。経論の疑滞《ぎたい》を除くは、経論は是れ疑執を起こす処なり。弟子の悪邪を抜くとは、是れ過を起こす人なり。人・処の異なりなるのみ。本末究竟等と第一義とは、名の同じきことは見易し。所以に異ならず。是れ義は同じと為す。

又た、聖説は多端なり。或いは次《じ》の説、或いは不次《ふじ》の説、或いは具の説、或いは不具の説、或いは雑《ぞう》の説、或いは不雑の説あり。衆生の益を稟《う》くること不同なり。或いは次の益、不次の益、或いは具の益、不具の益、或いは雑の益、不雑の益あり。或いは四悉檀は五縁を成じ、五縁は四悉を成ず。或いは四悉は一因縁を成じ、一因縁は一悉を成ず。或いは一一の因縁は皆な四悉を具し、四悉は五縁を具す。是の如き等は種種に互《たが》いに成じ顕わる。還《かえ》って三の止観を以て之れを結ぶ。意を以て知る可し、云云。又た、一の止観を以て之れを結ぶ。菩提心を発するは、即ち是れ観、邪僻《じゃへき》の心息《や》むは、即ち是れ止なり。

(1)三法――四随、四悉檀、五因縁を指す。
(2)四三昧――四種三昧（常行三昧・常坐三昧・半行半坐三昧・非行非坐三昧）のこと。

又た、五略は秖《た》だ是れ十広なり。初めの五章は、秖だ是れ発菩提心の一意なるのみ。方便・正観は秖だ是れ四の三昧なるのみ。果報の一章は、秖だ違・順を明かす。違すれば、則ち二辺の果報あり。順ずれば、則ち勝妙の果報あり。起教の一章は、其の自心を転じて、他を利益す。或いは仏身と作りて、権を施し実を顕わす。或いは九界の像と作って、漸・頓を対揚し、漸・頓を転じて、漸・頓を弘通す。旨帰の章は、秖だ是れ同じく大処の秘密蔵の中に帰す。故に知んぬ、広・略あれども、意は同じきなり。

5.1.1.3. 是を顕わす

是を顕わすに、更に三と為す。初めに四諦、次に四弘[1]、後に六即[2]なり。

5.1.1.3.1. 四諦に約す

四諦の名相は、『大経』聖行品に出ず。謂わく、生滅・無生滅・無量・無作なり。[3]生滅とは、苦・集は是れ世の因・果、道・滅は是れ出世の因・果なり。苦は則ち三相に遷移《せんい》[4]し、集は則ち四心[5]流動《るどう》し、道は則ち対治し奪い易《やす》く、滅は則ち有を滅して無に還《かえ》る。世・出世なりと雖も、皆な是れ変異す。故に生滅の四諦と名づくるなり。

無生とは、苦に逼迫《ひっぱく》無く、一切は皆な空なり。豈に空の能く空を遣《や》ること有らんや。色に即して是れ空にして、受・想・行・識も亦復た是の如し。故に逼迫の相無きなり。集に和合の

(1)四弘――四弘誓願のこと。四つの広大な誓願の意で、衆生無辺誓願度・煩悩無数誓願断・法門無尽誓願学・仏道無上誓願成を指す。

(2)六即――智顗の考案した円教の階位。理即・名字即・観行即・相似即・分証即(分真即)・究竟即をいう。

(3)出大経聖行品謂生滅無生滅無量無作――『南本涅槃経』巻第十二、聖行品、「善男子、以是義故、諸凡夫人有苦無諦。声聞・縁覚有苦有苦諦、而無真実。諸菩薩等解苦無苦。是故無苦而有真諦。諸凡夫人有集無諦。声聞・縁覚有集有集諦。諸菩薩等解集無集。是故無集而有真諦。声聞・縁覚有滅非真。菩薩摩訶薩有滅有真諦。声聞・縁覚有道非真。菩薩摩訶薩有道有真諦」(T12, 682c7-14)を参照。『勝鬘経』法身章、「若於無量煩悩蔵所纏如来蔵不疑惑者、於出無量煩悩蔵法身亦無疑惑。於説如来蔵、如来法身、不思議仏境界及方便説、心得決定者、此則信解説二聖諦。如是難知難解者、謂説二聖諦義。何等為説二聖諦義。謂説作聖諦義、説無作聖諦義。説作聖諦義者、是説有量四聖諦。何以故。非因他能知一切苦、断一切集、証一切滅、修一切道。是故世尊、有有為生死・無為生死。涅槃亦如是、有余及無余。説無作聖諦義者、説無量四聖諦義」(同前、221b17-27)を参照。

(4)遷移――変化すること。

(5)四心――貪・瞋・癡の三毒を三分と数え、貪・瞋・癡の三毒がそれぞれ単独に生起するものに対して、三毒がいっしょに生起しているものを等分といい、合わせて四分となる。

相無しとは、因・果は倶に空なれば、豈に因の空と果の空と合すること有らんや。一切の貪・瞋・癡に歴ることも亦復た是の如し。道は不二の相なり。能治・所治無し。空すら尚お一無し。云何んが二有らんや。法は本と然《も》えず、今則ち滅せず。然えず滅せざるが故に、無生の四諦と名づくるなり。

無量とは、分別校計《きょうけ》[1]するに、苦に無量の相有り。謂わく、一法界の苦すら尚お復た若干《にゃっかん》なり。況んや十法界をや。則ち種種の若干なり。二乗の若しは智、若しは眼の能く知見する所に非ず、乃ち是れ菩薩の能く明了する所なり。謂わく、地獄に種種若干の差別あり。皮剝《ひはく》・割截《かっせつ》・
5c
焼煮《しょうしゃ》・剉切《ざせつ》すら尚お復た若干なり。称計《しょうけ》す可からず。況んや復た余界の種種の色、種種の受・想・行・識、塵沙の海渧《かいたい》、寧《いずく》んぞ当に尽くす可けんや。故に二乗の知見に非ず、菩薩の智・眼は乃ち能く通達す。又た、集に無量の相有り。謂わく、貪欲・瞋・癡、種種の心、種種の身・口、集業は若干なり、身は曲れば、影は斜めなり。声は喧《かまび》すしければ、響きは濁る。菩薩は之れを照らして謬《あやま》らざるのみ。又た、道に無量の相有り。謂わく、析体拙巧《しゃくたいせつぎょう》[2]の方便、曲直長短、権実あり、菩薩は精《くわ》しく明らかにして謬濫《みょうらん》せず。又た、滅に無量の相有り。是の如き方便は能く見諦[3]を滅し、是の如き方便は能く思惟[4]を滅し、各おの若干の正・助有り。菩薩は洞《ほが》らかに覧《み》て、毫《ごう》も差《たが》うこと無きなり。又た、即空の方便の正・助の若干は、皆な若干無し。若干無しと雖も、若干を分別して、謬り無く乱れ無し。又た、是の如き方便は、能く四住を析滅す。又た、是の如き方便は、能く四住を体滅し、是の如き方便は、能く塵沙を滅し、是の如き方便は、能く無明を滅す。種種若干なりと雖も、彼彼雑《まじ》えず。又た、三悉檀もて分別するが故に、若干有り。第一義悉檀は、則ち若干無し。若干無しと雖も、多きに従って論を為すが故に、若干と名づけ、無量の四諦と称するなり。

無作の四諦とは、皆な是れ実相にして、不可思議なり。但だ第一義諦に復た若干無きのみに非ず、三悉檀、及び一切の法の若《ごと》きも、復た若干無し。此の義は知る可し。復た委《くわ》しくは記さず。

(1)分別校計——区別して思索すること。
(2)析体拙巧——蔵教の析空・拙度（拙い救済）、通教の体空・巧度（巧みな救済）のこと。
(3)見諦——預流果において、三界の見惑を断じて、四諦の理を見ることを見諦というが、ここでは、見諦において断じられる見惑を意味する。
(4)思惟——思惑（修惑）を指す。

若し四諦を以て竪《たて》に諸土に対せば、増有り、減有り。同居《どうご》[1]には四有り、方便には則ち三、実報には則ち二、寂光には但だ一あるのみ。若し横に敵対《じゃくたい》せば、同居には生滅、方便には無生滅、実報には無量、寂光には無作なり、云云。

又た、総じて説けば四諦と名づけ、別して説けば十二因縁と名づく。苦は是れ識・名色・六入・触・受・生・老死の七支なり。集は是れ無明・行・愛・取・有等の五支なり。道は是れ因縁を対治する方便なり。滅は是れ無明の滅、乃至、老死の滅なり。故に『大経』に、四の四諦を開き、亦た四の十二因縁を開く。「下智観の故に声聞の菩提を得、中智観の故に縁覚の菩提を得、上智観の故に菩薩の菩提を得、上上智観の故に仏の菩提を得[2]」と。

又た、『中論』の偈に云わく、「因縁もて生ずる所の法[3]」は、即ち是れ生滅なり。「我れは即ち是れ空なりと説く」は、是れ無生滅なり。「亦た名づけて仮名と為す」は、是れ無量なり。6a 「亦た中道義と名づく」は、是れ無作なり。又た解す。「因縁」は即ち集なり。「生ずる所」は即ち苦なり。苦を滅する方便は是れ道なり。苦・集の尽くるは是れ滅なり。又た偈に「因縁」と云うは、因縁は即ち無明なり。「生ずる所の法」は即ち行・名色・六入等なり。故に文に云わく、「利根の弟子の為めには、十二因縁の不生不滅の相を説く[4]」と。前の二十五品を指

(1)同居――凡聖同居土のこと。人天などの凡夫と声聞・縁覚などの聖者とが同居する国土の意。これには阿弥陀の同居浄土と娑婆世界の同居穢土とがある。方便有余土は、見思惑を断じたが、まだ塵沙・無明惑を断じていない二乗・菩薩の住所。実報無障礙土は、界外にあり、別教の初地以上、円教の初住以上の菩薩が生身を捨てて住む。常寂光土は、法身仏の住する浄土。

(2)下智観故得声聞菩提中智観故得縁覚菩提上智観故得菩薩菩提上上智観故得仏菩提――『南本涅槃経』巻第二十五、師子吼菩薩品、「善男子、観十二縁智、凡有四種。一者下、二者中、三者上、四者上上。下智観者不見仏性。以不見故、得声聞道。中智観者、不見仏性。以不見故、得縁覚道。上智観者、見不了了。不了了故、住十住地。上上智観者、見了了。故得阿耨多羅三藐三菩提道」(T12, 768c11-17)を参照。

(3)中論偈云因縁所生法――『中論』巻第四、観四諦品、「衆因縁生法　我説即是無　亦為是仮名　亦是中道義」(T30, 33b11-12)を参照。

(4)文云為利根弟子説十二因縁不生不滅相――『中論』巻第一、観因縁品、「問曰、何故造此論。答曰、有人言万物従大自在天生。有言従韋紐天生。有言従和合生。有言従時生。有言従世性生。有言従変生。有言従自然生。有言従微塵生。有如是等謬、故墮於無因邪因断常等邪見。種種説我我所。不知正法。仏欲断如是等諸邪見令知仏法故。先於声聞法中説十二因縁。又為已習行有大心堪受深法者。以大乗法説因縁相。所謂一切法不生不滅不一不異等。畢竟空無所有。如般若波羅蜜中説。仏告須菩提、菩薩坐道場時、観十二因縁。如虚空不可尽。仏滅度後、後五百歳像法中、人根転鈍、深著諸法。求十二因縁・五陰・十二入・十八界等決定相。不知仏意但著文字。聞大乗法中説畢竟空。不知何因縁故空。即生疑見。若都畢竟空。云何分別有罪福報応等。如是則無世諦第一義諦。取是空相而起貪著。於畢竟空中生種種過。龍樹菩薩為是等故、造此中論」(同前、1b18-c7)を参照。

す。「鈍根の弟子の為めには、十二因縁の生滅の相を説く」[1]と。後の両品を指す。当に知るべし、『論』の偈は、総じて説けば、即ち四種の四諦なり、別して説けば、即ち四種の十二因縁なり。已に四の四諦を分別すること竟《お》わる。

諸経に種種の発菩提心を明かす。或いは言わく、種種の理を推して菩提心を発す。或いは仏の種種の相を覩《み》て菩提心を発し、或いは種種の神通を覩、或いは種種の法を聞き、或いは種種の土に遊び、或いは種種の衆を観、或いは種種の行を修するを見、或いは種種の法の滅するを見、或いは種種の過を見、或いは他の種種の苦を受くるを見て菩提心を発す。略して十種を挙げて首と為す。広く説かん、云云。

理を推して発心すとは、法性は自天にして然なり。[2]集も染むること能わず、苦も悩ますこと能わず、道も通ずること能わず、滅も浄むること能わざること、雲は月を籠《こ》むるも、妨害すること能わざるが如し。煩悩を却《しりぞ》け已れば、乃ち法性を見る。『経』に言わく、「滅は真諦に非ず。滅に因って真に会す」[3]と。滅すら尚お真に非ず。三諦は焉《いず》くんぞ是《ぜ》ならん。煩悩の中に菩提無く、菩提の中に煩悩無し。是れ生滅の四諦を推して、上に仏道を求め、下に衆生を化し、菩提心を発すと名づく。

無生の四諦を推して発心すとは、法性は苦・集に異ならず。但だ苦・集に迷って、法性を失うは、水は結んで氷と為るも、別の氷無きが如きなり。苦・集に苦・集無しと達すれば、即ち法性に会す。苦・集すら尚お是れなり。何に況んや道・滅をや。『経』に言わく、「煩悩は即ち是れ菩提、菩提は即ち是れ煩悩なり」[4]と。是れ無生の四諦を推して、上求下化し、菩提心を発すと名づく。

無量を推すとは、夫れ法性とは、名づけて実相と為す。尚お二乗の境界にすら非ず。況んや復た凡夫をや。二辺の表《そと》に出でて、別に浄法有り。『仏蔵経』の十喩の如し、[5]云云。是れ無量の四諦を推して、上求下化し、菩提心を発すと名づく。

（1）為鈍根弟子説十二因縁生滅相――本書六七ページ注4を参照。
（2）自天而然――自然、天然の意。
（3）経言滅非真諦因滅会真――『南本涅槃経』巻第十二、聖行品、「声聞・縁覚有滅非真。菩薩摩訶薩有滅有真諦」（T12, 682c12-13）を参照。
（4）経言煩悩即是菩提菩提即是煩悩――『思益梵天所問経』巻第一、解諸法品、「如是煩悩中有菩提、菩提中有煩悩、是亦難信」（T15, 39b28-29）を参照。
（5）如仏蔵経十喩――『大方等如来蔵経』（T16, 457b-459c）を参照。

無作を推すとは、夫れ法性と一切の法と二無く別無し。凡法すら尚お是れなり。況んや二乗をや。凡法を離れて、更に実相を求むるは、此の空を避けて、彼の処に空を求むるが如し。
6b 凡法に即して是れ実相なり[1]。凡を捨てて聖に向かうを須《もち》いず。『経』に言わく、「生死は即ち涅槃なり[2]」と。一色も一香も皆な是れ中道なり。是れ無作の四諦を推して、上求下化し、菩提心を発すと名づく。

若し一法を推すに、即ち法界を洞《ほが》らかにして、辺に達し底に到り、横竪《おうじゅ》を究竟して、事理具足す。上求下化は、備《つぶ》さに其の中に在るを、方《まさ》に発菩提心と称す。菩提は道と名づく。道は能く通じて横竪の彼岸に到るを、発心波羅蜜と名づく。故に理を推すことに於いて、委《くわ》しく浅深を作し、事理周遍す。下に去るも、法法は例して爾《しか》なり。

（1）相——底本の「法」を、甲本によって「相」に改める。

（2）経言生死即涅槃——『思益梵天所問経』巻第一、解諸法品、「梵天、実者終不作不実。若有仏、若無仏、法性常住。所謂生死性、涅槃性常実。所以者何。非離生死得涅槃、名為聖諦。若人証如是四諦、是名世間実語者」（T15, 39a17-21）を参照。

摩訶止観 巻第一下

隋の天台智者大師説く
門人の灌頂記す

仏の相好《そうごう》[1]を観て発心すとは、若し如来を見ば、父母《ぶも》の生みし身の身相は昺著《はいちょ》[2]にして、明了なること処《ところ》を得、[3]輝麗《きれい》[4]、灼爍《しゃくしゃく》[5]なり。毘首羯磨《びしゅかつま》[6]も作ること能わざる所、転輪王[7]の相好、纏絡《てんらく》[8]して世間に希有《けう》なるにも勝る。天上天下、仏に如《し》くは無し、十方世間にも亦た比《たぐ》い無し。願わくは、我れは仏を得て聖法王[9]に斉《ひと》しく、我れは衆生を度すること無数無央《むしゅむおう》[10]ならんことを。是れ応仏[11]の相好を見て上求下化《じょうぐげけ》して菩提心を発すと為す。

若し如来を見ば、如来に如来無しと知り、若しは相好を見て相好は相好に非ずと知り、如来、及び相好は皆な虚空の如し。空の中には仏無し。況んや復た相好をや。如来は如来に非ずと見るは、即ち如来を見るにして、相は相に非ずと見るは、即ち諸相を見るなり。願わくは我れは仏を得て聖法王に斉しく、我れは衆生を度すること無数無央ならんことを。是れ勝応《しょうおう》[12]の相好を見て上求下化して菩提心を発すと為す。

若し如来を見ば、身相は一切現ぜざる所靡《な》し。明浄なる鏡の衆《もろもろ》の色像を観《み》るが如し。一一

(1)相好——仏の備える三十二相と八十種好とをいう。「相」は、lakṣaṇa の訳語で、大きな特徴の意。「好」は、anuvyañjana の訳語で、小さな特徴の意。
(2)昺著——明るく目立つこと。
(3)得処——適当な場所を得ること、つまり適当に配置されること。
(4)輝麗——光り輝き華麗であること。
(5)灼爍——光り輝くさま。
(6)毘首羯磨——Viśvakarman の書写。工巧《くぎょう》天、巧妙天などとも漢訳される。神々の中の建設者、工匠である。『大智度論』巻第四には「巧変化師、毘首羯磨天」(T25, 88a5-6) とある。
(7)転輪王——cakravartin-rāja の訳語。転輪聖王ともいう。世界を統一する理想的帝王。
(8)纏絡——からまりつくこと、まとわりつくこと。ここでは、相好がたがいに関係しあうこと。
(9)聖法王——「聖」も「法王」も仏を意味する。
(10)無数無央——「無数」も「無央」(無央数の略) も、阿僧祇 (asaṃkhya, asaṃkheya の音写語) の漢訳。インドの巨大な数の単位。
(11)応仏——応身仏を指す。
(12)勝応——勝応身。通教の教主で、方便有余土に住む。劣応身は、蔵教の教主で、凡聖同居土に住む。

の相好、凡聖は其の辺を得ず、梵天も其の頂を見ず、[1]目連も其の声を窮めず。[2]『論』に云わく、「無形第一の体は、荘厳に非ずして荘厳す」[3]と。願わくは我れは仏を得て聖法王に斉しからんことを。是れ報仏の相好を見て上求下化して菩提心を発すと為す。

6c

若し如来を見ば、如来の智は、深く罪福の相に達し、遍く十方を照らし、微妙浄の法身は、相を具すること三十二[4]にして、一一の相好は即ち是れ実相にして、実相法界は、具足して滅ずること無しと[5]知る。願わくは我れは仏を得て聖法王に斉しからんことを。是れ法仏の相好を見て上求下化して菩提心を発すと為す、云云。

云何んが仏の種種の神変《じんぺん》を見て菩提心を発するや。若し如来を見ば、根本禅[6]に依り、一心に一を作し、衆多を得ず。若し一つの光を放たば、阿鼻獄より上有頂に至るまで、火光晃耀《こうよう》[7]して、天地洞明《どうみょう》[8]にして、日月も重輝《ちょうき》[9]を戢《おさ》め、天光も隠れて現ぜず。願わくは我れは仏を得て聖法王

（1）梵天不見其頂――『大宝積経』巻第十、「又復寂意、諸仏世尊、仏以普見天上世間魔王梵天、無敢当仏覩其頂者」（T11, 54a21-23）を参照。

（2）目連不窮其声――『大宝積経』巻第十、「時光明王仏告賢者大目連、仁者不宜試。如来至真音響無限無有遠近。豈欲知限。卿甚大誤。仮使目連仁以神足過江河沙劫西行不休、不能得知如来音響所聞。諸仏世尊音響曠遠超絶無限、巍巍無量不可為喩。時大目連在彼世尊自投足下自懺悔過。唯然世尊、我身不敏。仏音無量、而横生心、欲知其限

所聞遠近」（同前、57a15-22）を参照。また、『大智度論』巻第十、「是時目連心念、欲知仏声近遠。即時以己神足力、至無量千万億仏世界而息、聞仏音声如近不異。所息世界、其仏与大衆方食。彼土人大目連立其鉢縁、彼仏弟子問其仏言、此人頭虫従何所来。著沙門被服而行。其仏報言、勿軽此人。此是東方過無量仏土、有仏名釈迦牟尼、此是彼仏神足弟子。彼仏問、目度伽略子、汝何以来此。目連答言、我尋仏音声故来至此。彼仏告目連、汝尋仏声、過無量億劫、不能得其辺際」（T25, 127c21-128a2）を参照。

（3）論云無形第一体非荘厳荘厳――『金剛般若波羅蜜経論』巻上、「論曰、此義如是応知。云何知。偈言、智習唯識通　如是取浄土　非形第一体　非厳荘厳意」（同前、786a12-14）を参照。

（4）如来智深達罪福相遍照於十方微妙浄法身具相三十二――『法華経』提婆達多品、「深達罪福相　遍照於十方　微妙浄法身　具相三十二　以八十種好　用荘厳法身」（T9, 35b28-c2）を参照。

（5）具足無減――『央掘魔羅経』巻第三、「所謂彼眼根　於諸如来常　決定分別見　具足無減損」（T2, 531c24-26）を参照。

（6）根本禅――根本定《じょう》ともいう。下地の修惑（思惑）を断じて得られる上地の禅定をいい、色界の四禅、四無色定のそれぞれに根本定がある。定には、定に入った段階のものと、それに近づきつつある準備的段階の定とがあり、前者を根本定といい、後者を近分定《ごんぶん》という。ただし、色界の初禅については近分定とは表現せず、とくに未至定《みし》（未到定ともいう）と呼ぶ。

（7）晃耀――光り輝くこと。

（8）洞明――透明で明るいこと。

（9）重輝――非常な輝きの意。

に斉しからんことを、云云。

若し如来を見ば、如来の無生の理に依り、二相を以て諸の衆生に応ぜず、能く衆生をして、各各仏の独《ひと》り其の前に在るを見せしむ。願わくは我れは仏を得て聖法王に斉しからんことを、云云。

若し如来を見ば、如来蔵に依りて、三昧正受す。十方の塵刹《じんせつ》[1]に、四威儀[2]を起こせども、法性に於いて、未だ曾て動揺せず。願わくは我れは仏を得て聖法王に斉しからんことを、云云。

若し如来を見ば、諸の神変と二無く異無し。如来は神変を作し、神変は如来を作す。無記化[3]にして、化は復た化を作して、窮尽《ぐうじん》す可からず、皆な不可思議なり、皆な是れ実相にして、而も仏事を作す。願わくは我れは仏を得て聖法王に斉しからんことを、云云。

云何んが種種の法を聞きて、菩提心を発するや。或いは仏、及び善知識に従い、或いは経巻に従う。生滅の一句を聞きて、即ち世・出世の法は、新新に生滅し、念念に遷移し、戒慧・解脱[4]は寂静にして乃ち真なりと解す。願わくは我れは仏を得て、能く浄道を説かんことを、云云。或いは生滅を聞きて、即ち四諦は皆な不生不滅、空の中に刺《とげ》無し。云何んが抜く可けん[5]、誰れか苦、誰か集、誰か修、誰か証ならん、畢竟《ひっきょう》清浄にして、能所は寂然なりと解す。願わくは我れは仏を得て、能く浄道を説かんことを、云云。或いは生滅を聞きて、即ち生滅を不生滅に

7a 対して二と為し、生滅に非ず不生滅に非ざるを中と為し、中道は清浄なり、独り抜《ぬ》けて生死・涅槃の表《そと》に出ずと解す。願わくは我れは仏を得て、能く衆生の為めに最上の道を説き、独り抜けて出ずることは、華の水より出ずるが如く、月の空に処するが如くならんことを、云云。或いは生滅を聞きて、即ち生滅・不生滅・非生滅非不生滅、双べて生滅・不生滅を照らし、一に即して而も三、三に即して而も一、法界・秘密・常楽は具足すと解す。願わくは我れは仏を得て、能く衆生の為めに秘密蔵を説き、福徳の人は石を執りて宝と成し、毒を執りて薬と成すが

(1) 塵刹――塵のように多い国土（刹）の意。
(2) 四威儀――行住坐臥の四種の立派な振る舞い。
(3) 無記化化――『法華玄義』巻第六上、「不別作意、故名無記。任運常明、如阿脩羅琴。化復能化、故言化化」(T33, 750b17-19) を参照。これによれば、作意しないこと、つまり自然に備えていることを無記といい、神通変化から、また神通変化を生じることを化化という。
(4) 戒慧解脱――「戒慧」は、戒と智慧であるが、『輔行』によれば、道諦を取りあげたものであり、「解脱」は、滅諦を取りあげたものとされる。
(5) 空中無刺云何可抜――『南本涅槃経』巻第二十七、師子吼菩薩品、「師子吼言、空中無刺。云何言抜。陰無繋者、云何繋縛」(T12, 781a5-6) を参照。

如くならんことを、云云。

若し無生を聞かば、二乗は三界の生無く、菩薩は未だ無生ならずと謂う。若し無生を聞かば、三乗は皆な三界の生無しと謂う。若し無生を聞かば、二乗は分[1]に非ず、但だ菩薩に在り、菩薩は先に分段《ぶんだん》[2]の生無く、次に変易《へんにゃく》[3]の生無し。若し無生を聞かば、一無生は一切無生なり。

若し無量の一句を聞かば、例して此の如し。若し無量を聞かば、二乗の方便道、四諦、十六諦[4]等、以て無量と為すと謂う。若し無量を聞かば、二乗は自ら用て惑を伏《ぶく》[5]するも、他を化すること能わず、菩薩は此の無量を用て自ら惑を去り、亦た他を化す。若し無量を聞かば、二乗に分無く、但だ菩薩のみに在り、菩薩は用て界内[6]の塵沙《じんじゃ》[7]を断じ、亦た界外の塵沙を伏すと謂う。若し無量を聞かば、二乗に分無く、但だ菩薩のみに在り、菩薩は用て界の内外の塵沙を断じ、亦た無明[8]を伏すと謂う。若し無量を聞かば、但だ菩薩のみに在り、菩薩は用て無明を伏・断すと謂う。

若し無作の一句を聞かば、例して亦た此の如し。若し無作を聞かば、仏、天、人、修羅の作

(1)分――分斉、持ち前の意。

(2)分段生――界内(三界の内部)の生死を意味する分段の生死のこと。分段とは、身体と寿命に分段(限界の意)のあることを意味する。

(3)変易生――界外《かいげ》(三界の外部)の生死を意味する不思議変易の生死のこと。変易とは、身体と寿命の長短を自在に変化させることのできることを意味する。

(4)十六諦――四諦に、生滅・無生・無量・無作の四種類があるので、全部で十六諦となる。これを「四諦十六行相」とする解釈もあるが、一般的な意味は以下の通り。四諦を観察することのすがた、状態を行相といい、四諦のそれぞれに四行相があるので、合わせて十六行相がある。苦諦に関しては、諸法が非常・苦・空・非我であることを観じ、集諦に関しては、すべての惑業が因・集・生・縁であることを観じ、滅諦に関しては、滅諦が滅・静・妙・離であることを観じ、道諦に関しては、道諦が道・如・行・出であることを観じること。

(5)伏――煩悩を完全には断じないで、制伏することをいう。「断」は、煩悩の本体を完全に消滅させること。したがって、伏が先にあり、後に断がある。

(6)界内――小乗仏教では、輪廻する世界は三界(欲界・色界・無色界)に限られていたが、大乗仏教では、輪廻する世界を三界の内部とそれを超えた世界とに二分した。前者を界内といい、後者を界外という。

(7)塵沙――塵沙惑のこと。衆生救済のために必須な塵や砂のように多数の法門に無知である惑のことで、界内・界外の惑で、菩薩だけが断じる惑なので別惑といい、仮観によって断じられる。

(8)無明――無明惑のこと。界外の惑、別惑で、中観によって断じられる。

す所に非ず、[1]二乗は此の無作を証すと謂う。『思益』に云わく、「我れ等は、無作を学びて、已に証得を作せども、菩薩は証得すること能わず[2]」と、云云。若し無作を聞かば、三乗は皆な能く証得すと謂う。若し無作を聞かば、二乗の境界に非ず。況んや復た凡夫をや。菩薩は権の無作を破して、実の無作を証すと謂う。若し無作を聞かば、権の無作に即して実の無作を証すと謂う。

若し此の意を得ば、随いて一句を聞くに、諸句に通達す。乃至、一切の句、一切の法、而も障礙無し、云云。

夫れ一説衆解、[3]是の義は明らめ難し。更に『論』の偈に約して、重ねて之れを説かん。若し「因縁もて生ずる所の法は、我れは即ち是れ空なりと説く[4]」と言わば、既に「因縁もて生ずる所」と言えば、那んぞ即空なることを得ん。須らく因縁を析《しゃく》し尽くして、方《まさ》に乃ち空に会すべし。方に空なるを呼びて即空なりと為す。「亦た名づけて仮名と為す[5]」とは、有為虚弱《こにゃく》にして、勢いは独り立たず、衆縁を仮りて成ず。縁に頼るが故に仮なり、権を施す仮に非ず。「亦た中
7b
道の義と名づく[6]」とは、断常を離るるを中道と名づけ、仏性の中道に非ず。若し此の如き解を作さば、三句は皆な空なりと雖も、尚お即空を成ぜず。況んや復た即仮・即中なるをや。此れは生滅の四諦の義なり。

（1）非仏天人修羅所作──『雑阿含経』巻第十二、「仏告比丘、縁起法者、非我所作、亦非余人作。然彼如来出世、及未出世、法界常住、彼如来自覚此法、成等正覚、為諸衆生分別演説、開発顕示。所謂此有故彼有、此起故彼起、謂縁無明行、乃至純大苦聚集、無明滅故行滅、乃至純大苦聚滅」（T2, 85b24-29）、『大智度論』巻第二、「如一道人問仏言、大徳、十二因縁仏作耶。他作耶。仏言、我不作十二因縁、余人亦不作。有仏無仏、生因縁老死、是法常定住」（T25, 75a9-12）を参照。

（2）思益云我等学於無作已作証得而菩薩不能証得──『思益梵天所問経』巻第一、分別品、「梵天言、善男子、縦使令去至恒河沙劫、不能得出如此法門。譬如癡人畏於虚空、捨空而走、在所至処不離虚空。此諸比丘亦復如是、雖復遠去、不出空相、不出無相相、不出無作相。又如一人求索虚空、東西馳走言、我欲得空、我欲得空。是人但説虚空名字而不得空、於空中行而不見空。此諸比丘亦復如是、欲求涅槃、行涅槃中而不得涅槃。所以者何。涅槃者、但有名字。猶如虚空但有名字、不可得取。涅槃亦復如是、但有名字而不可得。爾時五百比丘聞説是法、不受諸法。漏尽、心得解脱、得阿羅漢道、作是言、世尊、若人於諸法畢竟滅相中求涅槃者、則於其人仏不出世。世尊、我等今者非凡夫、非学、非無学、不在生死、不在涅槃。所以者何。仏出世故、名為遠離一切動念戯論」（T15, 37a6-22）を参照。

（3）一説衆解──一つの説に対して多くの解釈があること。

（4）因縁所生法我説即是空──『中論』巻第四、観四諦品、「衆因縁生法　我説即是無　亦為是仮名　亦是中道義」（T30, 33b11-12）を参照。

（5）亦名為仮名──本ページ注4を参照。

（6）亦名中道義──本ページ注4を参照。

若し因縁もて生ずる所の法は、破滅を須《もち》いずば、即ち是れ空なりと体す。而も即仮・即中なることを得ず。設《たと》い仮・中と作すとも、皆な空に順入す。何となれば、諸法は皆な即空なるは、主我[1]無きが故に。仮も亦た即空なるは、施設《せせつ》を仮るが故なり。中も亦た即空なるは、断常の二辺を離るるが故なり。此の三番の語[2]は異なりと雖も、倶に順じて空に入る。退きては二乗の析法に非ず、進んでは別に非ず、円に非ず。乃ち是れ三獣は河を渡る[3]も、共に空の意なるのみ。

若し即空・即仮・即中なりと謂わば、三種は邐迤《りい》[4]として各各異なり有り。三語は皆な空なりとは、主無きが故に空なり、虚設《こせつ》なるが故に空なり、無辺なるが故に空なり。三種は皆な仮なりとは、同じく名字有るが故に仮なり。三語は皆な中なりとは、中真、中機、中実[5]なるが故に倶に中なり。此れは別を得て円を失う、云云。若し即空・即仮・即中なりと謂わば、三なりと雖も一、一なりと雖も三にして、相い妨礙《ぼうげ》[6]せず。三種が皆な空なりとは、言思《ごんし》の道は断ずるが故なり。三種は皆な仮なりとは、但だ名字有るが故なり。三種は皆な中なりとは、即ち是れ実相なるが故なり。但空《たんくう》を以て名と為せば、即ち仮・中を具す。空を悟れば、即ち仮・中を悟る。余も亦た是の如し。当に知るべし、一法を聞きて、種種の解を起こし、種種の願を立つ。即ち是れ種種の発菩提心なり。此れも亦た解す可し。

其の浄土、徒衆《としゅ》、修行、法滅、受苦、起過[7]等の発菩提心は、前に例して解す可し。復た委《くわ》しくは記さず。

(1)主我――実体的な自我の意。

(2)三番語――空・仮・中という三種の言葉。

(3)三獣渡河――『南本涅槃経』巻第二十一、光明遍照高貴徳王菩薩品、「善男子、譬如有河、第一香象不能得底、則名為大。声聞・縁覚至十住菩薩不見仏性、名為涅槃、非大涅槃。若能了了見於仏性、則得名為大涅槃也。是大涅槃、唯大象王能尽其底、大象王者、謂諸仏也」(T12, 746b1-5)を参照。同、巻第二十五、師子吼菩薩品、「又未能渡十二縁河、猶如兎馬」(同前、768b8-9)を参照。『阿毘達磨大毘婆沙論』巻第百四十三、「有説。若有於甚深縁起河能尽源底、説名為仏。二乗不爾。故経喩以三獣渡河。謂兎馬象。兎於水上但浮而渡、馬或履地、或浮而渡。香象恒時踏底而渡。声聞独覚及与如来、渡縁起河如次亦爾」(T27, 735b16-21)を参照。

(4)邐迤――連なり行くさまをいう。

(5)中真中機中実――『輔行』巻第一之四、「離断常故、名為中真、位在十住。与機無差、名為中機、位在行向。法性実際、名為中実、位在十地」(T46, 169c26-28)を参照。

(6)妨礙――妨げること。

(7)起過――過失を起こすこと。

上来、説く所は既に多ければ、今、三種の止観を以て之れを結ぶ。然るに、法性すら尚お一法に非ず。云何んが三、[1]四を以て、之れを推するや。今、一、二、三、四を言うは、法性は是れ所迷、苦・集は是れ能迷にして、能迷に軽重有れば、所迷に即離《そくり》[2]有ることを説く。界の内外に約して分別するに、即ち四種の苦・集有り。根性の理を取るに約して、即ち一、二、三、四の不同有り、云云。若し界内の鈍人は真に迷うこと重ければ、苦・集も亦た重く、利人は真に迷うこと軽ければ、苦・集も亦た軽し。界外の利鈍・軽重も亦た是の如し。法性は是れ所解、道滅は是れ能解なり。所解に即離有り、能解に巧拙《ぎょうせつ》有り、界内の鈍人の所解は離にして、能解は則ち拙く、利人の所解は即にして、能解も亦た巧みなり。界外の利鈍、即離、巧拙も亦た是の如し。7c 所以は何ん。事理は既に殊《こと》なれば、昏惑《こんわく》も亦た甚だし。譬えば父子両《ふた》つながら路人《ろにん》[3]と謂えば、瞋《いか》り打つことは倶に重きが如し。瞋りは以て集に譬え、打つことは以て苦に譬う。若し煩悩は即ち法性なりと謂わば、事理は相即して、苦・集は則ち軽し。実には骨肉に非ざれども、両《ふた》つながら父子と謂えば、瞋り打つことは則ち薄し。麁細、枝本、通別、遍不遍、難易等も亦た是の如し。或いは云わく、界内の苦・集は底滞《ていでい》[4]を重と為し、界外は升出《しょうしゅつ》[5]を軽と為す。或いは界内は皮惑[6]なるが故に浅と為し、界外は肉惑なるが故に深と為す。或いは言わく、界内は随他意なるが故に拙と為し、界外は随自意なるが故に巧と為す。或いは言わく、界内は機に称《かな》うが故に巧と為し、界外は機に称わざるが故に拙と為す。或いは言わく、界内は能所有るが故に麁と為し、界外は能所無きが故に細と為す。或いは言わく、界内は小道にして、極まることは化城[7]に在るが故に細と為し、界外は大道にして、極まることは宝所に在るが故に麁と為す。或いは言わく、界内は客塵《きゃくじん》[8]なるが故に枝と為し、界外は同体[9]なるが故に本と為す。或いは言わく、界内は初めに在るが故に本と為し、界外は後に在るが故に枝と為す。或いは言わく、界内は小

(1)三四——三種の止観と四教（蔵教・通教・別教・円教）のこと。
(2)即離——相即することと相即しないこと。
(3)路人——道を往来する人から転じて、無関係な人の意。
(4)底滞——三界の底にあって停滞していること。
(5)升出——上に登って三界を超え出ること。
(6)皮惑——「皮惑」と「肉惑」とが対比されている。皮は表層的である意で、肉は深層的である意。
(7)化城——『法華経』化城喩品に説かれる化城宝処の譬喩に基づく表現。化城は声聞・縁覚の涅槃を意味し、宝処（宝所）は成仏をたとえる。
(8)客塵——外から心に付着する煩悩。
(9)同体——心と煩悩が同じ本体であること。

大共《ぐう》なるが故に通と為し、界外は独り大に在るが故に別と為す。或いは言わく、界内は偏なるが故に小と為し、浅なるが故に別と為し、界外は円なるが故に大と為し、隔たること無きが故に通と為す。或いは言わく、界内は短なるが故に不遍と為し、界外は法界に周《あまね》きが故に遍と為す。或いは言わく、界内は一切の賢聖[1]に在りて共なるが故に遍と為し、界外は独り大縁[2]に在るが故に不遍と為す。或いは言わく、界内は二乗の方便を用うるが故に断じ難しと為し、界外は但だ無礙の慧に依るが故に断じ易しと為す。

是の如き等は、種種に互いに説く。今、若し之れを結せば、則ち解す可きこと易し。若し浅深軽重を作さば、漸次観の意なり。若し一実の四諦の不分別を作さば、円観の意なり。若し更《た》互《が》いに軽重を作さば、不定観の意なり。皆な是れ大乗の法相なるが故に、須らく之れを識るべし。若し此の意を見ば、即ち三種を知る。漸次の顕是《けんぜ》、不定の顕是、円頓の顕是なり、云云。

問う。集は既に四有れば[3]、苦の果は何ぞ二[4]ならん。

答う。惑は解に随えば、集は則ち四有り。解は惑に随えば、但だ二死[5]を感ずるのみ。例せば小乗の惑は解に随えば、則ち見諦・思惟有り、若し解は惑に随えば、但だ是れ一の分段の生死なるのみなるが如し。

問う。苦・集は是れ因縁もて生ずる所の法なる可し。道・滅は何が故ぞ爾るや。

8a

答う。苦・集は是れ所破、道・滅は是れ能破なり。能破は所破に従って名を得。倶に是れ因縁生の法なり。故に『大経』に云わく、「無明を滅するに因りて、即ち熾然《しねん》たる三菩提の灯を得[6]」と。亦た是れ因縁なり。

問う。法性は是れ所迷なり。何が故ぞ二[7]なるや。何が故ぞ四[8]なるや。

(1)賢聖——声聞については、見道以前を賢といい、見道以後を聖という。見道は、四諦の理を見る位であり、声聞の聖者の位の最初。その後に修道、無学道が続く。
(2)大縁——偉大な機縁のことで、菩薩を指す。
(3)四——見惑・思惑・塵沙惑・無明惑を指す。
(4)二——分段の生死と不思議変易の生死のこと。本書七九ページ注2、3を参照。
(5)二死——本ページ注4を参照。
(6)大経云因滅無明即得熾然三菩提灯——『南本涅槃経』巻第十九、光明遍照高貴徳王菩薩品、「世尊、亦有因縁。因滅無明、則得熾然阿耨多羅三藐三菩提灯」(T12, 732a22-24)を参照。
(7)二——権理と実理の二つを指す。
(8)四——四種の四諦(生滅四諦・無生四諦・無量四諦・無作四諦)を指す。

答う。法性は権実に随う。是の故に二なり。法性は根縁[1]に随う。是の故に四なり。若し此の意を見ば、相を見ること、法を聞くこと、乃至、過《あやまち》を起こすことに例す。例して四種を作して、分別して広く説く、云云。

5.1.1.3.2. 四弘誓願に約す

中に弘誓[2]に約して是《ぜ》を顕わすとは、前の法性を推して法を聞く等に、其の義は已に顕わる。未了の者の為めに、更に四弘[3]に約す。又た、四諦の中には、多く解に約して、上求下化を明かし、四弘の中には、多く願に約して、上求下化を明かす。又た、四諦の中には、通じて三世の仏に約して、上求下化を明かし、四弘の中には、多く未来の仏に約して、上求下化を明かす。又た、四諦の中には、多く諸根に約して、上求下化を明かし、四弘の中には、専ら意根に約して、上求下化を明かす。此の如く分別して、解し易からしむ。意を得る者は、俟《ま》たざるなり。

夫れ心は孤《ひと》り生ぜず、必ず縁に託して起こる。意根は是れ因、法塵は是れ縁、所起の心は是れ所生の法なり。此の根塵の能所[4]は三相[5]に遷動《せんどう》す。密かに起こり密かに謝し[6]、新新に生滅し、念念に住せず、睒爍《せんしゃく》[7]なること電耀《でんよう》[8]の如く、遄疾《せんしつ》[9]なること奔流《ほんる》の如し。色は泡、受は沫、想は炎、行は城[10]、識は幻、所有《あらゆ》る依報、国土・田宅《でんたく》、妻子・財産は、一念に喪失す。倏《たちま》ちに有り、忽《たちま》ち

(1)根縁——仏法を受容する能力・条件の意。仏・菩薩の応現・教化を発動させ、かつそれを受け止める衆生の側の構え、あり方を「機」といい、衆生と仏との感応という関係において、衆生の側の「感」(発動させるの意)の主体として重視された。衆生の宗教的能力を意味する「根」と熟して、「根機」、「機根」などの用語が作られ、また衆生の宗教的条件を意味する「縁」と熟して、「機縁」という用語が作られた。また、ここに出る「根縁」という用語も作られた。

(2)弘誓——四弘誓願のこと。本書六三ページ注1を参照。

(3)四弘——四弘誓願のこと。本書六三ページ注1を参照。

(4)根塵能所——「根」が能生であり、「塵」が所生である。

(5)三相——有為法の三相である生・異・滅を指す。これに住を加えると、四相という。

(6)謝——去る、落謝するの意。

(7)睒爍——一瞬の光り輝くさまをいう。

(8)電耀——稲妻の光のこと。

(9)遄疾——「遄」も「疾」も速いこと。

(10)城——乾闥婆城、いわゆる蜃気楼を指す。本文の前後に出る「泡」、「沫」、「炎」、「幻」とともにいずれも空をたとえる。

に無し。三界は無常なり。一篋《きょう》[1]は偏えに苦なり。四山[2]は合わせ来たりて、逃れ避くる処無し。唯だ当に心を戒・定・智慧に専らにすべし。竪に顚倒を破し、横に死海を截《き》り、有・流[3]を超度す。『経』に言わく、「我れは、昔、汝等と四真諦を見ず。是の故に久しく廻転《えてん》す」[4]と。火宅は此の如し。云何んが耽湎《たんめん》し、縦逸嬉戯《しょういつきげ》せん。[5]是の故に慈悲もて四弘誓を起こし、苦を抜き楽を与う。[6]釈迦の耕墾《きょうこん》を見るが如く、[7]弥勒の台を毀《こぼ》つを観るに似たるは、[8]即ち其の義なり。明らかに四諦を了するを以ての故に九縛[9]に非ず、四弘誓を起こすが故に一脱[10]に非ず。是れ非縛非脱にして、真正の菩提心を発すと為す。顕是《けんぜ》の義は明らかなり。

次に、秖だ根・塵相対して、一念の心起こるを観ずるに、能生・所生は即ち空ならざること

（1）一篋――一つの箱の意で、身体をたとえたもの。『南本涅槃経』巻第二十一、光明遍照高貴徳王菩薩品、「譬如有王以四毒蛇盛之一篋、令人養食・瞻視・臥起・摩洗其身。若令一蛇生瞋恚者、我当準法戮之都市。爾時其人聞王切令、心生惶怖、捨篋逃走」（T12, 742c25-29）を参照。

（2）四山――生老病死の比喩。

（3）有流――「有」は三有（欲有・色有・無色有）を指し、「流」は四瀑流（欲・有・見・無明）を指す。

（4）経言我昔与汝等不見四真諦是故久廻転――『南本涅槃経』巻第十四、梵行品、「我昔与汝等　不見四真諦　是故

久流転　生死大苦海」（同前、693c2-3）を参照。

（5）火宅如此云何耽湎縦逸嬉戯――「火宅」は、『法華経』譬喩品の火宅の比喩を指す。『法華経』譬喩品、「今此舎宅　無一可楽　而諸子等　耽湎嬉戯　不受我教　将為火害」（T9, 14b17-18）を参照。同、「鳩槃荼鬼　蹲踞土埵或時離地　一尺二尺　往返遊行　縦逸嬉戯　捉狗両足　撲令失声　以脚加頸　怖狗自楽」（同前、14a8-11）を参照。「縦逸」は、勝手気ままであること。

（6）慈悲起四弘誓抜苦与楽――『大智度論』巻第二十七、「大慈与一切衆生楽、大悲抜一切衆生苦。大慈以喜楽因縁与衆生、大悲以離苦因縁与衆生」（T25, 256b15-17）を参照。

（7）如釈迦之見耕墾――『太子瑞応本起経』巻上、「王知其志固、惘然不知所言。便自還宮、謂瞿夷曰、如吾子心、清白難動如地、不楽富貴、不慕於天下、唯道是欲、自期必逮。於是太子、攀樹枝見耕者、墾壌出虫、鳥随啄呑、感傷衆生、魚鱗相咀、其不仁者、為害滋甚、死堕悪道、求出良難。諸天雖楽、而亦非常、福尽則懼、罪至亦怖、禍福相承、生死弥久。観見人間、上至二十八天、貴極而無道、皆与地獄対門。三悪道処、痛酷百端、歓楽暫有、憂畏延長。天地之間、無一可奇、吾不能復為欲惑矣」（T3, 475c9-19）を参照。

（8）似弥勒之観毀台――『弥勒下生成仏経』、「時蠰佉王、共諸大臣、持此宝台、奉上弥勒。弥勒受已、施諸婆羅門。婆羅門受已、即便毀壊、各共分之。弥勒菩薩、見此妙台須臾無常、知一切法皆亦磨滅。修無常想、出家学道、坐於龍華菩提樹下、樹茎枝葉、高五十里、即以出家日、得阿耨多羅三藐三菩提」（T14, 424b21-27）を参照。

（9）九縛――「非を簡ぶ」に出た九つの道、つまり火途道、血途道、刀途道、阿修羅道、人道、天道、魔羅道、尼犍道、色無色道をいう。

（10）一脱――二乗道を指す。

8b 無し。妄りに心起こると謂うも、起こるに自性無く、他性無く、共性《ぐうしょう》無く、無因性無し。[1] 起こる時、自・他・共・離従り来たらず、去る時、東西南北に向かって去らず。此の心は、内・外・両の中間に在らず、亦た常自《つね》には有らず。但だ名字のみ有り、之れを名づけて心と為す。此の字は住せず、亦た住せざるにも不《あら》ず。不可得なるが故に、生は即ち無生にして、亦た無生無し。有無は倶に寂なり。凡愚は有と謂い、智者は無と知る。水中の月をば、得て喜び、失いて憂うるが如し。人人は去取するに、都《すべ》て欣惨《ごんさん》無し。[2] 鏡像・幻化も亦た是の如し。[3]『思益』に云わく、「苦に生無く、集に和合無く、道は不二にして、滅は不生なり」[4] と。『大経』に云わく、「苦に苦無しと解して真諦有り。乃至、滅に滅無しと解して真諦有り」[5] と。集は既に即空なれば、応に彼の渇鹿《かつろく》の馳せて、陽焔《かげろう》を逐《お》うが如くなるべからず。[6] 苦は既に即空なれば、応に彼の癡猴《ちこう》の水中の月を捉《とら》うるが如くなるべからず。[7] 道は既に即空なれば、応に我れは即空を行じ、

（1）起無自性無他性無共性無無因性――『中論』巻第一、観因縁品、「諸法不自生　亦不従他生　不共不無因　是故知無生」（T30, 2b6-7）を参照。
（2）如水中月得喜失憂大人去取都無欣惨――「去取」は、水中の月を除くことと取ること。「欣惨」は、喜びとつら

さの意。『大智度論』巻第六、「如水中月者、月実在虚空中、影現於水。実法相月在如・法性・実際・虚空中、而凡天人心水中有我・我所相現。以是故名如水中月。復次如小児見水中月、歓喜欲取、大人見之則笑。無智人亦如是。身見故見有吾我、無実智故、見種種法。見已歓喜、欲取諸相。男相・女相等。諸得道聖人笑之」（T25, 102b11-18）を参照。

（3）鏡像幻化――「鏡像」は、鏡に映る像。「幻化」は、幻術師が作り出すもの。いずれも空をたとえる。

（4）思益云苦無生集無和合道不二滅不生――『思益梵天所問経』巻第一、解諸法品、「以是因縁故、当知聖諦非苦・非集・非滅・非道。聖諦者、知苦無生、是名苦聖諦。知集無和合、是名集聖諦。於畢竟滅法中、知無生無滅、是名滅聖諦。於一切法平等、以不二法得道、是名道聖諦」（T15, 39a2-6）を参照。

（5）大経云解苦無苦而有真諦乃至解滅無滅而有真諦――『南本涅槃経』巻第十二、聖行品、「善男子、以是義故、諸凡夫人有苦、無諦。声聞・縁覚有苦有苦諦、而無真実。諸菩薩等解苦無苦。是故無苦而有真諦。諸凡夫人有集無諦。声聞・縁覚有集有集諦。諸菩薩等解集無集。是故無集而有真諦。声聞・縁覚有滅非真。菩薩摩訶薩有滅有真諦。声聞・縁覚有道非真。菩薩摩訶薩有道有真諦」（T12, 682c7-14）を参照。

（6）不応如彼渇鹿馳逐陽焔――『央掘魔羅経』巻第一、「非法謂法、如春時焔渇鹿迷惑、汝亦如是、随悪師教而生迷惑」（T2, 520b8-9）を参照。

（7）不応如彼癡猴捉水中月――『摩訶僧祇律』巻第七、「過去世時、有城名波羅奈、国名伽尸、於空閑処有五百獼猴、遊行林中、到一尼倶律樹。樹下有井、井中有月影現。時獼猴主見是月影、語諸伴言、月今日死、落在井中、当共出之、莫令世間長夜闇冥。共作議言、云何能出。時獼猴主言、我知出法、我捉樹枝、汝捉我尾、展転相連、乃可出之。時諸獼猴即如主語、展転相捉、小未至水、連獼猴重、樹弱枝折、一切獼猴堕井水中」（T22, 284a12-20）を参照。

不即空を行ぜずと言うべからず。筏《いかだ》の喩《たとえ》[1]の如きは、法すら尚お応に捨つべし。何に況んや非法をや。滅は既に即空なれば、応に衆生の寿命と言うべからず。誰か此の滅に於いて彼の滅を証せん。生死は即空なり。云何んが捨つ可けん。涅槃は即空なり。云何んが得可けん。『経』に言わく、「我れは無生の法の中に、修道の若しは四念処、乃至八聖道有らしめんと欲せず。我れは無生の法の中に得果の若しは須陀洹《しゅだおん》[2]、乃至阿羅漢有らしめんと欲せず」[3]と。例に依りて、亦た応に「我れは無生の法の中に色・受・想・行・識有らしめんと欲せず。我れは無生の法の中に貪欲・瞋恚・癡を有らしめんと欲せず」と言うべし。但だ衆生を愍念して誓願を興し、両苦を抜き、二楽を与う。苦・集は空なりと達するを以ての故に九縛に非ず、道・滅は空なりと達するが故に一脱に非ず。是れ非縛非脱にして真正の菩提心を発すと為す。顕是の義は明らかなり。

秖《た》だ根・塵の一念の心起こるを観ずるに、心起こるは即ち仮なり。仮名の心を迷解の本と為し、四諦に無量の相有りと謂う。三界に別の法無く、唯だ是れ一心の作なり。心は工《たく》みなる画《え》師《し》の種種の色《しき》を造るが如し[4]。心は六道を構え、分別校計するに、無量の種別あり。謂わく、是の如き見・愛は是れ界内の軽重《きょうじゅう》の集の相、界外の軽重の集の相なり。是の如き生死は是れ分段の軽重の苦の相、界外の軽重の苦の相なり。還《かえ》って此の心を翻じて解を生ず。譬えば画師の諸

（1）筏喩――『中阿含経』巻第五十四、大品阿梨吒経、「我為汝等長夜説筏喩法、欲令棄捨、不欲令受故……彼便岸辺収聚草木、縛作椑栰、乗之而度、安隠至彼。便作是念、今我此栰多有所益、乗此栰已、令我安隠、従彼岸来、度至此岸、我今寧可以著右肩或頭戴去。彼便以栰著右肩上、或頭戴去。於意云何」（T1, 764b18-c4）を参照。

（2）須陀洹――srota āpanna の音訳。預流と訳す。声聞の四果（須陀洹果・斯陀含果・阿那含果・阿羅漢果）の第一。三界の見惑を破って、この果を得る。

（3）経言我不欲令無生法中有修道若四念処乃至八聖道我不欲令無生法中有得果若須陀洹乃至阿羅漢――『大品般若経』巻第七、無生品、「須菩提語舎利弗、我不欲令無生法有所得。我亦不欲令無生法中得須陀洹・須陀洹果、乃至不欲令無生法中得阿羅漢・阿羅漢果・辟支仏・辟支仏道」（T8, 271b16-19）を参照。

（4）三界無別法唯是一心作心如工画師造種種色――『六十巻華厳経』巻第十、夜摩天宮菩薩説偈品、「心如工画師　画種種五陰　一切世界中　無法而不造　如心仏亦爾　如仏衆生然　心仏及衆生　是三無差別　諸仏悉了知　一切従心転　若能如是解　彼人見真仏」（T9, 465c26-466a2）を参照。

8c

の色《いろ》を洗蕩《せんとう》[1]して、塗るに墡彩《てんさい》[2]を以てするが如し[3]。謂う所は、身不浄なりと観じ、乃至、心を観ずるに心無常なりと観ず。是の如き道品[4]は紆《ま》げて化城に通ず。身を観ずるに身空なり、乃至、心を観ずるに心空なり。空の中に無常無く、乃至、不浄無し。是の如き道品は、直ちに化城に通ず。身を観ずるに無常なり。無常は即空なり、乃至、身を観ずるに法性は常に非ず無常に非ず、空に非ず不空に非ず、乃至、心を観ずることも亦た是の如し。是の如きの道品は紆げて宝所に通ず。身を観ずるに法性は浄に非ず不浄に非ず、双べて浄・不浄を照らし、乃至、心を観ずるに法性は常なり無常にして、双べて常・無常を照らす。是の如き道品は、直ちに宝所に通ず。是の人は見諦滅するを須陀洹と名づけ、是の人は思惟[5]滅するを三果[6]と名づけ、是の人は見滅するを見地[7]と名づけ、是の人は思滅するを薄と名づけ、離と名づけ、已辦《いべん》と名づけ、乃至、習[8]を侵すを辟支仏と名づく。是の人は見思滅するを十住と名づけ、塵沙滅するを十行・十廻向と名づけ、無明滅するを十地・等覚・妙覚と名づけ、是の人は見思・塵沙滅するを十信と名づけ、無明滅するを十住・十行・十廻向・十地・等覚・妙覚と名づく。十六門[9]の道・滅の不同を分別し、及び一切恒沙《ごうじゃ》の仏法は、分別校計するに、不可説不可説なり。掌《たなごころ》の果を観るが如くにして、僻謬《びゃくみょう》有ること無し。皆な心従り生じて、余処《よそ》より来らず。

此の一心を観ずるに、能く不可説の心に通ず。不可説の心は、能く不可説の法に通ず。不可

説の法は、能く不可説の非心非法に通ず。一切の心を観ずることも、亦復た是の如し。九縛の

(1)洗蕩――洗い流すこと。

(2)墡彩――白土の彩色の意。

(3)如画師洗蕩諸色塗以墡彩――『輔行』巻第一之四、「画師菩薩身也。手如菩薩心性、筆譬所観之心、諸色六道因果、洗蕩謂破因果、墡彩謂道滅也。又修空如洗蕩、仮観如繢彩。亦是次第三諦之相」(T46, 174a3-7) を参照。『輔行』によれば、菩薩の身＝画師が、菩薩の心性＝手で、所観の心＝筆で、諸色＝六道の因果を洗蕩＝破り、墡彩＝道・滅を修することを意味する。

(4)道品――bodhipakṣya の漢訳。菩提分、覚分ともいう。悟りを得るための実践修行の意。

(5)思惟――思惑（修惑）のこと。天台の三惑（見思惑・塵沙惑・無明惑）のなかの見思惑が見惑・思惑に分かれるうちの一つ。見思惑は界内の惑で、声聞・縁覚・菩薩が共通に断じる惑なので通惑といい、空観によって断じられる。塵沙惑は、本書七九ページ注7を参照。無明惑は、同注8を参照。

(6)三果――声聞の四果のうち、第二の斯陀含果、第三の阿那含果、第四の阿羅漢果をいう。

(7)見地――通教の三乗共の十地（乾慧地・性地・八人地・見地・薄地・離欲地・已辦地・支仏地・菩薩地・仏地）の第四地。

(8)習――煩悩の習気。習気とは煩悩を断じた後にも残る煩悩の影響力をいう。

(9)十六門――蔵教・通教・別教・円教の四教＝四門のそれぞれに四諦があるので十六門となる。

9a 凡夫は、覚らず知らず。大いに富める盲児は、宝蔵の中に坐するも、都《すべ》て見る所無く、動転罣《けい》礙《げ》[1]して、宝の傷つくる所と為るが如し。二乗の熱病は、諸の珍宝は是れ鬼・虎・龍・蛇なりと謂いて、棄捨して馳走し、竛竮《れいへい》辛苦すること五十余年[2]、縛脱の殊なりありと雖も、倶に如来の無上の珍宝に貧し。大慈悲の誓願を起こして、抜苦与楽す。是れ非縛非脱にして真正の菩提心を発すと為す。顕是の義は明らかなり。

次に根塵《こんじん》相対して一念の心起こるに、即空・即仮・即中なりとは、若しは根、若しは塵も並びに是れ法界、並びに是れ畢竟空、並びに是れ如来蔵、並びに是れ中道なり。云何んが即空なるや。並びに縁従り生ず。縁生は即ち主無し。主無きは即ち空なり。云何んが即仮なるや。主無けれども生ずるは、即ち是れ仮なり。云何んが即中なるや。法性を出でず。並びに皆な即中なり。当に知るべし、一念は即空・即仮・即中、並びに畢竟空、並びに如来蔵、並びに実相なり。三に非ずして而も三、三にして而も三に非ず、合に非ず散に非ず、而も合而も散、非合に非ず非散に非ず、一異なる可からずして而も一而も異なり。譬えば明鏡の如し。明は即空に喩え、像は即仮に喩え、鏡は即中に喩う。合せず散せず、合散宛然《おんねん》[3]たり。一・二・三に不《あら》ずして二・三も妨げ無し。此の一念の心は縦ならず、横ならず、不可思議なり。但だ己れのみ爾るに非ず、仏、及び衆生も、亦復た是の如し。『華厳』に云わく、「心・仏、及び衆生、是の三に差別無し」[4]と。当に己心に一切の仏法を具すと知るべし。『思益』に云わく、「陰入界は愚にして、而も菩提を求めんと欲す。陰入界は即ち是れなり。是れを離れて菩提無し」[5]と。『浄名』に曰わく、「如来の解脱は当に衆生の心行の中に於いて求むべし」[6]と。衆生は即ち菩提なれば、復た得可からず。衆生は即ち涅槃なれば、復た滅す可からず。一心は既に然れば、諸心も亦た爾り。一切の法も亦た爾なり。『普賢観』に、「毘盧遮那《びるしゃな》、遍一切処《へんいっさいしょ》」と云うは[7]、即ち其の義なり。

(1)罣礙――障礙の意。
(2)竛竮辛苦五十余年――『法華経』信解品、「於某城中、捨吾逃走、伶俜（宋・元・明の三本には「竛竮」に作る）辛苦五十余年」（T9, 17b11-12）を参照。「竛竮」は、ふらふらと歩くこと。
(3)宛然――そっくりそのままであること。
(4)華厳云心仏及衆生是三無差別――本書九五ページ注4を参照。
(5)思益云愚於陰入界而欲求菩提陰入界即是離是無菩提――『思益梵天所問経』巻第三、志大乗品、「愚於陰界入　而欲求菩提　陰界入即是　離是無菩提　若有諸菩薩　於上中下法　不取亦不捨　是名行菩提」（T15, 52b28-c2）を参照。
(6)浄名曰如来解脱当於衆生心行中求――『維摩経』巻中、文殊師利問疾品、「又問。諸仏解脱当於何求。答曰。当於一切衆生心行中求」（T14, 544c6-7）を参照。
(7)普賢観云毘盧遮那遍一切処――『観普賢菩薩行法経』、「釈迦牟尼、名毘盧遮那遍一切処。其仏住処名常寂光、常波羅蜜所摂成処、我波羅蜜所安立処、浄波羅蜜滅有相処、楽波羅蜜不住身心相処」（T9, 392c15-19）を参照。

当に知るべし、一切の法は即ち仏法なり。如来の法界なるが故なり。若し爾らば、云何んが復た「心を法界に遊ばしむること虚空の如し」[1]と言うや。又た、「無明と明とは、即ち畢竟空なり」[2]と言うや。此れは空を挙げて言の端と為す。空は即ち不空なり、亦た即ち非空非不空なり。又た言わく、「一微塵《みじん》の中に、大千の経巻有り」[3]と。心の中に一切の仏法を具すること、地種の如く[4]香丸の如しとは[5]、此れは有を挙げて言の端と為す。有は即ち不有にして、亦た即ち有に非ず、不有に非ず。又た言わく、一色一香も中道に非ざること無しとは、此れは中道を挙げて言の端と為す。中に即して而も辺、即ち非辺非不辺なり。具足して減ずること無し。語を守りて円を害し、聖意を誣罔《ぶもう》[6]すること勿《なか》れ。

若し此の解を得ば、根塵の一念の心起こるに、根に即ち八万四千の法蔵を具す。塵も亦た爾なり。一念の心起こるに、亦た八万四千の法蔵あり。仏法界は法界に対して法界を起こし、仏法に非ざること無し。生死は即ち涅槃なるは、是れ苦諦と名づく。一塵に三塵有り、一心に三心有り、一一の塵に八万四千の塵労の門有り、一一の心も亦た是の如し。貪・瞋・癡も亦た即

(1)遊心法界如虚空――『六十巻華厳経』巻第三、盧舎那仏品、「普賢菩薩諸地願　安諦善住能順行　遊心法界如虚空　是人乃知仏境界」(T9, 409b29-c1)を参照。

(2)無明明者即畢竟空――『南本涅槃経』巻第八、如来性品、「若言無明因縁諸行、凡夫之人聞已、分別生二法想明与無明。智者了達其性無二、無二之性即是実性」(T12, 651c1-4)を参照。

(3)言一微塵中有大千経巻――『六十巻華厳経』巻第三十五、宝王如来性起品、「譬如微塵内 有一大経巻 三千世界等 無益衆生類 爾時有一人 出興於世間 破塵出経巻 饒益一切世 如来智如是 衆生悉具有 顛倒妄想覆 衆生不知見 如来教衆生 修習八聖道 除滅一切障 究竟成菩提」(T9, 625a6-13)、『究竟一乗宝性論』巻第二、僧宝品、「彼等三千大千世界極大経巻、在一極細小微塵内。一切微塵皆亦如是。時有一人出興於世、智慧聡達具足、成就清浄天眼、見此経巻在微塵内。作如是念、云何如此広大経巻在微塵内、而不饒益諸衆生耶。我今応当勤作方便、破彼微塵、出此経巻、饒益衆生」(T31, 827b13-19)を参照。

(4)如地種――『聖善住意天子所問経』巻下、「天子、譬如一切種子皆依地生、薬・草・樹・林依地生長、平等具足、得言具足。如是、天子。此仏法中、若正受戒、得言受戒。天子、譬如一切種子・薬・草・樹・林依大地住、如是、天子、正戒具足。何以故。以住戒故、法和合有。如彼種子・薬・草・樹・林具足生長、如是得言平等具足。天子、戒依信住、如是、一切菩提分法、以依戒故、生長具足。天子、如是、過去・未来・現在諸仏世尊一切声聞、以正受戒、是故証得三解脱門、一切戯論皆悉断滅。天子、当知如是受戒是正受戒、非不平等」(T12, 128a15-25)を参照。

(5)如香丸――『首楞厳三昧経』巻上、「仏告堅意、菩薩住首楞厳三昧、六波羅蜜世世自知不従他学、挙足下足入息出息、念念常有六波羅蜜。何以故。堅意、如是菩薩身皆是法、行皆是法。堅意、譬如有王若諸大臣、百千種香擣以為末。若有人来索中一種、不欲余香共相熏雑。堅意、如是百千衆香末中、可得一種不雑余不。不也。世尊。堅意、是菩薩以一切波羅蜜熏身心故、於念念中常生六波羅蜜」(T15, 633b20-28)を参照。

(6)誣罔――罪を無理に押しつけること、いつわること、非難すること。

9b

ち是れ菩提なり。煩悩も亦た即ち是れ菩提なり。是れ集諦と名づく。一一の塵労の門を翻ずれば、即ち是れ八万四千の諸三昧門なり。亦た是れ八万四千の諸陀羅尼の門なり。亦た是れ八万四千の諸対治の門なり。亦た八万四千の諸波羅蜜を成ず。無明転ずれば、即ち変じて明と為る。氷を融じて水と成るが如し。更に遠き物に非ず、余処より来たらず、但だ一念の心に普く皆な具足す。如意珠の宝有るに非ず、宝無きに非ず、若し無しと謂わば即ち妄語、若し有りと謂わば即ち邪見にして、心を以て知る可からず、言を以て辯ず可からざるが如し。衆生は此の不思議、不縛の法の中に於いて、而も思想して縛と作し、無脱の法の中に於いて、而も脱を求む。是の故に大慈悲を起こし、四弘誓《しぐぜい》を興して、両苦を抜き、両楽を与う。故に非縛非脱にして真正の菩提心を発すと名づく。前の三は皆な四諦に約して語を為す。今、法蔵、塵労、三昧、波羅蜜に約す。其の義は宛然たり。

問う。前に非を簡ぶに、併《あわ》せて非と言う。今は是を顕わすに、何が故に併せて是と言うや。

答う。言う所の併せて是なりとは、皆な非縛非脱なり。故に併せて是と言う。通じて皆な上求するが故に、又た、次第に漸く入りて実に到る。故に併せて是と言う。又た、実は知り難ければ、権を借りて実を顕わす。故に併せて是と言う。此の三番は世界悉檀に擬して、併せて是なりと言うなり。又た、権は実を摂せず、実は則ち権を摂す。摂をして顕わに見易からしめんと欲するが故に、併せて是なりと言う。此の一番は為人悉檀に擬す。故に是と言うなり。又た、一の菩提心は一切の菩提心なり。若し説かずば、一切を知らず。故に併せて是なりと言う。此の一番は対治悉檀に擬して、是を明かす。若し究竟して論ぜば、前の三の是は権に約し、後の一は実に約す。譬えば良医《ろうい》に一秘方有り、総じて諸方を摂し、阿伽陀薬《あかだやく》の功《く》は諸薬を兼ぬるが[1]如し。乳糜《にゅうみ》[2]を食すれば、更に須《もち》うる所無きが如く[3]、一切具足すること、如意珠の如し[4]。権実の顕是、其の義は知る可し。

（1）阿伽陀薬功兼諸薬――『六十巻華厳経』巻第十、明法品、「仏子、譬如阿伽陀薬、衆生見者、衆病悉除。菩薩成就如是無量法蔵、衆生見者、煩悩諸病皆悉除愈、於白浄法心得自在」（T9, 461c22-25）を参照。
（2）乳糜――牛乳を入れたおかゆ。
（3）如食乳糜更無所須――『南本涅槃経』巻第五、四相品、「又解脱者、名曰知足。譬如飢人値遇甘饌、食之無厭。解脱不爾。如食乳糜、更無所須。更無所須、喩真解脱。真解脱者、即是如来」（T12, 634b20-23）を参照。
（4）一切具足如如意珠――『六十巻華厳経』巻第二十七、十地品、「仏子、譬如大摩尼宝珠、有十事能与衆生一切宝物、何等為十。一出大海。……菩薩発菩提心宝亦有十事。何等為十。一初発心布施離慳。……十諸仏授智職、於一切衆生能為仏事、堕在仏数」（T9, 575b14-26）を参照。

又た、一の是とは、一大事因縁[1]の故なり。云何なるをか「一」と為す。一実不虚《ふこ》なるが故に、一道清浄なるが故に、一切無礙《むげ》の人は、一道より生死を出ずるが故なり。[2]云何なるをか「大」と為す。其の性は広博にして、含容《ごんよう》する所多く、大智なり、大断なり、大人の乗る所なり。大師子吼して、大いに凡聖を益す。故に言いて「大」と為す。「事」とは、十方三世の仏の儀式[3]なり。此れを以て自ら仏道を成じ、此れを以て衆生を化度す。故に名づけて「事」と為す。「因縁」とは、衆生は此の因を以て仏を感ず。仏は此の縁を以て応を起こす。故に「因縁」と言う。

9c 又た、是とは、三と言う可からず、一と言う可からず、非三非一と言う可からずして、而も三一と言う。故に不可思議の是と名づくるなり。又た、是とは、作法に非ず、仏に非ず、天人・修羅の作す所に非ず、常境は無相、常智は無縁なり。無縁の智を以て無相の境を縁じ、無相の境は無縁の智に相たり。智・境は冥一《みょういつ》にして、而も境・智を言う。故に無作と名づくるなり。又た、是とは、『文殊問経』に、「一切の発を破するを、発菩提心と名づく」と云うが如し。[4]常に菩提の相に随いて菩提心を発す。又た、発すること無くして発し、随うこと無くして随う。又た、一切の破を過ぎ、一切の随を過ぎ、双べて破・随を照らすを、菩提心を発すと名づく。此の如き三種は、一ならず異ならず。理に如《にょ》[5]し、事に如し、非理非事に如す。故に名づけて是と為す。若し此の義に例せば、無作、不可思議、一大事因縁等の諸の法門は、皆な破と言い、皆な随と言い、皆な破に非ず随に非ず、双べて破・随を照らすと言う。

（1）一大事因縁――『法華経』方便品、「諸仏世尊唯以一大事因縁故、出現於世。舎利弗、云何名諸仏世尊唯以一大事因縁故、出現於世。諸仏世尊、欲令衆生開仏知見、使得清浄故、出現於世。欲示衆生仏之知見故、出現於世。欲令衆生悟仏知見故、出現於世。欲令衆生入仏知見道故、出現於世。舎利弗、是為諸仏以一大事因縁故、出現於世」（T9, 7a21-28）を参照。

（2）一切無礙人一道出生死故――『六十巻華厳経』巻第五、菩薩明難品、「一切無礙人　一道出生死」（同前、429b19）を参照。

（3）十方三世仏之儀式――『法華経』方便品、「如三世諸仏　説法之儀式　我今亦如是　説無分別法」（同前、10a22-23）を参照。

（4）如文殊問経云破一切発名発菩提心――『文殊師利問菩提経』、「世尊、菩提相者、当云何説。仏告文殊師利、菩提相者、出於三界、過世俗法、語言道断、滅諸発、無発、是発菩提。文殊師利、是故菩薩応滅諸発、発菩提心、無発是発菩提。発菩提心者、如如法性、相如実際、無分別、不縁身心、是発菩提。不著諸法、不増、不減、不異、不一、是発菩提。如鏡中像、如熱時焔、如影、如響、如水中月、応当如是発菩提心」（T14, 482a7-15）を参照。

（5）如――合致すること。

又た、前の三は是れ上・中・下智の観ずる所、後の一は是れ上上智の観ずる所なり。[1] 前の三は是れ共、後の一は是れ不共なり。前の三は浅近《せんごん》にして曲、後の一は深遠にして直なり、云云。前の三は是れ小の中の大、後の一は是れ大の中の大、上の中の上、円の中の円、満の中の満、実の中の実、真の中の真、了義の中の了義、玄の中の玄、妙の中の妙、不可思議の中の不可思議なり。若し能く此の如く非を簡び是を顕わし、権を体り実を識《さと》りて発心せば、是れ一切諸仏の種なり。

譬えば金剛は金性《こんしょう》従り生ずるが如し。仏の菩提心は大悲従り起こる。是れ諸行の中の先なり。阿娑羅薬《あしゃらやく》[2]を服するに、先ず清水《しょうすい》を用うるが如し。諸行の中の最《さい》なり。諸根の中に命根を最と為すが如し。仏の正法・正行の中に、此の心を最と為す。太子の生まるるに、王の儀相[3]を具すれば、大臣は恭敬《くぎょう》して、大声名有るが[4]如く、迦陵頻伽鳥《かりょうびんがちょう》[5]の縠《から》の中にて鳴く声は已に諸鳥に勝《まさ》るが如し。[6] 此の菩提心に大勢力有り。師子の筋の弦の如く、師子の乳の如く、[7] 金剛の槌《つち》の如

(1) 又前三是上中下智所観後一是上上智所観――『南本涅槃経』巻第二十五、師子吼菩薩品、「観十二縁智凡有四種。一者下、二者中、三者上、四者上上。下智観者不見仏性、以不見故、得声聞道。中智観者不見仏性、以不見故、得縁覚道。上智観者見不了了、不了了故、住十住地。上上智観者見了了、故得阿耨多羅三藐三菩提道」(T12, 768c12-

17）を参照。

（2）阿婆羅薬――『六十巻華厳経』巻第五十九、入法界品、「譬如有人服阿羅婆薬、不痩不老、延寿無窮。菩薩摩訶薩亦復如是、服菩提心阿羅婆薬、於無量劫在生死中、修菩薩行、無所染著。譬如阿羅婆薬、初用浄水。菩提心薬亦復如是。一切菩薩所修行中、最為先首」（T9, 779b6-11）を参照。『華厳経探玄記』巻第二十、「阿羅婆薬者、具云呵吒迦阿羅婆。此云金光汁薬。呵吒迦、云金光明。阿羅婆、云汁薬。出於山中井内。諸龍守護。若有得飲、皆成仙人」（T35, 488c3-6）を参照。

（3）儀相――外面に表われたようす。

（4）声名――名声の意。

（5）如太子生具王儀相大臣恭敬有大声名――『大智度論』巻第七十八、「阿羅漢等雖漏尽、不如初発心菩薩。譬如転輪聖王太子、雖在胎中、已勝余子。又如国王太子、雖未即位、勝諸大臣、有位富貴者」（T25, 609c19-22）を参照。

（6）如迦陵頻伽鳥𣪘中鳴声已勝諸鳥――『六十巻華厳経』巻第五十九、入法界品、「譬如迦毘伽鳥在𣪘中時、有大勢力、余鳥弗及。菩薩摩訶薩亦復如是。於生死𣪘、発菩提心功徳勢力、声聞・縁覚所不能及」（T9, 778c14-17）、『大智度論』巻第七十八、「如歌羅頻伽鳥在𪇆声中、未発声、已能勝諸鳥。何況成就」（T25, 609c25-26）、同、巻第二十八、「又如迦羅頻伽鳥、在𣪘中未出、発声微妙、勝於余鳥」（同前、267a12-14）を参照。

（7）如師子筋弦如師子乳――『六十巻華厳経』巻第五十九、入法界品、「譬如有人用師子筋以為琴絃、音声既奏、余絃断絶。一切如来波羅蜜身、出菩提心功徳音声、若楽五欲・二乗法者、聞悉断滅。譬如牛・馬・羊乳合在一器、以師子乳投彼器中、余乳消尽、直過無礙。如来師子菩提心乳、著無量劫所積諸業煩悩乳中、皆悉消尽、不住声聞・縁覚法中」（T9, 778c7-14）を参照。

10a く、那羅延《ならえん》の箭《や》の如く、[1]衆宝を具足して能く貧苦を除くこと如意珠の如し。少しく懈怠《けだい》し、少しく威儀を失うと雖も、猶お二乗の功徳に勝る。要を挙げて之れを言わば、此の心は則ち一切の菩薩の功徳を具し、能く三世の無上の正覚を成ず。若し此の心を解せば、任運に止観に達す。発無く礙無きは、即ち是れ観なり。其の性寂滅なるは、即ち是れ止なり。止観は即ち菩提にして、菩提は即ち止観なり。『宝梁経《ほうりょうきょう》』に云わく、「比丘は比丘の法を修せずば、大千にも唾《つば》する処無し。況んや人の供養を受けんをや。六十の比丘は、悲泣《ひきゅう》して仏に白《もう》さく、『我れ等は乍《たちま》ち死すとも、人の供養を受くること能わず』と。仏は言わく、『汝は慚愧《ざんき》の心を起こす。善い哉、善い哉』と。一の比丘は仏に白さく、『何等の比丘か能く供養を受けん』と。仏は言わく、『若し比丘の数に在りて僧の業を修し、僧の利を得ば、是の人は能く供養を受けん。四果、四向は是れ僧の数なり。三十七品は是れ僧の業なり。四果は是れ僧の利なり』と。比丘は重ねて仏に白さく、『若し大乗の心を発せば、復た云何ん』と。仏は白《い》わく、『若し大乗の心を発して一切智を求めば、数に堕せず、業を修さず、利を得ざるも、能く供養を受く』と。比丘は驚きて問うらく、『云何んが是の人は能く供養を受けん』と。仏は言わく、『是の人は衣を受け、用《もっ》て大地に敷きて、摶食《たんじき》[2]を受くること、須弥山の若くなるも、亦た能く畢《つい》に施主の恩に報いん』と[3]」と。当に知るべし、小乗の極果は、大乗の初心に及ばざることを。

又た、『如来密蔵経』に説くらく、「若し人は、父の縁覚と為るを而も害し、三宝の物を盗み、母の羅漢と為るを而も汚し、不実の事もて仏を謗《そし》り、両舌《りょうぜつ》[4]して賢聖を間《へだ》て、悪口して聖人を罵《ののし》り、求法《ぐほう》の者を壊乱《えらん》し、五逆初業の瞋、戒を持する人の物を奪うの貪、辺見の癡ならば、是れ十悪[5]の悪なる者と為す。若し能く如来は因縁の法には我・人・衆生・寿命無く、生無く、滅無く、染無く、著無く、本性清浄なりと説くを知り、又た一切の法に於いて本性清浄なりと知り、解知し信入せば、我れは是の人は地獄、及び諸の悪道の果に趣向すと説かず。何を以ての

(1) 如那羅延箭——『六十巻華厳経』巻第五十九、入法界品、「菩提心者、則為那羅延箭、悉能鑒徹身見鎧故」(T9, 776a19-20) を参照。
(2) 摶食——四食(摶食・触食・思食・識食)の一つ。普通の飲食物をいう。段食ともいう。
(3) 宝梁経云比丘不修比丘法大千無唾処況受人供養六十比丘悲泣白仏我等乍死不能受人供養仏言汝起慚愧心善哉善哉一比丘白仏何等比丘能受供養仏言若在比丘数修僧業得僧利者是人能受供養四果四向是僧数三十七品是僧業四果是僧利比丘重白仏若発大乗心者復云何仏言若発大乗心求一切智不堕数不修業不得利能受供養比丘驚問云何是人能受供養仏言是人受衣用敷大地受摶食若須弥山亦能畢報施主之恩——『大宝積経』巻第百十三、宝梁聚会第四十四沙門品(T11, 638c-640b) を参照。
(4) 両舌——十悪の一つで、言葉によって他人を仲違いさせること。
(5) 十悪——殺生・偸盗・邪婬・妄語・両舌・悪口・綺語・貪欲・瞋恚・邪見。

故に。法に積聚《しゃくじゅ》無く、法に集悩無く、一切の法は、生ぜず住せず、因縁和合して生起することを得。起こり已って還って滅す。若し心は生じ已って滅せば、一切の結使《けっし》[1]も亦た生じ已って滅す。是の如く解すれば、犯《おか》す処無し。若し犯すこと有り住すること有らば、是の処《ことわり》有ること無し。百年の闇室に若し灯を然《も》やす時、闇は『我れは是れ室の主にして、此に住むこと久しくして、而して肯《あ》えて去らず』と言う可からず。灯は若し生ぜば、闇は則ち滅するが如し。其の義も亦た是の如し」[2]と。

此の経は、具さに前の四の菩提心[3]を指す。如来は因縁の法を説きしを知るが若《ごと》きは、即ち初めの菩提心を指す。生無く滅無きが若きは、第二の菩提心を指す。本性清浄なるが若きは、第

10b
三の菩提心を指す。一切の法に於いて本性清浄なりと知るが若きは、第四の菩提心を指すなり。初めの菩提心に已に能く重重[4]の十悪を除く。況んや第二、第三、第四の菩提心をや。行者、此の勝妙の功徳を聞きて、当に自ら慶幸《きょうこう》[5]すべし。闇処《あんしょ》の伊蘭《いらん》[6]に光明の栴檀《せんだい》を得るが如し。

問う。因縁の語は通ず。何の意ぞ初観は独り其の名に当たるや。

(1) 結使——煩悩の異名。「結」も「使」も、単独で煩悩を指すこともある。
(2) 如来密蔵経説若人父為縁覚而害盗三宝物母為羅漢而汚不実事謗仏両舌間賢聖悪口罵聖人壊乱求法者五逆初業之瞋

奪持戒人物之貪辺見之癡是為十悪悪者若能知如来説因縁法無我人衆生寿命無生無滅無染無著本性清浄又於一切法知本性清浄解知信入者我不説是人趣向地獄及諸悪道果何以故法無積聚法無集悩一切法不生不住因縁和合而得生起起已還滅若心生已滅一切結使亦生已滅如是解無犯処若有犯有住無有是処如百年闇室若然灯時闇不可言我是室主住此久而不肯去灯若生闇即滅其義亦如是——『大方広如来秘密蔵経』巻下、「迦葉、如汝所問、十悪業道、何者為重。迦葉、如人有父得縁覚道、子断父命、名殺中重。奪三宝物、名盗中重。若復有人其母出家得羅漢道、共為不浄、是婬中重。若以不実謗毀如来、是妄語中重。若両舌語壊賢聖僧、是両舌中重。若罵聖人、是悪口中重。言説壊乱求法之人、是綺語中重。若五逆初業、是瞋恚中重。若欲劫奪持浄戒人物、是貪中重。邪見中重、謂之辺見。迦葉、此十悪道、是為最重。迦葉、如来知是十悪業是為最重。迦葉、若有一人具是十悪、迦葉、是悪衆生若解知如来説因縁法、是中無有衆生・寿命、無人、無丈夫、無我、無年少、無作業者、無受者・起者。無知者・見者、無福伽羅。無生、無滅、無行、是為尽法、無染無著、無善不善、本性清浄。一切諸法本性常浄、解知信入。迦葉、我不説彼趣向悪道、無悪道果。何以故。迦葉、法無積聚。法無集無悩。迦葉、一切諸法生滅不住、因縁和合而得生起、起已還滅。迦葉、若心生滅、一切結使亦生已滅。若如是解、無犯犯処。迦葉、若犯有住、無有是処。迦葉、如百千歳極大闇室不然灯明。是極闇室無門窓牖、乃至無有如針鼻孔。日月珠火所有光明無能得入。迦葉、若闇室中然火灯明、是闇頗能作如是説。我百千歳住。今不応去。迦葉白言、不也。世尊、当然灯時、是闇已去」(T17, 844c9-845a5)を参照。

(3)四菩提心——蔵教・通教・別教・円教の四つの菩提心を指す。

(4)重重——非常に重大であるようす。

(5)慶幸——幸いと喜ぶこと。

(6)伊蘭——eraṇḍa の音写。インドに生息する高木で、悪臭がある。香木である栴檀と対となる。

答う。最初なるを以て名に当たるのみ。又た、因縁は事相なれば、初観を便と為す。若し生滅と言わば、即ち別なり。[1] 後の三は例するに通[2]・別有れども、[3] 別に従いて名を受くるのみ。

5.1.1.3.3. 六即に約す

六即に約して是を顕わすとは、初心は是なりと為すや、後心は是なりと為すや。答う。『論』の焦炷《しょうちゅう》の如し。初に非ずして初を離れず、後に非ずして後を離れず。[4] 若し智信は具足して、一念は即ち是なるを聞かば、信の故に謗《そし》らず、智の故に懼《おそ》れず、初後は皆な是なり。若し信無くば、高く聖境《しょうきょう》に推《お》して、己《おの》が智分《ちぶん》に非ず。若し智無くば、増上慢を起こし、己れは仏に均《ひと》しと謂う。初後は倶に非なり。此の事の為めの故に、須らく六即を知るべし。謂わく、理即、名字即、観行即、相似即、分真《ぶんしん》即、究竟《くきょう》即なり。此の六即とは、凡に始まり聖に終わる。凡に始まるが故に疑怯《ぎこ》を除き、[5] 聖に終わるが故に慢大を除く、[6] 云云。

理即とは、一念の心は即ち如来蔵の理なり。如の故に即ち空、蔵の故に即ち仮、理の故に即ち中なり。三智[7]は、一心の中に具して、不可思議なり。上に説くが如し。三諦一諦、三に非ず一に非ず。一色一香に一切の法を具す。一切の心も亦復た是の如し。是れ理即の是《ぜ》の菩提心と名づく。亦た是れ理即の止観なり。即ち寂を止と名づけ、即ち照を観と名づく。

名字即とは、理は即ち是なりと雖も、日に用いて知らず。未だ三諦を聞かざるを以て、全く仏法を識らず。牛羊《ごよう》の眼の方隅《ほうぐう》[8]を解せざるが如し。或いは知識[9]に従い、或いは経巻に従いて、上に説く所の一実の菩提を聞き、名字の中に於いて通達解了《つうだつげりょう》[10]して、一切の法は皆な是れ仏法

(1)別――個別性の意。
(2)後三――無生(通教)・無量(別教)・無作(円教)を指す。
(3)通別――共通性と個別性の意。
(4)如論焦炷非初不離初非後不離後――『大智度論』巻第七十五、「仏語須菩提、汝自見炷燋、非初非後而炷燋。我亦以仏眼見菩薩得無上道、不以初心得、亦不離初心、亦不以後心得、亦不離後心而得無上道。燈譬菩薩道。炷喩無明等煩悩。焰如初地相応智慧、乃至金剛三昧相応智慧、燋無明等煩悩炷、亦非初心智焰、亦非後心智焰、而無明等煩悩炷燋尽、得成無上道」(T25, 585c18-25)を参照。「焦炷」は、灯心を焼くこと。
(5)疑怯――疑い・臆病の意。
(6)慢大――うぬぼれて尊大にかまえること。
(7)三智――一切智・道種智・一切種智を指す。
(8)方隅――方角、方位の意。
(9)知識――知人の意。
(10)通達解了――よく理解すること。

10c

なりと知る。是れ名字即の菩提と為す。亦た是れ名字の止観なり。若し未だ聞かざる時は、処処に馳求《ちぐ》し、既に聞くことを得已れば、攀覓《はんみゃく》[1]の心息むを止と名づく。但だ法性を信じて、其の諸[2]を信ぜざるを名づけて観と為す。

　観行即の是とは、若し但だ名を聞き口に説くのみならば、虫、木を食いて偶《たま》ま字を成ずることを得れども、是の虫は是れ字なるや字に非ざるやを知らざるが如し。[3]既に通達せざれば、寧《いずく》んぞ是れ菩提ならんや。必ず須らく心観明了にして、理と慧は相応し、行ずる所は言う所の如く、言う所は行ずる所の如くすべし。『華首《けしゅ》』に云わく、「言説《ごんぜつ》多きは行ぜず、我れは言説を以てせず、但だ心に菩提を行ずるのみ」[4]と。此の心と口の相応するは、是れ観行の菩提なり。『釈論』は四句もて聞慧具足を評す。[5]眼は日を得て、照了するに僻《ひがみ》無きが如し。観行も亦た是の如し。未だ理に契《かな》わずと雖も、観心は息《や》めず。『楞厳《りょうごん》』の中の射的の喩の如し。[6]是れ観行の菩提と名づく。亦た観行の止観と名づく。恒《つね》に此の想を作すを観と名づけ、余の想の息むを止と名づく、云云。

　相似即の是《ぜ》の菩提とは、其の逾《いよ》いよ観じ、逾いよ明らかに、逾いよ止、逾いよ寂なるを以て、射を勤むるに的に隣《ちか》きが如くなるを、相似の観慧と名づく。一切世間の治生産業《じしょうさんごう》は相い違背

（1）攀覓――外の対象を探し求めて認識すること。「攀」は、外の対象を認識すること。「覓」は、広く探し求めること。

（2）諸――法性以外のさまざまな物を意味する。

（3）如虫食木偶得成字是虫不知是字非字――『南本涅槃経』巻第二、哀歎品、「如虫食木有成字者、此虫不知是字非字。智人見之、終不唱言、是虫解字、亦不驚怪」（T12, 618b2-4）を参照。

（4）華首云言説多不行我不以言説但心行菩提――『華手経』巻第三、無憂品、「言説無所成　世多説不行　我不以言説　但心行菩提　世多言作仏　不能如説行　是人皆虚言　終無実果報　若但以言説　而能得仏道　一切言説者　皆応得作仏」（T16, 140b26-c2）を参照。

（5）釈論四句評聞慧具足――『大智度論』巻第五、「有慧無多聞　是不知実相　譬如大闇中　有目無所見　多聞無智慧　亦不知実義　譬如大明中　有灯而無目　多聞利智慧　是所説応受　無慧亦無明　是名人身牛」（T25, 101b10-15）を参照。

（6）如楞厳中射的喩――『首楞厳三昧経』、「堅意菩薩白仏言、世尊、菩薩欲学首楞厳三昧、当云何学。仏告堅意、譬如学射、先射大準。射大準已、学射小準。射小準已、次学射的。学射的已、次学射杖。学射杖已、学射百毛。射百毛已、学射十毛。射十毛已、学射一毛。射一毛已、学射百分毛之一分。能射是已、名為善射。随意不空。是人若欲於夜闇中所聞音声、若人非人、不用心力、射之皆著。如是堅意、菩薩欲学首楞厳三昧、先当学愛楽心。学愛楽心已、当学深心。学深心已、当学大慈。学大慈已、当学大悲。学大悲已、当学四聖梵行。所謂慈・悲・喜・捨」（T15, 633c17-28）を参照。

せず[1]、所有《あらゆ》る思想・籌量《ちゅうりょう》[2]は、皆な是れ先仏の経の中に説く所なり。六根清浄の中に説くが如し[3]。円かに無明を伏するを止と名づけ、似《じ》の中道の慧を観と名づく、云云。

分真即とは、相似の観力に因りて、銅輪の位に入る[4]。初めに無明を破して仏性を見、宝蔵を開きて真如を顕わすを、発心住と名づく[5]。乃至、等覚は、無明は微薄《みはく》にして、智慧は転《うた》た著《いちじる》し。初日従《よ》り十四日に至りて、月の光は円かなるに垂《なんな》んとし、闇は尽くるに垂んとするが如し[6]。若し人は応に仏身を以て得度すべき者には、即ち八相成道し[7]、応に九法界の身を以て得度すべき者には、普門《ふもん》を以て示現《じげん》す[8]。『経』に広く説くが如し[9]。是れ分真即の菩提と名づく。亦た分真の止観、分真の智・断[10]とも名づく。

究竟即の菩提とは、等覚は一たび転じて、妙覚に入る。智光は円満して、復た増す可からざるを、菩提の果と名づく。大涅槃の断にして、更に断ず可き無きを、果果と名づく。等覚は通

(1)一切世間治生産業不相違背――『法華経』法師功徳品、「諸所説法、随其義趣、皆与実相不相違背。若説俗間経書、治世語言、資生業等、皆順正法」(T9, 50a22-24)を参照。

(2)思想籌量――「思想」は思索すること、「籌量」は考慮すること。

(3)如六根清浄中説――『法華経』法師功徳品、「復次常精進、若善男子、善女人、如来滅後、受持是経、若読、若誦、若解説、若書写、得千二百意功徳。以是清浄意根、乃至聞一偈一句、通達無量無辺之義、解是義已、能演説一

句一偈至於一月、四月乃至一歳、諸所説法、随其義趣、皆与実相不相違背。若説俗間経書、治世語言、資生業等、皆順正法。三千大千世界六趣衆生、心之所行、心所動作、心所戯論、皆悉知之。雖未得無漏智慧、而其意根、清浄如此。是人有所思惟、籌量、言説、皆是仏法、無不真実、亦是先仏経中所説」(同前、50a18-29) を参照。

(4) 銅輪位――『菩薩瓔珞本業経』巻上、賢聖学観品、「仏子、世間果報者、所謂十住。銅宝瓔珞銅輪王、百福子為眷属、生一仏土、受仏学行、教二天下」(T24, 1016a22-24) を参照。

(5) 発心住――十住の第一。

(6) 如従初日至十四日月光垂円闇垂尽――『南本涅槃経』巻第十八、梵行品、「大王、譬如月光、従初一日至十五日、形色・光明漸漸増長。月愛三昧亦復如是、令初発心諸善根本漸漸増長、乃至具足大般涅槃。是故復名月愛三昧。大王、譬如月光従十六日至三十日、形色・光明漸漸損減。月愛三昧亦復如是、光所照処、所有煩悩能令漸減。是故復名月愛三昧」(T12, 724b11-17) を参照。

(7) 八相成道――釈尊が衆生救済のために、八種の姿を示したこと。成道も八相の一つであるが、最重要なので、別出する。下天・託胎・降誕・出家・降魔・成道・転法輪・入涅槃のこと。

(8) 以普門示現――「普門」は、samantamukha の訳語。あらゆる方向に顔を向けた者の意。観音菩薩が現一切色身三昧(普現色身三昧)に住して、三十三身を現じて、衆生を救済することをたたえていう。『法華経』観世音菩薩普門品、「若有衆生、聞是観世音菩薩品自在之業、普門示現神通力者、当知是人功徳不少」(T9, 58b4-5) を参照。

(9) 如経広説――『法華経』観世音菩薩品を指す。

(10) 智断――智徳と断徳のこと。智徳は智慧によって真理を悟ること、断徳は煩悩を断ち切ること。それぞれ菩提と涅槃に相当する。

ぜず、唯だ仏のみ能く通ず。茶《だ》[1]を過ぎて道の説く可き無し。故に究竟の菩提と名づく。亦た究竟の止観と名づく。

総じて譬えを以て之れを譬うるに、譬えば貧人《びんにん》の家に宝蔵有れども、知る者無く、知識は之れを示すに、即ち知ることを得るが如きなり。草穢《そうえ》を耘除《うんじょ》して、之れを掘り出《い》だすに、漸漸《ぜんぜん》に近づくことを得、近づき已って蔵を開き、尽《こと》ごとく之れを取り用う。[2] 六喩に合すること[3]は解す可し、云云。

11a

問う。『釈論』の五菩提[4]の意は云何ん。

答う。『論』は竪に別の位を判じ、今は竪に円の位を判ず。之れを会すれば、発心は名字に対し、伏心は観行に対し、明心は相似に対し、出到は分真に対し、無上は究竟に対す。又た、彼の名を用て円の位に名づくれば、発心は是れ十住、伏心は是れ十行なり。

問う。住は已に断ず。行は云何んが伏せんや。

答う。此れは真道を用いて伏す。例せば小乗の見を破するを断と名づけ、思惟を伏と名づくるが如し。明心は是れ十廻向、出到は是れ十地、無上は是れ妙覚なり。又た、十住従り五菩提

（1）茶——底本の「茶」を、文意によって「茶」に改める。

(2)譬如貧人家有宝蔵而無知者知識示之即得知也耘除草穢而掘出之漸漸得近近已蔵開尽取用之――『南本涅槃経』巻第八、如来性品、「迦葉白仏言、世尊、二十五有、有我不耶。仏言、善男子、我者、即是如来蔵義。一切衆生悉有仏性、即是我義。如是我義、従本已来常為無量煩悩所覆。是故衆生不能得見。善男子、如貧女人舎内多有真金之蔵、家人大小無有知者、時有異人善知方便、語貧女言、我今雇汝、汝可為我耘除草穢。女即答言、我今不能。汝若能示我子金蔵、然後乃当速為汝作。是人復言、我知方便、能示汝子。女人答言、我家大小尚自不知。況汝能知。是人復言、我今審能。女人答言、我亦欲見、并可示我。是人即於其家掘出金蔵。女人見已、心生歓喜、生奇特想、宗仰是人。善男子、衆生仏性亦復如是。一切衆生不能得見、如彼宝蔵、貧人不知。善男子、我今普示一切衆生所有仏性為諸煩悩之所覆蔽、如彼貧人有真金蔵不能得見。如来今日普示衆生諸覚宝蔵、所謂仏性。一切衆生見是事已、心生歓喜、帰仰如来。善方便者、即是如来。貧女人者、即是一切無量衆生。真金蔵者、即仏性也」(T12, 648b6-26)を参照。

(3)合六喩――『輔行』巻第一之五、「此是大経貧女譬意具足六意。家有宝蔵、理即也。知識示之名字即也。耘除衆穢、観行即也。漸漸得近、相似即也。近已蔵開、分真即也。尽取用之、究竟即也」(T46, 180b15-18)を参照。貧女の比喩を六つに分け、それを六即に対応させる。

(4)釈論五菩提――発心菩提・伏心菩提・明心菩提・出到菩提・無上菩提を指す。『大智度論』巻第五十三、「復有五種菩提。一者名発心菩提。於無量生死中発心、為阿耨多羅三藐三菩提故、名為菩提。此因中説果。二者名伏心菩提。折諸煩悩、降伏其心、行諸波羅蜜。三者名明菩提。観三世諸法本末総相・別相、分別籌量、得諸法実相、畢竟清浄。所謂般若波羅蜜相。四者名出到菩提。於般若波羅蜜中得方便力故、亦不著般若波羅蜜、滅一切煩悩、見一切十方諸仏、得無生法忍、出三界、到薩婆若。五者名無上菩提。坐道場、断煩悩習、得阿耨多羅三藐三菩提。如是等五菩提義、余諸賢聖断結義、如先説」(T25, 438a3-14)を参照。

を具す、乃至、妙覚は究竟の五菩提なり。故に地義に、「初めの一地従り諸地の功徳を具す」と云うは[1]、即ち其の義なり。

問う。何の意ぞ円に約して六即を説くや。

答う。円かに諸法を観ずるに、皆な六即と云う。故に円の意を以て、一切の法に約して、悉ごとく六即を用いて位を判ず。余は爾らず。故に之れを用いず。其の教に当たって之れを用うれば、胡為《なんすれ》ぞ得ざらん、而も浅近《せんごん》にして、教の正意に非ざるなり。

5.1.1.3.4. 結斥

然るに、上来、非を簡ぶに、先に苦諦の世間に升沈するに約して簡ぶのみ。次に四諦の智の曲拙浅近なるに約して簡ぶのみ。次に四弘の行願に約し、次に六即の位に約す。展転して深細にして、方に乃ち是を顕わす。故に知んぬ、明月の神珠は、九重の淵の内なる驪龍《りりょう》の頷《あご》の下に在り[2]。志有り、徳有りて、方に乃ち之れを致す。豈に世人の麁浅浮虚《そせんふこ》[3]にして、瓦石《がしゃく》草木を競い執りて、妄《みだ》りに謂いて宝と為すが如く[4]ならん。末学の膚受[5]、太《はなは》だ知る所無し。

(1)地義云従初一地具諸地功徳――「地義」は地論宗の意義の意。『十地経論』巻第九、「経曰、爾時解脱月菩薩問金剛蔵菩薩言、仏子、菩薩但於第七菩薩地中具足一切助菩提分法。為当一切菩薩諸地中亦皆具足。金剛蔵菩薩言、仏子、菩薩於十菩薩地中悉具足一切助菩提分法。但第七地勝、故得名。何以故。仏子、是菩薩此菩薩地中方便行具足得入智慧神通行故。仏子、菩薩於初地中発願、観一切仏法、故具足助菩提分法。第二地中除心悪垢、故具足助菩提分法」(T26, 175c19-27)を参照。

(2)明月神珠在九重淵内驪龍頷下――『荘子』列御寇篇、「夫千金之珠、必在九重之淵、而驪龍頷下」を参照。「驪龍」は、黒龍のこと。

(3)麁浅浮虚――「麁浅」は粗漏浅薄であること、「浮虚」は空虚であること。

(4)競執瓦石草木妄謂為宝――『南本涅槃経』巻第二、哀歎品、「譬如春時、有諸人等在大池浴乗船遊戯、失琉璃宝没深水中。是時諸人悉共入水求覓是宝、競捉瓦石・草木・砂礫、各各自謂得琉璃珠、歓喜持出、乃知非真。是時宝珠猶在水中、以珠力故、水皆澄清。於是大衆乃見宝珠故在水下、猶如仰観虚空月形。是時衆中有一智人、以方便力安徐入水、即便得珠」(T12, 617c3-10)を参照。

(5)末学膚受――浅薄な学者。張衡「東京賦」(『文選』巻第三)、「如客所謂末学膚受、貴耳而賤目者也」を参照。

摩訶止観 巻第二上

隋の天台智者大師説く
門人の灌頂記す

5.1.2. 修大行

5.1.2.1. 総釈

二に四種三昧を勧進《かんじん》して、菩薩の位に入ることを明かさんとして、是の止観を説くとは、夫《そ》れ妙位に登らんと欲せば、行に非ざれば階《のぼ》らず。善く解して鑽揺《さんよう》[1]せば、醍醐は獲《う》可し。『法華』に云わく、「又た、仏子の種種の行を修し、以て仏道を求むるを見る」[2]と。行法は衆多《しゅた》なるも、略して其の四を言う。一に常坐、二に常行、三に半行半坐、四に非行非坐なり。

通じて三昧と称するは、調直定《じょうじきじょう》なり。『大論』に云わく、「善く心、一処に住して動ぜざるは、是れ三昧と名づく」[3]と。法界は是れ一処なり。正観は能く住して動ぜず。四[4]行を縁と為して心を観じ、縁を藉《か》りて調直なり。故に通じて三昧と称するなり。

（1）鑽揺――「鑽」はきりでもみこむことであるが、ここでは「攅」に通じると考えて、集め蓄えるの意とする。「揺」は、揺らすこと。乳を発酵精製することを意味すると思われる。『南本涅槃経』巻第三、長寿品、「夫醍醐者、名為世間第一上味。我等無器、設使得乳、無安置処。復共相謂、唯有皮囊可以盛之。雖有盛処、不知攅搖。漿猶難得、況復生酥」（T12, 621c19-23）を参照。

（2）法華云又見仏子修種種行以求仏道――『法華経』序品、「若有仏子　修種種行　求無上慧　為説浄道」（T9, 3a3-4）、同、「又見仏子　住忍辱力　増上慢人　悪罵捶打　皆悉能忍　以求仏道」（同前、3b4-6）を参照。

（3）大論云善心一処住不動是名三昧――『大智度論』巻第七、「善心一処住不動、是名三昧」（T25, 110b24）を参照。

（4）四行――常坐三昧・常行三昧・半行半坐三昧・非行非坐三昧を指す。

11b

5.1.2.2. 別釈

5.1.2.2.1. 四種三昧を明かす

5.1.2.2.1.1. 常座三昧

一に常坐とは、『文殊説』、『文殊問』の両般若に出ず。名づけて一行三昧[1]と為す。

今、初めに方法を明かし、次に勧修《かんじゅ》[2]を明かす。

方法とは、身に開・遮[3]を論じ、口に説・黙を論じ、意に止・観を論ず。

身は常坐を開して、行、住、臥を遮す。或いは衆に処す可きも、独りならば則ち弥《いよ》いよ善し。一の静室《じょうしつ》、或いは空閑《くうげん》[4]の地に居して、諸の喧閙《こんにょう》[5]を離れ、一の縄床《じょうしょう》[6]を安んじて、傍らに余座無く、九十日を一期と為して、結跏正座[7]す。項脊《くびせ》は端直《たんじき》にして、動かず揺るがず、萎《な》えず倚《よ》らず、以て坐して自ら誓い、肋《あばら》をば床もて拄《ささ》えず。況んや復た屍臥《しが》、遊戯《ゆげ》、住立せんをや。経行、食、便利を除く[8]。一仏の方面に随い、端坐して正しく向かう。時刻相続して、須臾《しゅゆ》[9]も廃すること無かる可し。開する所は専ら坐なり。遮する所は、犯すこと勿れ。仏を欺かざれ、心に負《そむ》かざれ、衆生を誑《たぶら》かさざれ。

口の説黙とは、若しは坐して疲れ極まり、或いは疾病に困《くる》しめられ、或いは睡蓋《すいがい》[10]に覆われ、内外の障は侵して、正念の心を奪い、遣却《けんきゃく》すること能わずば、当に専ら一仏の名字を称《とな》え、慚《ざん》

(1)一行三昧――『文殊般若経』(『文殊師利所説摩訶般若波羅蜜経』) 巻下、「文殊師利白仏言、世尊、当云何行能速得阿耨多羅三藐三菩提。仏言、文殊師利、如般若波羅蜜所説行、能速得阿耨多羅三藐三菩提。復有一行三昧。若善男子・善女人、修是三昧者、亦速得阿耨多羅三藐三菩提。文殊師利言、世尊、云何名一行三昧。仏言、法界一相、繋縁法界、是名一行三昧。若善男子・善女人、欲入一行三昧、当先聞般若波羅蜜、如説修学、然後能入一行三昧。如法界縁、不退不壊、不思議、無礙無相」(T8, 731a21-b1) を参照。

(2)勧修――修行を勧めること。

(3)開遮――「開」は許可すること、「遮」は禁止すること。

(4)空閑――人里離れた静かなようす。

(5)喧閙――騒がしいこと。

(6)縄床――縄を張って作った腰掛け。

(7)九十日為一期――『文殊師利問経』巻下、嘱累品、「文殊師利白仏言、復有何法能生此定。仏告文殊師利、慚愧・懺悔・恭敬・供養、事説法人如供養仏、以此四法能生禅定。復於九十日、修無我想、端坐専念、不雑思惟、除食及経行・大小便時、悉不得起」(T14, 507a12-17) を参照。「一期」は、一定の期間の意。

(8)除経行食便利――本ページ注7を参照。「経行」は、caṅkrama の訳語。静かに瞑想しながら歩行すること。食後、疲労したとき、坐禅中に眠気を催したときなどに行なう。

(9)須臾――瞬時の意。

(10)睡蓋――五蓋(貪欲・瞋恚・睡眠・掉悔・疑)の一つである睡眠の蓋(煩悩の別名)。

愧懺悔《きさんげ》して、命を以て自ら帰すべし。十方の仏の名字を称うることと、功徳は正《まさ》しく等し。所以は何ん。人の憂喜、鬱怫《うちぶち》[1]するに、声を挙げて歌い、哭《な》き、悲しみ、笑わば、則ち暢《の》ぶるが如し。行人も亦た爾《しか》なり。風は七処に触れて身業を成じ、声の響きは唇を出でて口業を成じ、[2]二[3]は能く意を助けて機を成じ、仏の俯降《ふごう》[4]を感ず。人の重きを引くに、自力にして前《すす》まざれば、傍らの救助を仮るに、則ち軽く挙ぐることを蒙《こうむ》るが如し。行人も亦た爾なり。心は弱くして障を排すること能わざるに、名を称えて護りを請わば、悪縁も壊すること能わず。若し法門に於いて未だ了せずば、当に般若を解する者に親近して、聞くが如く修学すべし。能く一行三昧に入らば、面《まのあた》り諸仏を見、菩薩の位に上らん。経を誦し、呪を誦すすら尚お静かなるより喧《かまびす》し。況んや世俗の言語をや。

意の止観とは、端坐正念す。悪覚を蠲除《けんじょ》[5]し、諸の乱想を捨てて、思惟を雑《まじ》ゆること莫れ、相貌《そうみょう》を取らざれ。但だ専ら縁を法界に繫《か》け、念を法界に一《ひとし》うす。繫縁《けえん》は是れ止、一念は是れ観なり。一切の法は皆な是れ仏法なりと信ずれば、前無く後無く、復た際畔《さいはん》[6]無く、知る者無く説く者無し。若し知無く説無くば、則ち有に非ず無に非ず、知る者に非ず知らざる者に非ず。此の二辺を離れて無所住に住し、諸仏の住するが如く、寂滅法界に安処す。此の深法を聞きて、驚怖を生ずること勿れ。此の法界を亦た菩提と名づけ、亦た不可思議の境界と名づけ、亦た般若

11c

と名づけ、亦た不生不滅と名づく。是の如き等の一切法は法界と二無く別無し。二無く別無しと聞きて、疑惑を生ずること勿れ。

能く是の如く観ずる者は、是れ如来の十号[7]を観ず。如来を観ずる時、如来を謂いて如来と為

(1)欝怫——気がふさいで悩むこと。
(2)風触七処成身業声響出唇成口業——『大智度論』巻第六、「無智人謂為有人語声。智者心念、是声無人作、但以声触、故更有声、名為響。響事空、能誑耳根。如人欲語時、口中風名憂陀那、還入至臍、触臍響出、響出時触七処退、是名語言。如偈説、風名憂檀那　触臍而上去　是風七処触　項及斷歯脣　舌咽及以胸　是中語言生　愚人不解此　惑著起瞋癡」(T25, 103a13-21)を参照。「七処」は引用文にあるように、項、斷、歯、脣、舌、咽、胸を指す。
(3)二——身業と口業のこと。
(4)俯降——上から下へ(仏から衆生へ)の応現を意味する。
(5)蠲除——除去すること。
(6)際畔——極限、限界の意。
(7)如来十号——如来の十種の呼び名。如来・応供・正遍知・明行足・善逝・世間解・無上士・調御丈夫・天人師・仏・世尊であるが、これを数えると全部で十一あるので、十号という表現と一致しない。そこで、論書によっては無上士と調御丈夫を合わせて一と数えたり、仏と世尊を合わせて一と数えたり、あるいは仏までで十とし、最後の世尊は別な尊称と解釈する説など諸説がある。

さず。如来の如来たること有ること無く、亦た如来の智の能く如来を知る者無し。如来、及び如来智は、二相無く動相無く、作相ならず、方に在らず、方を離れず、三世に非ず不三世に非ず、二相に非ず不二相に非ず、垢相《くそう》に非ず浄相に非ず。

此の如来を観ずること、甚だ希有《けう》なりと為す。猶お虚空の如く、過失有ること無く、正念を増長《ぞうじょう》す。仏の相好を見ること、水・鏡を照らして、自ら其の形を見るが如し。初めに一仏を見、次に十方の仏を見る。神通を用て往《ゆ》き、仏を見るに不《あら》ず、唯だ此の処に住して、諸仏を見、仏の説法を聞きて、如実の義を得。一切衆生の為めに、如来を見て、如来の相を取らず。一切衆生を化して、涅槃に向かいて、涅槃の相を取らず。一切衆生の為めに、大荘厳を発して、荘厳の相を見ず。形無く相無く、見・聞・知無し。仏は証得せず、是れ希有と為す。何を以ての故に。仏は即ち法界なればなり。若し法界を以て法界を証せば、即ち是れ諍論《じょうろん》にして、証無く得無し。

衆生の相を観ずるに、諸仏の相の如し。衆生の界の量は、諸仏の界の量の如し。諸仏の界の量は不可思議なれば、衆生の界の量も亦た不可思議なり。衆生の界の住は、虚空の住の如し。不住の法を以てし、無相の法を以てして、般若の中に住す。凡法を見ざれば、云何んが捨てん。聖法を見ざれば、云何んが取らん。生死涅槃、垢浄《くじょう》も亦た是の如し。捨てず、取らず、但だ実際[1]に住す。此の如く衆生を観ずるは、真の仏の法界なり。

貪欲・瞋・癡の諸の煩悩を観ずるに、恒《つね》に是れ寂滅の行、是れ無動の行なり。生死の法に非ず、涅槃の法に非ず。諸見を捨てず、無為を捨てずして、而も仏道を修す。[2]道を修するに非ず、道を修せざるに非ず、是れ正しく煩悩の法界に住すと名づく。

業の重き者を観ずるに、五逆[3]を出ずること無し。五逆は即ち是れ菩提にして、菩提と五逆に二相無し。[4]覚る者無く知る者無く、分別する者も無し。逆罪の相、実相の相は、皆な不可思議、不可壊《ふかえ》にして、本と本性無し。一切の業縁は、皆な実際に住す。不来不去《ふらいふこ》、非因非果なり。是

(1) 実際——bhūta-koṭi の訳。真実、究極の境界の意。現象世界の真実のあり方を意味する。

(2) 不捨諸見不捨無為而修仏道——『維摩経』巻上、弟子品、「於諸見不動、而修行三十七品、是為宴坐」(T14, 539c24) を参照。

(3) 五逆——母を殺す・父を殺す・阿羅漢を殺す・仏の身より血を出す・和合僧を破ることで、無間地獄に堕ちるとされる。

(4) 五逆即是菩提菩提五逆無二相——『文殊般若経』巻上、「世尊、菩提即五逆、五逆即菩提。何以故。菩提五逆、無二相故」(T8, 728c13-14) を参照。

12a

れ業は即ち是れ法界の印なりと観ずと為す。法界の印は、四魔[1]も壊《え》すること能わざる所にして、魔も便《たよ》りを得ず。何を以ての故に。魔は即ち法界の印なればなり。法界の印は云何んが法界の印を毀《やぶ》らん。此の意を以て一切の法に歴《ふ》るも、亦た応に解す可し。上に説く所は、皆な是れ経文なり。

勧修とは、実の功徳を称して、行者に奨《すす》む。法界の法は是れ仏の真法なり。是れ菩薩の印なり。此の法を聞きて驚かず畏れずば、乃ち百千万億の仏の所に従って久しく徳本を植ゆ。[2]譬えば長者は摩尼珠《まにしゅ》[3]を失い、後に還って之れを得て、心は甚だ歓喜するが如し。[4]四衆《ししゅ》は此の法を聞かざれば、心は則ち苦悩す。若し聞きて信解《しんげ》せば、歓喜することも亦た然り。当に知るべし、此の人は即ち是れ仏を見る。已に曾て文殊従り是の法を聞く。身子は曰わく、「此の義を諦了《たいりょう》す。[5]是れ菩薩摩訶薩と名づく」と。弥勒は云わく、「是の人は仏座に近し。仏は此の法を覚るが故なり」と。故に文殊は云わく、「此の法を聞きて驚かざるは、即ち是れ仏を見る」と。仏は言わく、「即ち不退地に住し、六波羅蜜を具し、一切の仏法を具す[6]」と。

（1）四魔――五陰魔・煩悩魔・死魔・天子魔をいう。
（2）聞此法不驚不畏乃従百千万億仏所久植徳本――『文殊般若経』巻上、「仏告文殊師利、若人得聞是法、不驚不畏者、不従千仏所種諸善根、乃至百千万億仏所久植徳本、乃能於是甚深般若波羅蜜不驚不怖」（T8, 727b15-18）を参照。

（3）摩尼珠――「摩尼」は、maṇi の音写語。宝石の総称。如意宝珠（cintāmaṇi）は、その一種。

（4）譬如長者失摩尼珠後還得之心甚歓喜――『文殊般若経』巻下、「仏告迦葉、今此会中比丘・比丘尼・優婆塞・優婆夷、得聞此経者、如是人等、於未来世若聞是法、必能信解於甚深般若波羅蜜、乃能読誦信解受持、亦為他人分別演説。譬如長者失摩尼宝、憂愁苦悩。後若還得、心甚歓喜。如是、迦葉、比丘・比丘尼・優婆塞・優婆夷等、亦復如是、有信楽心。若不聞法、則生苦悩、若得聞時、信解受持、常楽読誦、甚大歓喜。当知此人、即是見仏、亦即親近供養諸仏」（同前、730a26-b4）を参照。

（5）諦了――明らかに理解すること。

（6）四衆不聞此法心則苦悩若聞信解歓喜亦然当知此人即是見仏已曾従文殊聞是法身子曰諦了此義是名菩薩摩訶薩弥勒云是人近仏座仏覚此法故故文殊云聞此法不驚即是見仏仏言即住不退地具六波羅蜜具一切仏法矣――『文殊般若経』巻上、「舎利弗白仏言、世尊、若於斯義諦了決定、是名菩薩摩訶薩。何以故。得聞如是甚深般若波羅蜜相、心不驚不怖、不没不悔。弥勒菩薩白仏言、世尊、得聞如是般若波羅蜜、具足法相、是即近於仏坐。何以故。如来現覚此法相故。文殊師利白仏言、世尊、得聞甚深般若波羅蜜、能不驚不怖、不没不悔、当知此人即是見仏。爾時復有無相優婆夷白仏言、世尊、凡夫法・声聞法・辟支仏法・仏法、是諸法皆無相。是故於所従聞般若波羅蜜、皆不驚不怖、不没不悔。何以故。一切諸法本無相故。仏告舎利弗、善男子・善女人、若聞如是甚深般若波羅蜜、心得決定、不驚不怖、不没不悔。当知是人、即住不退転地。若人聞是甚深般若波羅蜜、不驚不怖、信楽聴受、歓喜不厭。是即具足檀波羅蜜・尸波羅蜜・羼提波羅蜜・毘梨耶波羅蜜・禅波羅蜜・般若波羅蜜、亦能為他顕示分別、如説修行」（同前、727c14-728a3）を参照。

若し人は一切の仏法、相好、威儀、説法、音声、十力[1]、無畏[2]を得んと欲せば、当に此の一行三昧を行ずべし。勤行して懈《おこた》らざれば、則ち能く入ることを得ん。摩尼珠《まにしゅ》を治するに、磨くに随いて、随いて光り、不可思議の功徳を得るが如し。菩薩は能く知れば、速かに菩提を得。比丘・比丘尼は聞きて驚かざるは、即ち仏に随いて出家す。信士《しんじ》・信女《しんにょ》は聞きて驚かざるは、即ち真の帰依なり。此の称誉は彼の両経に出ず[3]、云云。

5.1.2.2.1.2. 常行三昧

二に常行三昧とは、先に方法、次に勧修なり。

方法とは、身の開・遮、口の説・黙、意の止・観なり。

此の法は『般舟三昧経《はんじゅざんまいきょう》』に出ず[4]。翻じて仏立《ぶつりゅう》と為す。仏立に三義あり。一に仏の威力、二に三昧の力、三に行者の本功徳力なり[5]。能く定中に於いて、十方の現在の仏、其の前に在りて立

（1）十力——仏の持つ十種の智慧の力のこと。処非処智力・業異熟智力・静慮解脱等持等至智力・根上下智力・種種勝解智力・種種界智力・遍趣行智力・宿住随念智力・死生智力・漏尽智力。

（2）無畏――四無所畏のこと。四種の畏れのない自信。正等覚無畏・漏永尽無畏・説障法無畏・説出道無畏。

（3）此之称誉出彼両経――『文殊般若経』巻下、「仏言、得阿耨多羅三藐三菩提、不以因得、不以非因得。何以故。不思議界、不以因得、不以非因得。若善男子・善女人、聞如是説、不生懈怠、当知是人、已於先仏種諸善根。是故比丘・比丘尼、聞説是甚深般若波羅蜜、不生驚怖、即是従仏出家。若優婆塞・優婆夷、得聞如是甚深般若波羅蜜、心不驚怖。即是成就真帰依処」（T8, 731c11-18）、『文殊師利問経』巻下、嘱累品、「文殊師利、若人修行此定、所得功徳永不退転。文殊師利、如三千大千世界尽末為塵、世界多少如微塵数、尽布七宝持用布施。於汝意云何。是人能如是施、功徳多不。文殊師利言、甚多。世尊。仏言、我今告汝、若善男子・善女人、直聞此定無怖畏心、所得功徳於彼為多。何況信心・思惟・修行・受持・読誦。況復為人広説。何況修習得此定者。彼功徳数我不能説」（T14, 507c20-28）を参照。「称誉」は、称賛の意。「両経」は、『文殊般若経』、『文殊師利問経』を指す。

（4）此法出般舟三昧経――『般舟三昧経』巻上、行品、「菩薩如是持仏威神力於三昧中立、在所欲見何方仏、欲見即見。何以故如是。颰陀和、是三昧仏力所成。持仏威神於三昧中立者、有三事。持仏威神力、持仏三昧力、持本功徳力、用是三事故得見仏」（T13, 905c13-18）、同、四事品、「仏告颰陀和、如是等菩薩当慈心常楽於善師所、視師当如仏、悉具足承事。欲書是三昧経時、若欲学時、菩薩敬師如是。颰陀和、菩薩於善師有瞋恚、有持善師短、視善師不如仏者、得三昧難。譬如颰陀和、菩薩明眼人夜半視星宿、見星其衆多。如是、颰陀和、菩薩持仏威神於三昧中立、東向視見若干百仏、若干千仏、若干万仏、若干億仏。如是十方等悉見諸仏。仏告颰陀和、是菩薩如仏眼悉知悉見。如是、颰陀和、是菩薩欲得今現在諸仏悉在前立三昧、布施、当具足持戒、如是忍辱・精進・一心智慧・度脱智慧、身悉具足」（同前、906b18-c1）を参照。

（5）本功徳力――過去の功徳の力のこと。「本」は過去の意。

つるを見ること、明眼の人の清夜《しょうや》[1]に星を観るが如し。十方の仏を見ること、亦た是の如く多し。故に仏立三昧と名づく。『十住婆沙』の偈に云わく、「是の三昧の住処に、少、中、多の差別あり。是の如き種種の相も亦た応に須らく論議すべし[2]」と。「住処」とは、或いは初禅、二、三、四[3]の中間に於いて是の勢力を発し、能く三昧を生ず。故に住処と名づく。初禅は少、二禅は中、三、四は多なり。或いは少時住するを少と名づく。或いは世界を見ること少なり。或いは仏を見ること少なり。故に少と名づく。中、多も亦た是の如し。

12b
身に常行を開す。此の法を行ずる時は、悪知識、及び癡人・親属・郷里を避け[4]、常に独り処《しょ》止《し》[5]して、他人に希望《けもう》して、求索《ぐしゃく》[6]する所有るを得ざれ。常に乞食して、別請《べっしょう》を受けざれ[7]。道場を厳飾《ごんじき》[8]して、諸の供具《くぐ》・香餚《こうぎょう》[9]・甘果《かんか》[10]を備え、其の身を盥沐《かんもく》[11]し、左右《さう》[12]の出入に、衣服を改換せよ。唯だ専ら行旋して、九十日を一期と為す。明師[13]の内外の律を善くして、能く妨障を開除[14]するを

(1) 清夜——晴れてすがすがしい夜のこと。
(2) 十住婆沙偈云是三昧住処少中多差別如是種種相亦応須論議——『十住毘婆沙論』巻第十二、助念仏三昧品、「是三昧住処　少中多差別　如是種種相　皆当須論義」(T26, 88b13-14) を参照。
(3) 初禅二三四——色界の四禅を指す。

(4)避悪知識及癡人親属郷里――『般舟三昧経』巻上、行品、「仏告颰陀和、菩薩若有菩薩所念現在定意向十方仏、若有定意、一切得菩薩高行。何等為定意。従念仏因縁、向仏念、意不乱、従得黠、不捨精進。与善知識共行空、除睡眠不聚会。避悪知識、近善知識、不乱精進。飯知足、不貪衣、不惜寿命、孑（底本の「子」を宋・元・明の三本によって改める）身避親属、離郷里、習等意、得悲意心護行、棄蓋習禅」（T13, 904b24-c2）を参照。

(5)処止――留まること。住すること。

(6)求索――求めること。

(7)常乞食不受別請――『般舟三昧経』巻下、無想品、「仏告跋陀和、若有菩薩学誦是三昧者、有十事於其中立。何等為十。一者其有他人若饋遺鉢・震越・衣服者、不嫉妬。二者悉当愛敬人、孝順於長老。三者当有反復念報恩。四者不妄語、遠離非法。五者常行乞食、不受請。六者当精進経行。七者昼夜不得臥出。八者常欲布施天上、天下無所惜、終不悔。九者深入慧中無所著。十者先当敬事善師視如仏。乃当却誦是三昧、是為十事」（同前、916b25-c5）を参照。「別請」は、個別的な（食事の）招待の意。

(8)厳飾――装飾すること。

(9)香餚――おいしい魚肉料理。

(10)甘果――甘い果物。

(11)盥沐――沐浴すること。

(12)左右――用便の意。

(13)明師――聡明な師の意。

(14)開除――除去すること。

須《もち》う。聞く所の三昧の処に於いて、世尊を視るが如くし[1]、嫌わず、恚《いか》らず、短長[2]を見ざれ。当に肌肉《きにく》[3]を割《さ》きて、師に供養すべし。況んや復た余をや。師に承事[4]すること、僕《しもべ》の大家[5]に奉《ぶ》するが如くせよ。若し師に於いて悪を生ぜば、是の三昧を求むるも、終に得ること難《かた》からん。外護の母の子を養うが如くなるを須い、同行の共に険《けん》[6]を渉《わた》るが如くなるを須う。須《すべか》らく要期《ようご》[7]誓願すべく、我が筋骨をして枯朽《くぐ》せしむとも、是の三昧を学ぶに得ざれば、終に休息《くそく》せず。大信を起こさば、能く壊する者無く[8]、大精進を起こさば、能く及ぶ者無く、入る所の智に能く逮《およ》ぶ者無し。常に善師と事に従い、三月を終竟《おわ》るまで、世間の想欲を念ずること、弾指《たんじ》の頃《きょう》[9]の如きをも得ざれ。三月の終竟るまで、臥出[10]すること弾指の頃の如きをも得ざれ。三月の終竟るまで、行は休息することを得ざれ。坐食《ざじき》[11]・左右を除く。人の為めに経を説くも、衣食を希望することを得ざれ。『婆沙』の偈に云わく、「善知識に親近《しんごん》し、精進して懈怠《けだい》無し。智慧は甚だ堅牢《けんろう》にして、信力に妄《みだ》りに動ずること無し[12]」と。

口の説・黙とは、九十日、身に常に行じて休息すること無く、九十日、口に常に阿弥陀仏の名を唱えて休息すること無く、九十日、心に常に阿弥陀仏を念じて休息すること無し。或いは

(1)於所聞三昧処如視世尊――『般舟三昧経』巻中、四輩品、「仏告颰陀和、是菩薩若従比丘・比丘尼・優婆塞・優婆夷所得聞是三昧、当視如仏。所聞三昧処当尊敬。仏告颰陀和、菩薩所聞是三昧処、不当持諂意。向是菩薩不得諂意、常当楽独処止。不惜身命、不得悕望人有所索、常行乞食、不受請、不嫉妬。自守節度、如法住、所有趣足而已。経行、不得懈、不得臥出。如是。颰陀和、如是経中教、其棄愛欲作比丘学是三昧者、当如是守如是」(T13, 909c7-16) を参照。

(2)短長――短所と長所の意。

(3)肌肉――皮膚と肉のこと。

(4)承事――お仕えすること。

(5)大家――しもべが主人を呼ぶ呼び名。

(6)険――険しく危険な場所。

(7)要期――期日を定めること。

(8)起大信無能壊者――『般舟三昧経』巻上、四事品、「菩薩有四事法疾逮得三昧。何等為四。一者所信無有能壊者。二者精進無有能逮者。三者所入智慧無有能及者。四者常与善師従事。是為四」(同前、906a13-16) を参照。

(9)弾指頃――「弾指」は、親指と人差し指で音を立てること。指はじき。「弾指頃」は、指はじきの短い時間の意。

(10)臥出――横になったり、(三昧から) 出ること。

(11)坐食――座って食事すること。

(12)婆沙偈云親近善知識精進無懈怠智慧甚堅牢信力無妄動――『十住毘婆沙論』巻第十二、助念仏三昧品、「親近善知識　精進無懈退　智慧甚堅牢　信力不妄動」(T26, 86b17-18) を参照。

唱・念[1]は倶に運び、或いは先に念じ後に唱え、或いは先に唱え後に念じ、唱・念は相い継いで休息する時無し。弥陀を唱うるが若きは、即ち是れ十方の仏を唱うると功徳等し。但だ専ら弥陀を以て法門の主と為すのみ。要を挙げて之れを言わば、歩歩《ぶぶ》、声声《しょうしょう》、念念、唯だ阿弥陀仏に在るのみ。

12c
　意に止・観を論ぜば、西方の阿弥陀仏は此《ここ》を去ること十万億の仏刹《ぶっせつ》[2]にて、宝地、宝池、宝樹、宝堂に在りて、衆《もろもろ》の菩薩の中央に坐して経を説くを念ず。三月、常に仏を念ず。云何んが念ずるや。三十二相を念ず。足下の千輻輪《せんぷくりん》の相[3]従り一一に逆に縁じて、諸相、乃至無見頂[4]を念ず。亦た応に頂相従り順に縁じて、乃ち千輻輪に至るべし。我れをして亦た是の相に逮《およ》ばしむ。

　又た念ず。我れは当に心に従って仏を得べきや。身に従って仏を得べきや。仏は心を用て得ず、身を用て得ず、心を用て仏の色を得ず、色を用て仏の心を得ず。何を以ての故に。心とは、仏に心無し。色とは、仏に色無し。故に色心を用て三菩提を得ず。仏は色已に尽き、乃至、識已に尽く。仏の説き尽くす所は、癡人は知らず、智者は暁了《ぎょうりょう》す。身・口を用て仏を得ず、智慧を用て仏を得ず。何を以ての故に。智慧もて索《もと》むるに、得可からず。自ら我を索むるに、了《つい》に得可からず。亦た見る所無し。一切の法は本より無所有にして、本を壊し本を絶す〔其の一〕。

　夢に七宝・親属を見て歓喜するも、覚め已りて追念するに、何れの処に在るかを知らざるが如し。是の如く仏を念ず。又た、舎衛《しゃえ》に女有り、須門《しゅもん》と名づく。之れを聞きて心喜び、夜、事に従うと夢みるも[5]、覚め已りて之れを念ずるに、彼れは来たらず我れは往かずして、而も楽事は宛然たるが如し[6]。当に是の如く仏を念ずべし。人の大沢を行って飢渇《けかち》するに、夢に美食を得

(1)唱念――「唱」は声を出して唱えること、「念」は心に思うこと。
(2)仏刹――buddha-kṣetra の音写語。仏国土の意。
(3)千輻輪相――仏の三十二相の一つ。仏には足裏に千の車輻（スポーク）を持つ車輪の模様がある。
(4)無見頂――無見頂相のことで、仏の三十二相の一つ。仏の頭頂部にある肉髻《にくけい》は、だれも見ることができないので、頭頂を見ることがない（無見頂）という。
(5)従事――男女の営みをすること。
(6)如舎衛有女名須門聞之心喜夜夢従事覚已念之彼不来我不往而楽事宛然――『般舟三昧経』巻上、行品、「譬若有人聞墮舎利国中有婬女人名須門、若復有人聞婬女人阿凡和梨、若復有人聞優陂洹作婬女人。是時各各思念之。其人未曾見此三女人。聞之婬意即為動、便於夢中各往到其所。是時三人皆在羅閲祇国同時念。各於夢中到是婬女人所与共棲宿。其覚已各自念之。仏告颰陀和、我持三人以付、若持是事為人説経。使解此慧至不退転地得無上正真道。然後得仏。号曰善覚。如是、颰陀和、菩薩於是間国土聞阿弥陀仏、数数念。用是念故、見阿弥陀仏。見仏已従問。当持何等法生阿弥陀仏国。爾時、阿弥陀仏語是菩薩言、欲来生我国者、常念我数数、常当守念、莫有休息。如是、得来生我国」（T13, 905a27-b13）を参照。

るも、覚め已りて腹は空しきが如し。自ら一切の所有《あらゆ》る法を念ずるに、皆な夢の如し。当に是の如く仏を念ずべし。数数《しばしば》念じ、休息することを得ること莫れ。是の念を用て、当に阿弥陀仏国に生ずべし。是れ如相念[1]と名づく。人の宝を以て瑠璃《るり》の上に倚《よ》るに、影は其の中に現ずるが如し。亦た比丘は骨を観ずるに、骨は種種の光を起こすが如し。此れに持ち来る者無く、亦た是の骨有ること無し。是れ意の作《さ》なるのみ。鏡の中の像は外より来らず、中より生ぜず、鏡は浄なるを以ての故に、自ら其の形を見るが如し。行人[2]の色は清浄なれば、所有る者も清浄なり。仏を見んと欲すれば、即ち仏を見る。見れば即ち問い、問えば即ち報《こた》う。経を聞きて大いに歓喜す〔其の二〕。

自ら念ぜよ、仏は何所《いずこ》従り来たる。我れも亦た至る所無しと。我が念ずる所は即ち見《あら》わる。心は仏と作り、心は自ら心を見、仏の心を見る。是の仏の心は是れ我が心、仏を見る。心は自ら心を知らず、心は自ら心を見ず。心に想有るを癡と為し、心に想無きは是れ泥洹《ないおん》[3]なり。是の法は示す可き者無し。皆な念の為す所なり。設《たと》い念有るも、亦た無所有空と了するのみ[4]〔其の三〕。

偈に云わく、「心は心を知らず、心有りて心を見ず。心に想を起こすは即ち癡にして、想無きは即ち泥洹なり」[5]と。「諸仏は心に従って解脱を得、心は無垢なれば清浄と名づく。五道は鮮潔にして色を受けず、此れを解すること有る者は、大道を成ず[6]」と。是れ仏の印[7]と名づく。

（1）如相念——外に表われた様相のように心に思うこと。

（2）行人——修行者の意。

（3）泥洹——nirvāṇa の音写語。涅槃とも音写する。

（4）自念仏従何所来我亦無所至我所念即見心作仏心自見心見仏心是仏心是我心見仏心不自知心心不自見心心有想為癡心無想是泥洹是法無可示者皆念所為設有念亦了無所有空耳——『般舟三昧経』巻上、行品、「自念仏、無所従来、我亦無所至。自念三処欲処・色処・無想処、是三処意所為耳。我所念即見。心作仏、心自見心。是仏心、是怛薩阿竭心、是我身心。見仏心不自知心、心不自見心。心有想為癡、心無想是泥洹。是法無可楽者、皆念所為。設使念為空耳。設有念者、亦了無所有」（T13, 905c28-906a6）を参照。「無所有空」は、空の意味である。「無所有」は実体がないことなので、空と同じ意味となる。

（5）偈云心者不知心有心不見心心起想即癡無想即泥洹——『般舟三昧経』巻上、行品、「心者不知心　有心不見心　心起想則癡　無想是泥洹」（同前、906a8-9）を参照。

（6）諸仏従心得解脱心者無垢名清浄五道鮮潔不受色有解此者成大道——『般舟三昧経』巻中、無著品、「諸仏従心解得道　心者清浄明無垢　五道鮮潔不受色　有解是者成大道」（同前、909a7-8）を参照。「五道」は、地獄・餓鬼・畜生・人・天の五つの生存領域。「鮮潔」は、清潔なこと。

（7）仏印——仏であることの目印。

13a

貪る所無く、著する所無く、求むる所無く、想う所無く、有る所は尽き、欲する所は尽く。従いて生ずる所無く、滅す可き所無く、壊敗《えはい》する所無し。道の要、道の本なり。是の印は二乗も壊すること能わず。何に況んや魔をや、云云。[1]『婆沙』に明かす。「新発意《しんぽっち》の菩薩は、先に仏の色相、相体、相業、相果、相用《そうゆう》を念じて、下の勢力を得、次に仏の四十の不共法《ふぐうほう》を念じて、心に中の勢力を得、次に実相の仏を念じて、上の勢力を得て、而も色と法の二身に著せず[2]」と。偈に云わく、「色身に貪著せず、法身にも亦た著せず、善く一切の法は永く寂すること虚空の如しと知る[3]」と。

勧修とは、若し人は智慧、大海の如くにして、能く我が為めに師と作る者無からしめ、此に於いて坐し、神通を運ばずして、悉ごとく諸仏を見、悉ごとく説く所を聞き、悉ごとく能く受持することを得んと欲せば、常に三昧を行ぜよ。諸の功徳に於いて、最も第一と為す。此の三昧は是れ諸仏の母、仏の眼、仏の父、無生大悲の母なり[4]。一切諸の如来は、是の二法従り生ず[5]。大千[6]の地、及び草木を砕きて塵と為し、一塵を一仏刹と為す。爾の世界の中に満てらん宝も

（1）是名仏印無所貪無所著無所求無所想所有尽所欲尽無所従生無所可滅無所壊敗道要道本是印二乗不能壊何況魔邪
——『般舟三昧経』巻下、仏印品、「仏於是語跋陀和、若有菩薩聞是三昧、聞者当助歓喜、当学。得学者持仏威神

使得学、当好書是三昧著素上、当得仏印印、当善供養。何等為仏印。所識不当行、無所貪、無所求、無所想、無所著、無所願、無所向生、無所適、無所生、無所有、無所取、無所顧、無所往、無所礙、無所有、無所結、所有尽、所欲尽、無所従生、無所滅、無所壊、無所敗。道要道本是印中。阿羅漢・辟支仏不能壊、不能敗、不能欠。愚癡者、便疑是印。是印是為仏印」（T13, 919b7-17）を参照。

（2）婆沙明新発意菩薩先念仏色相相体相業相果相用得下勢力次念仏四十不共法心得中勢力次念実仏得仏上勢力而不著色法二身――『十住毘婆沙論』巻第十二、助念仏三昧品、「菩薩応以此　四十不共法　念諸仏法身　仏非色身故。是偈次第略解四十不共法六品中義。是故行者先念色身仏、次念法身仏。何以故。新発意菩薩応以三十二相八十種好念仏。如先説、転深入得中勢力。応以法身念仏、心転深入、得上勢力。応以実相念仏而不貪著。不染著色身　法身亦不著　善知一切法　永寂如虚空」（T26, 86a7-16）を参照。引用文のなかの「四十不共法」については、『輔行』巻第二之一、「大論等文、十八不共・十力・四無畏・四無礙・大悲・三念処・為四十不共」（T46, 188b4-5）を参照。

（3）偈云不貪著色身法身亦不著善知一切法永寂如虚空――本ページ注2を参照。

（4）此三昧是諸仏母仏眼仏父無生大悲母――『般舟三昧経』巻中、羼羅耶《せんらやぶつ》仏品、「是三昧者、是菩薩眼、諸菩薩母、諸菩薩所帰仰、諸菩薩所出生。若知不。颰陀和、是三昧者、破去於冥、明於天上天下。若知不。颰陀和、是菩薩三昧者、是諸仏之蔵、諸仏之地、是珍宝淵海之泉、是無量功徳之鎮。益明哲之経。当作是知。三昧所出如是。従是中出仏。聞経、正立於四意止中」（T13, 913c24-914a2）を参照。

（5）二法――智慧と慈悲を指す。

（6）大千――三千大千世界のこと。一世界が千個集まって小千世界となり、それが千個で中千世界となり、それが千個で大千世界となる。大千世界を三千大千世界ともいう。

て、用《もっ》て布施するに、其の福は甚だ多からんも、此の三昧を聞きて驚かず畏《おそ》れざらんには如《し》かず。況んや信じて受持し読誦し、人の為めに説かんをや。況んや定心に修習すること、牛の乳を犂《しぼ》る頃《きょう》の如きをや。況んや能く是の三昧を成ぜんをや。故に無量無辺なり[1]。[2]『婆沙』に云わく、「劫火、官賊、怨毒、龍獣、衆病、是の人を侵すとは、是の処《ことわり》有ること無し。此の人は常に天龍八部、諸仏に、皆な共に護念称讃せらる。皆な共に見んと欲して、共に其の所に来たる」[3]と。若し此の三昧の上の如き四番の功徳を聞きて[4]、皆な随喜し、三世の諸仏菩薩も皆な随喜せんに、復た上の四番の功徳に勝る。若し是の如き法を修せずば、無量の重宝を失い、人天は之れが為めに憂悲す。鼿人《おにん》[5]の栴檀を把《と》りて鼿《か》がざるが如く、田家の子[6]の摩尼珠を以て一頭の牛に博《か》うるが如し、云云。

(1) 辺――底本の「量」を、『全集本』によって「辺」に改める。
(2) 砕大千地及草木為塵一塵為一仏刹満爾世界中宝用布施其福甚多不如聞此三昧不驚不畏況信受持読誦為人説況定心修習如犂牛乳頃況能成是三昧故無量無辺――『十住毘婆沙論』巻第十二、助念仏三昧品、「菩薩行是般舟三昧、果報亦応知。問曰、修習是三昧、得何果報。答曰、於無上道得不退転報。復次如経所説果報。仏語颰陀婆羅菩薩、譬如有人能摧砕三千世界地皆如微塵。又三千大千世界中所有草木花葉一切諸物皆為微塵。颰陀婆羅、以一微塵為一仏世界。有爾所世界皆満中上妙珍宝以用布施。跋陀婆羅、於意云何。是人以是布施因縁得福多不。甚多世尊。仏言、颰陀婆羅、我今実語汝。若有善男子、得聞諸仏現前三昧、不驚不畏其福無量。何況信受持読諷誦為人解説。何況定心修習、如一搆牛乳頃。颰陀婆羅、我説此人福徳尚無有量。何況能得成是三昧者」(T26, 87c18-88a2) を参照。

(3)婆沙云劫火官賊怨毒龍獣衆病侵是人者無有是処此人常為天龍八部諸仏皆共護念称讃皆共欲見共来其所――『十住毘婆沙論』巻第十二、助念仏三昧品、「仏又告颰陀婆羅、若有善男子・善女人、受持読誦為他人説。若劫尽時設堕此火火即尋滅。颰陀婆羅、持是三昧者、若有官事。若遇怨賊・師子・虎狼・悪獣・悪龍・諸毒虫等、若夜叉・羅刹・鳩槃荼・毘舎闍等、若人非人等、若害身、若害命、若毀戒、無有是処。若読誦為人説時、亦無衰悩。唯除業報必応受者。復次颰陀婆羅、菩薩受持読誦是三昧時、若得眼・耳・鼻・舌・口・歯病、風寒冷病、如是等種種余病。以是病故、而失寿命、無有是処。唯除業報必応受者。復次颰陀婆羅、若人受持読誦是三昧者、諸天守護、諸龍・夜叉・摩睺羅伽・人非人・四天王・帝釈・梵天王・諸仏世尊、皆共護念。復次是人皆為諸天所共愛念。復次是人皆為諸天所共称讃乃至諸仏皆共称讃。復次諸天皆欲見是菩薩来至其所。乃至諸仏皆欲見是菩薩来至其所」(同前、88a2-20) を参照。「天龍八部」は、天・龍・夜叉《やしゃ》・乾闥婆《けんだつば》・阿修羅・迦楼羅《かるら》・緊那羅《きんなら》・摩睺羅迦《まごらか》の八種の生物を指す。

(4)上四番功徳――『摩訶止観』巻第二上、「不如聞此三昧不驚不畏。況信受持読誦為人説。況定心修習如搆牛乳頃。況能成是三昧」(T46, 13a14-16) の段落を指す。これに対して、『輔行』巻第二之一には、「一不驚、二信受、三定心修、四能成就」(同前、188c7-8) と整理している。

(5)齆人――鼻の詰まった人のこと。

(6)田家――農家の意。

5.1.2.2.1.3. 半行半坐三昧

三に半行半坐を明かす。亦た先に方法、次に勧修なり。

方法とは、身の開・遮、口の説・黙、意の止・観なり。

此れは二経[1]に出ず。『方等』に云わく、「旋《めぐ》ること百二十匝《そう》[2]にして、却《しりぞ》き坐して思惟せよ[3]」と。『法華』に云わく、「其の人、若しは行き、若しは立ちて是の経を読誦し、若しは坐して是の経を思惟せば、我れは六牙《ろくげ》の白象《びゃくぞう》に乗りて、其の人の前に現ず[4]」と。故に知んぬ、倶に半行半坐を用て方法と為す。

13b 方等は、至尊《しそん》なり、聊爾《りょうに》[5]にす可からず。若し修習せんと欲せば、神明《じんみょう》[6]を証と為す。先に夢王《むおう》を求めよ。若し一を見ることを得ば、是れ懺悔を許す[7]。

（1）二経――『方等陀羅尼経』と『法華経』を指す。

（2）匝――めぐりの意。

（3）方等云旋百二十匝却坐思惟――『大方等陀羅尼経』巻第一、「問言、当云何行耶。答、恒伽言、若欲行時、七日長斎日三時洗浴著浄潔衣。座仏形像作五色蓋。誦此章句百二十遍遶百二十匝。如是作已、却坐思惟。思惟訖已、復更誦此章句。如是七日、爾時恒伽即問上首、当用何日。善男子、要用月八日十五日、行此法」（T21, 645b25-c2）を参照。

（4）法華云其人若行若立読誦是経若坐思惟是経我乗六牙白象現其人前――『法華経』普賢菩薩勧発品、「是人若行、若立、読誦此経、我爾時乗六牙白象王、与大菩薩衆倶詣其所、而自現身、供養守護、安慰其心、亦為供養法華経故。是人若坐、思惟此経、爾時我復乗白象王現其人前、其人若於法華経有所忘失一句一偈、我当教之、与共読誦、還令通利。爾時受持読誦法華経者、得見我身、甚大歓喜、転復精進、以見我故、即得三昧及陀羅尼、名為旋陀羅尼、百千万億旋陀羅尼、法音方便陀羅尼、得如是等陀羅尼」（T9, 61a28-b9）を参照。

（5）聊爾――かりそめにすること。

（6）神明――心の意。

（7）方等至尊不可聊爾若欲修習神明為証先求夢王若得見一是許懺悔――『大方等陀羅尼経』巻第三、「爾時、仏告文殊師利法王子。若我在世、若去世後、若有善男子善女人、来詣汝所、欲求陀羅尼経者、汝当教求十二夢王。若得見一王者、汝当教授七日行法。文殊師利白仏言、云何名為十二夢王、云何名曰七日行法……文殊師利、我今語汝。語諸衆生修行受持摩訶袒持陀羅尼経、展転相授。得出三界随意所願。若有清信士清信女、応於初日分勧諸衆生、趣於道場、焼種種香、懸繒幡蓋。若有善男子善女人、欲求現在未来願者、可以求之。爾時二士随其根量、与其現在未来世願。文殊師利、如是行者、若有至心、見此二士踊在虚空、若不至心、而悉不見。文殊師利、若不見者、謂不至心、是名初日行分陀羅尼経」（T21, 652a5-b28）を参照。

　閑静《げんじょう》の処に於いて、道場を荘厳し、香泥《こうでい》を地、及び室の内外に塗る。円壇を作りて彩画《さいが》し、五色の幡《はた》を懸け、海岸香[1]を焼き、灯を然《も》やし、高座を敷き、二十四の尊像を請ず。多きも亦た妨げ無し。餚饌《ぎょうせん》[2]を設け、心力を尽くす。新浄の衣と鞋屩《あいきゃく》[3]を須ゆ。新しきもの無くば、故《ふる》きを浣《あら》え。出入に著脱《じゃくだつ》[4]して、参雑《さんぞう》[5]せしむること無かれ。七日長斎《じょうさい》[6]し、日に三時洗浴す。初日に僧を供養するに、意の多少に随う。別に一《ひと》りの内外の律に明了なる者を請じて師と為し、二十四戒[7]、及び陀羅尼呪を受け、師に対して罪を説け。要《かなら》ず月の八日と十五日を用いよ[8]。当に七日を以て一期《いちご》と為すべし[9]。決して減ず可からず。若し能く更に進まば、意の堪任《たんにん》するに随え。十人已還《いげん》[10]は此れを出ずることを得ざれ[11]。俗人も亦た許す。須らく単縫《たんぷ》の三衣[12]を辦《べん》じて、仏法の式を備うべきなり[13]。

（1）海岸香——栴檀の一種である。『輔行』巻第二之二、「海岸香者、経云、海此岸栴檀之香」（T46, 189c16-17）を参照。引用文の「経」は、『法華経』薬王菩薩本事品、「又雨海此岸栴檀之香」（T9, 53b2-3）を指す。
（2）餚饌——たくさんの料理、お供え物の意。

(3)鞋屩——履き物。
(4)著脱——衣や履き物を身につけたり、脱いだりすること。
(5)参雑——乱雑にすること。
(6)長斎——長期にわたって斎食《さいじき》（正午を過ぎて食事をしないこと）を守ること。
(7)二十四戒——『大方等陀羅尼経』巻第一、「善男子、是名菩薩摩訶薩二十四戒」（T21, 646b6-7）を参照。
(8)要用月八日十五日——本書一四七ページ注3を参照。
(9)当以七日為一期——『大方等陀羅尼経』巻第三に、「初日行分陀羅尼経」（本書一四七ページ注7を参照）から「摩訶袒持陀羅尼経行分第七」（同前、653c12-13）まで、七日の修行が説かれる。
(10)已還——以上の意。
(11)十人已還不得出此——『大方等陀羅尼経』巻第二、「爾時阿難白仏言、世尊行此法時、得衆多人不。仏告阿難、十人已還」（同前、650b26-27）を参照。
(12)単縫三衣——「単縫」は、直縫ともいい、返し縫いをしないで作る俗服をいう。僧服は返し縫い（却刺）をして作る。「三衣」は、ここでは出家の三衣ではなく、俗人用の三衣をいう。
(13)俗人亦許須辨単縫三衣備仏法式也——『大方等陀羅尼経』巻第二、「阿難白仏、此人辞家出時、剃除髪不。仏言、不也。阿難白仏、若不除者、云何語言具於三衣。仏告阿難言、三衣者、一名単縫、二名俗服。阿難白仏言、世尊、向説一出家衣、二在家衣。若在家者、用三種為。仏告阿難、一出家衣者、作三世諸仏法式。二（底本の「一」を明本によって改める）俗服者、欲令我弟子趣道場時、当著一服。常随逐身、寸尺不離。若離此衣、即得障道罪。第三衣者、具於俗服、将至道場、常用坐起。其名如是汝当受持」（同前、651a16-24）を参照。

口の説・黙とは、預《あらかじ》め陀羅尼呪一篇を誦して利ならしむ。初日分に於いて、異口同音に三遍、三宝、十仏[1]、方等の父母、十法王子を召請《しょうしょう》[2]す。召請の法は『国清百録』の中に在り[3]。請じ竟《お》わりて、香を焼《た》き念を運んで、三業もて供養せよ。供養し訖《お》わりて、前に請ずる所の三宝を礼せ。礼し竟わりて、志誠《しじょう》[4]の心を以て、悲泣して涙を雨らし、罪咎《ざいぐ》[5]を陳悔《ちんげ》[6]し竟わらば、起ちて旋《めぐ》ること百二十匝《そう》す。一たび旋るに一たび呪し、遅からず疾《と》からず、高からず下《ひく》からず。旋呪し竟[7]わりて、十仏、方等、十法王子を礼す。是の如く作し已りて、却《しりぞ》き坐して思惟し、思惟し訖わらば、更に起ちて旋呪し、旋呪し竟わらば、更に却き坐して思惟す。周《あまね》くして復た始め、七日を終竟《お》わるまでせよ。其の法は是の如し。第二時従りは、召請を略す、余は悉ごとく常の如し。

意の止・観とは、『経』に「思惟せしむ[8]」とは、「摩訶袒持陀羅尼《まかたんじだらに》[9]」を思惟す。翻じて「大秘《だいひ》要遮悪持善《ようしゃあくじぜん》」と為す。「秘要」は、秖《た》だ是れ実相中道の正空なり。『経』に言わく、「吾れは真実の中従り来たる。真実とは寂滅の相なり。寂滅の相とは、求むる所有ること無し。求むる者も亦た空、得る者、著する者、実なる者、来たる者、語る者、問う者は、悉ごとく空なり。寂滅涅槃も亦復た皆な空なり。一切虚空の分界も亦復た皆な空なり〔其の一〕。求むる所無き中に、吾れは故《ことさ》らに之れを求む。是の如き空の空は、真実の法なり。当に何に於いてか求むべき。

（1）十仏――『大方等陀羅尼経』巻第二、「仏告阿難、若有善男子・善女人、修行此経者、若眼見無量寿仏・釈迦牟尼仏・維衛仏・式仏・随葉仏・拘楼秦仏・拘那含牟尼仏・迦葉仏・過去雷音王仏・秘法蔵仏。是諸仏前、至心懺悔、当滅九十二億生死之罪」（T21, 650c2-6）を参照。

（2）十法王子――『大方等陀羅尼経』巻第二、「南無文殊師利法王子・虚空蔵法王子・観世音法王子・毘沙門法王子・虚空法王子・破闇法王子・普聞法王子・妙形法王子・大空法王子・真如法王子」（同前、650b10-13）を参照。

（3）召請法在国清百録中――『国清百録』巻第一、「方等懺法第六」（T46, 796b22-798c8）を参照。

（4）志誠――誠実なようす。

（5）罪咎――罪過の意。

（6）陳悔――悔い述べること。

（7）旋呪――旋りながら呪を唱えること。

（8）経令思惟――本書一四七ページ注3に引用した文のなかの「如是作已、却坐思惟。思惟訖已、復更誦此章句」（T21, 645b28-29）の箇所を指す。

（9）摩訶袒持陀羅尼――『大方等陀羅尼経』巻第一、「爾時仏告華聚菩薩摩訶薩、我当以摩訶袒持陀羅尼章句、伏此波旬、増彼比丘善根」（同前、642a6-8）を参照。

13c
六波羅蜜の中に於いて求むべし〔其の二〕」[1]と。

此れは『大品』の十八空[2]と同じく、『大経』の迦毘羅城空、如来空、大涅槃空[3]とも更に異なり有ること無し。此の空慧を以て一切の事に歴《ふ》るに、観を成ざざること無し。「方等」とは、或いは広平と言う。今、「方」と言うは、法なり。般若に四種の方法有り。[4]四門より清涼池に入るを謂う。即ち方なり。契《かな》う所の理、平等大慧なるは、即ち「等」なり。夢王を求めしむるは、即ち二観[5]の前方便なり。道場は即ち清浄の境界なり。五住[6]の糠《ぬか》を治して、実

(1) 経言吾従真実中来真実者寂滅相寂滅相者無有所求求者亦空得者著者実者来者語者問者悉空寂滅涅槃亦復皆空一切虚空分界亦復皆空〔其二〕無所求中吾故求之如是空空真実之法当於何求六波羅蜜中求〔其二〕——『大方等陀羅尼経』巻第一、「時有一菩薩名曰上首、作一乞士、入城乞食。時有一比丘名曰恒伽、謂乞士言、汝従何来。答言、吾従真実中来。恒伽問言、何謂為実。曰、寂滅相故名為真実。曰、寂滅相中、有所求耶。上首答言、無有所求。曰、無所求者、当何用求。上首答言、無所求中、吾故求之。曰、無所求中、何用求為。答言、有所求者、一切皆空。得者亦空、著者亦空、実者亦空、来者亦空、語者亦空、問者亦空、寂滅涅槃亦復皆空、一切虚空分界亦復皆空。吾為如是次第空法、而求真実。恒伽曰、実何用求。汝言、一切万法亦復皆空。何用求為。答曰、以空空故為実。問曰、菩薩今当於何而求実法。答言、当於六波羅蜜中求」(T21, 645a9-22) を参照。

(2) 大品十八空——「十八空」は、内空、外空、内外空、空空、大空、第一義空、有為空、無為空、畢竟空、無始空、

散空、性空、自相空、諸法空、不可得空、無法空、有法空、無法有法空を指す。『大品般若経』巻第一、序品（T8, 219c9-12）を参照。

（3）大経迦毘羅城空如来空大涅槃空――『南本涅槃経』巻第二十四、光明遍照高貴徳王菩薩品、「善男子、菩薩不但因見三昧而見空也。般若波羅蜜亦空、禅波羅蜜亦空、毘梨耶波羅蜜亦空、羼提波羅蜜亦空、尸波羅蜜亦空、檀波羅蜜亦空、色亦空、眼亦空、識亦空、如来亦空、大般涅槃亦空。是故菩薩見一切法皆悉是空。是故我在迦毘羅城告阿難言、汝莫愁悩、悲泣、啼哭。阿難即言、如来世尊、我今親属悉皆殄滅。云何当得不悲泣耶。如来与我倶生此城、倶同釈種親戚眷属。云何如来独不愁悩、光顔更顕。善男子、我復告言、阿難、汝見迦毘真実是有。我見空寂、悉無所有。汝見釈種悉是親戚。我修空故、悉無所見。以是因縁、汝生愁苦、我身容顔益更光顕。諸仏・菩薩修習如是空三昧故、不生愁悩。是名菩薩修大涅槃微妙経典、成就具足第九功徳」（T12, 765c15-766a2）を参照。

（4）般若有四種方法――『大智度論』巻第八十三、「須菩提意、以四種門雖安隠、以甚深故、利根者乃得入。仏答、無不入者。須菩提明、智慧利根者能入。仏意、但一心精進欲学者可入。譬如熱時、清涼池、有目有足皆可入。雖近、不欲入者則不入。四門般若波羅蜜池亦如是、四方衆生無有遮者。不懈怠者、是正精進。不妄念者、是正念。不乱心者、是正定。如是（諸本によって「是」を補う）等四門是正見。正見等安住是戒行。此八聖道能得般若波羅蜜。須菩提小乗智短故、但説利根者能入。仏大乗大智故、説雖中根・鈍根、八法和合故、能入是四門。仏此中以大悲気故、説中根・鈍根皆可得入」（T25, 640c7-19）を参照。

（5）二観――空観と仮観を指す。

（6）五住――『勝鬘経』一乗章（T12, 219c-220a を参照）に出る五住地惑（五住地煩悩）のことで、見一処住地惑・欲愛住地惑・色愛住地惑・有愛住地惑・無明住地惑をいう。

相の米を顕わす。亦た是れ定慧[1]を用て、法身を荘厳するなり。香塗《こうず》とは、即ち無上の尸羅《しら》[2]なり。五色の蓋[3]とは、五陰を観じて子縛《しばく》[4]を免れ、大慈悲を起こして法界を覆うなり。円壇とは、即ち実相不動の地なり。繒旛《ぞうばん》[5]とは、即ち法界の上の迷いを翻《ひるがえ》して、動出の解を生ずるなり。旛と壇と相い離れざるは、即ち動出、不動出、相い離れざるなり。香灯は、即ち戒慧なり。高座は、諸法空なり。一切の仏は、皆な此の空に栖《す》む。二十四像とは、即ち是れ逆順に十二因縁を観ずる覚了の智なり。餚饌とは、即ち是れ無常の苦き酢、助道の観[6]なり。新浄の衣とは、即ち寂滅忍[7]なり。瞋惑の重積《じゅうしゃく》するを故《こ》と称し、瞋を翻じて忍を起こすを名づけて新と為す。七日とは、即ち七覚[8]なり。一日とは、即ち一実諦なり。三洗は、即ち一実を観じて三観[9]を修し、三障[10]を蕩《とろ》かして三智を浄むるなり。一師とは、即ち一実諦なり。二十四戒とは、逆順の十二因縁、道共戒[11]を発するなり。呪とは、嘱対《しょくたい》[12]なり。『瓔珞《ようらく》』に十二因縁に十種有ることを明かす[13]。即ち一百二十支有り。一呪一支は、束《つか》ねて之れを言わば、秖だ是れ三道なり。苦、業、煩悩を謂う。今、此の因縁を呪するは、即ち是れ三道を呪して、懺悔《さんげ》を論ず。事懺《じせん》は苦道・業道を懺し、理《り》

（1）定慧――禅定と智慧のこと。
（2）尸羅――śīla の音写語。戒と翻訳する。

(3)五色蓋――青・黄・赤・白・黒の五色の天蓋のこと。
(4)子縛――煩悩が我を束縛すること。
(5)繒旛――絹の旗ぼこの意。
(6)助道――道＝覚りを助けること。
(7)寂滅忍――『仁王般若経』巻上、菩薩教化品（T8, 826b）に出る五忍の一つで、煩悩を断じて寂静に安住する第十地、および仏果において得られる。忍は真理の認識の意。
(8)七覚――七覚分、七覚支、七菩提分のこと。三十七道品の構成要素の一つ。覚分（bodhyaṅga）は、悟りへ導く要素の意。択法・精進・喜・軽安・捨・定・念の七種をいう。
(9)三観――空観・仮観・中観を指す。
(10)三障――煩悩障・業障・報障を指す。
(11)道共戒――無漏定に入って無漏心が生じている間だけ得られる戒のこと。
(12)嘱対――『講義』には、「嘱は、属に作る可し。方術の理に称《かな》いて差《たが》わざるを謂う」とある。
(13)瓔珞明十二因縁有十種――『菩薩瓔珞本業経』巻上、賢聖学観品、「仏子、五入法界智観。所謂十六諦。有諦・無諦・中道第一議諦・苦諦・集諦・滅諦・道諦・相諦・差別諦・視成諦・説諦・事諦・生起諦・尽無生諦・入道諦・如来智諦。五明論、一切法尽在一念心中一時行。現無量身一切仏土、受仏法化故。仏子、六達有法縁故起智。所謂十十二因縁。十種照。一我見十二縁、二心為十二縁、三無明十二縁、四相縁由十二縁、五助成十二縁、六三業十二縁、七三世十二縁、八三苦十二縁、九性空十二縁、十縛生十二縁。逆順観故現無量身、入一切仏土、化一切衆生故」（T24, 1015a17-28）を参照。

14 a

懺《せん》は煩悩道を懺す。文に云わく、「沙弥戒、乃至、大比丘戒を犯さんに、若し還って生ぜずば、是の処《ことわり》有ること無し」[1]と。即ち業道を懺するの文なり。眼・耳の諸根清浄とは、即ち苦道を懺するの文なり。「第七日に十方の仏を見、法を聞きて不退転を得」[2]とは、即ち煩悩道を懺するの文なり。三障去れば、即ち十二因縁の樹は壊す。亦た是れ五陰の舎は空なり。実相を思惟して、正しく此れを破す。故に諸仏の実法の懺悔と名づくるなり。

勧修とは、諸仏の得道は、皆な此の法に由る。是れ仏の父母、世間無上の大宝なり。若し能く修行せば、全分の宝を得。但だ能く読誦せば、中分の宝を得。華香《けこう》を供養せば、下分の宝を得。仏は文殊と下分の宝を説くも、尽くすこと能わざる所なり。況んや中・上をや。若し地従り宝を積みて梵天に至り、以て仏に奉るとも、持経の者に一食を施して躯《からだ》に充《み》てしむるに如《し》かず。『経』に広く説くが如し[3]、云云。

『法華』に約して、亦た方法、勧修を明かす。方法とは、身の開・遮、口の説・黙、意の止・観なり。

(1) 文云犯沙弥戒乃至大比丘戒若不還生無有是処――『大方等陀羅尼経』巻第四、「爾時文殊師利、即従座起、偏袒右肩、右膝著地、而白仏言、世尊、若比丘於世尊去世之後、若毀四重、若比丘尼毀犯八重、若菩薩若沙弥・沙弥尼・優婆塞・優婆夷、若毀如是一一諸戒、所犯重罪当云何滅。仏言、嗚呼善哉。文殊師利、乃能請問如是等事。汝慈悲勝、故能発是問。汝若不発是問、我終不説彼悪世比丘所犯之過。善哉、善哉。文殊師利、汝今諦聴。当為汝説。我去世後、若有悪律儀比丘毀四重禁、黙然而受檀越供養、而不改悔。当知是比丘必受地獄苦、而無疑也」（T21, 656a29-b10）を参照。

（2）第七日見十方仏聞法得不退転――『大方等陀羅尼経』巻第三、「復次文殊師利、若有善男子・善女人、於第七日分中、在於道場、至心礼敬摩訶袒持陀羅尼経、莫作余念。但当至心諦聴諦受。莫念妻子象馬七珍。莫以妄想乱其善心。令一生空過、無所得也。唐喪其功、不離諸悪。文殊師利、夫為行者、但応至心作如上念。爾時当有十方一切諸仏世尊、在於虚空。一一諸仏或将一恒河沙者。或将二恒河沙者、或三恒河沙者、或一万恒河沙者、或二万恒河沙者、或三万恒河沙者、或十万恒河沙者、或二十万恒河沙者、或三十万恒河沙者、或六十・七十・八十・九十、乃至一百・二百・三百・四百・五百・六百・七百・八百・九百、乃至不可計不可数大衆、集在道場。爾時大衆互相覩見、皆有三十二相、身如閻浮檀金。一一仏土各現其前、以種種珍宝、間錯荘厳、一切諸国未有得」（同前、653b18-c4）を参照。

（3）諸仏得道皆由此法是仏父母世間無上大宝若能修行得全分宝但能読誦得中分宝華香供養得下分宝仏与文殊説下分宝所不能尽況中上耶若従地積宝至梵天以奉於仏不如施持経者一食充躯如経広説――『大方等陀羅尼経』巻第二、「善男子、以是因縁、当知此経有無量威神功徳之力。以是因縁、我今語汝、受持此経。我去世後、此経若在閻浮提内、即是衆生大珍宝也。若能修行・受持・読誦、当知是人全用宝者。若復有人但能読誦、当知是人得中分宝。若以種種塗香・末香・花繒・幡蓋而供養者、当知是人得下分宝」（同前、647c22-28）、同、「若復有人持四天下、以積珍宝、至于梵天、以供於我、不如有人与彼受持経者一食充躯」（同前、649a18-20）を参照。

身は開して十と為す。一に道場を厳浄《ごんじょう》[1]し、二に身を浄め、三に三業もて供養し、四に仏に請い、五に仏を礼し、六に六根懺悔[2]し、七に遶旋《にょうせん》[3]し、八に誦経し、九に坐禅し、十に証相[4]なり。別に一巻有りて『法華三昧』と名づく[5]。是れ天台師の著わす所にして、世に流伝す。行者は之れを宗とせよ。此れは即ち説・黙を兼ぬ。復た別に論ぜず。

意の止・観とは、『普賢観』に云わく、「専ら大乗を誦して、三昧に入らず、日夜六時に六根の罪を懺す[6]」と。安楽行品に云わく、「諸法に於いて行ずる所無く、亦た不分別を行ぜず[7]」と。二経[8]は本と相い成ずることを為す。豈に文に執して、拒み競う可けんや。蓋《けだ》し乃ち縁の為めに前後互いに出だすのみ。碩《おお》いに異なるに非ざるなり。安楽行品の護持、読誦、解説、深心礼拝等[9]は、豈に事に非ずや。『観経』に、無相の懺悔を明かす。「我が心は自ら空にして、罪福に主無し。慧日《えにち》は能く消除す[10]」と。豈に理に非ずや。南岳師の云わく、「有相の安

(1) 厳浄——清潔に荘厳すること。
(2) 六根懺悔——六根によって犯した罪を懺悔すること。

(3)遶旋――仏像の周囲をめぐり歩くこと。

(4)証相――実相を証得すること。

(5)別有一巻名法華三昧――『法華三昧懺儀』一巻(T46, 949b-955c)を指す。

(6)普賢観云専誦大乗不入三昧日夜六時懺六根罪――『観普賢菩薩行法経』、「作是願已、昼夜六時礼十方仏、行懺悔法、誦大乗経、読大乗経、思大乗義、念大乗事、恭敬供養持大乗者、視一切人猶如仏想、於諸衆生如父母想」(T9, 390b8-11)を参照。

(7)安楽行品云於諸法無所行亦不行不分別――『法華経』安楽行品、「若菩薩摩訶薩住忍辱地、柔和善順而不卒暴、心亦不驚。又復於法無所行、而観諸法如実相、亦不行不分別、是名菩薩摩訶薩行処」(同前、37a17-20)を参照。

(8)二経――『観普賢菩薩行法経』と『法華経』を指す。

(9)安楽行品護持読誦解説深心礼拝等――『法華経』安楽行品、「又文殊師利、菩薩摩訶薩於後末世法欲滅時、受持・読誦斯経典者、無懐嫉妬諂誑之心、亦勿軽罵学仏道者、求其長短。若比丘・比丘尼・優婆塞・優婆夷・求声聞者・求辟支仏者・求菩薩道者、無得悩之令其疑悔、語其人言、汝等去道甚遠、終不能得一切種智。所以者何。汝是放逸之人、於道懈怠故。又亦不応戯論諸法、有所諍競。当於一切衆生起大悲想、於諸如来起慈父想、於諸菩薩起大師想、於十方諸大菩薩、常応深心恭敬礼拝。於一切衆生、平等説法、以順法故、不多不少、乃至深愛法者、亦不為多説」(同前、38b2-14)を参照。

(10)観経明無相懺悔我心自空罪福無主慧日能消除――『観普賢菩薩行法経』、「如是法相、不生不滅。何者是罪。何者是福。我心自空、罪福無主」(同前、392c25-27)、同、「一切業障海　皆従妄想生　若欲懺悔者　端坐念実相　衆罪如霜露　慧日能消除　是故応至心　懺悔六情根」(同前、393b10-13)を参照。

楽行」[1]と。豈に事理に就いて、是の如き名を得るに非ずや。特に是れ行人は、事に渉りて六根懺を修して、悟入の弄引《ろういん》[2]と為す。故に有相と名づく。若しは直ちに一切法空を観じて、方便と為す者あり。故に無相と言う。妙に証するの時、悉ごとく皆な両《ふた》つながら捨つ。若し此の意を得ば、二経に於いて疑い無し。

今、文に歴て観を修す。六牙の白象と言うは、是れ菩薩の無漏の六神通なり。牙に利《するど》き用《ゆう》有り。通の捷疾《しょうしつ》[3]なるが如し。象に大力有るは、法身の荷負《かふ》[4]を表わす。無漏無染《ぜん》なる、之れを称して白と為す。頭上に三人あり。一は金剛杵《こんごうしょ》を持し、一は金剛輪を持し、一は如意珠を持するは、三智、無漏の頂に居《こ》するを表わす、云云。杵《きね》もて象に擬《ぎ》[5]するに能く行くは慧、行を導くを表わし、輪の転ずるは出仮《しゅっけ》[6]を表わし、如意は中を表わす。牙の上に池有り。八解[7]は是れ禅の体、通は是れ定の用なることを表わす。体・用は相い離れざるが故に、牙の端に池有り。池の中に華14b有り。華は妙因を表わす。神通力を以て仏国土を浄め、衆生を利益するは、即ち是れ因なり。若し因は通従[8]り生ずること、華の池に由って発《ひら》くが如し。華の中に女有り。女は慈を表わす。若し無縁の慈[9]無くば、豈に能く神通力を以て、身を促《つづ》めて小ならしめて、此の娑婆に入らん。通は慈に由りて運ぶこと、華の女を擎《ささ》ぐるが如し。女の楽器を執るは、四摂《ししょう》[10]を表わすなり。慈は身・口を修めて、種種の同事・利行を現じ、財・法の二施[11]もて物[12]を引くこと多端[13]なるは、五百

（1）南岳師云有相安楽行無相安楽行――『法華経安楽行義』、「云何名為安楽行。云何復名四安楽。云何復名二種行。一者無相行、二者有相行」（T46, 700a9-11）、同、「菩薩学法華　具足二種行　一者無相行　二者有相行」（同前、698a20-21）を参照。

（2）弄引――正説にたとえられる弄（歌曲の意）を引き出すものの意で、方便の意となる。

（3）捷疾――すばやいようす。

（4）荷負――重荷を担うこと。

（5）擬――あてがうこと。

（6）出仮――仮《け》に出ること。具体的には、菩薩が衆生救済の活動をすることを意味する。「入仮」（仮に入る）ともいう。

（7）八解――八解脱のこと。八背捨ともいう。初禅・二禅・四禅・四無色定（空無辺処定・識無辺処定・無所有処定・非想非非想処定）・滅尽定を指す。

（8）通――神通力のこと。

（9）無縁慈――縁＝対象のないことを無縁という。対象を持たない絶対平等の仏の大慈悲を無縁の慈という。

（10）四摂――四摂法、四摂事ともいい、布施、愛語、利行、同事のこと。衆生を救い取る四種の方法のこと。

（11）財法二施――財施（財物を布施すること）と法施（教えを与えること）のこと。

（12）物――衆生の意。

（13）多端――仕事が多いこと。

の楽器の音声無量なるが如し。喜見[1]の身を示すは、是れ普現色身三昧[2]なり。宜楽する所[3]に随いて為めに之れを現ず。未だ必ずしも純《もっぱ》ら白玉の像と作らず。語言陀羅尼[4]とは、即ち是れ慈は口に熏じて、種種の法を説くなり。皆な法華三昧の異名なるのみ。此の意を得れば、象の身の上に於いて自在に法門を作すなり。[5]

勧修とは、『普賢観』に曰わく、「若し七衆[6]、戒を犯して、一弾指の頃に、百千万億阿僧祇劫の生死の罪を除滅せんと欲せば[7]、菩提心を発し、煩悩を断ぜずして涅槃に入り、五欲を離れず

（1）喜見——衆生が喜んで見ること。
（2）普現色身三昧——あらゆる身体を現わし示す三昧のこと。「現一切色身三昧」とも訳す。『法華経』妙音菩薩品に

は「現一切色身三昧」（T9, 56b18）と出る。現一切色身は sarvarūpa-saṃdarśana の訳語。

（3）所宜楽――「宜しき所」と「楽《ねが》う所」の意で、便宜や願いを指す。

（4）語言陀羅尼――『法華経』薬王菩薩本事品には、「我先供養仏已、得解一切衆生語言陀羅尼、復聞是法華経八百千万億那由他甄迦羅頻婆羅阿閦婆等偈」（同前、53b27-29）とあり、一切衆生の言葉を理解することのできる陀羅尼の意味である。

（5）言六牙白象者是菩薩無漏六神通牙有利用如通之捷疾象有大力表法身荷負無漏無染称之為白頭上三人一持金剛杵一持金剛輪一持如意珠表三智居無漏頂云云杵擬象能行表慧導行輪転表出仮如意表中牙上有池表八解是禅体通是定用体用不相離故牙端有池池中有華華表妙因以神通力浄仏国土利益衆生即是因因従通生如華由池発華中有女女表慈若無無縁慈豈能以神通力促身令小入此娑婆通由慈運如華擎女女執楽器表四摂也慈修身口現種種同事利行財法二施引物多端如五百楽器音声無量也示喜見身者是普現色身三昧也随所宜楽而為現之未必純作白玉之像語言陀羅尼者即是慈熏口説種種法也皆法華三昧之異名得此意於象身上自在作法門也――『観普賢菩薩行法経』、「以智慧力化乗白象、其象六牙……於六牙端、有六浴池、一一浴池中、生十四蓮華、与池正等、其華開敷、如天樹王。一一華上、有一玉女、顔色紅輝、有過天女、手中自然化五箜篌。一一箜篌有五百楽器以為眷属……其象頭上有三化人。一捉金輪、一持摩尼珠、一執金剛杵。挙杵擬象、象即能行」（同前、389c29-390a17）を参照。

（6）七衆――比丘・比丘尼・優婆塞・優婆夷・沙弥・沙弥尼・式叉摩那を指す。

（7）欲一弾指頃除滅百千万億阿僧祇劫生死之罪者――『観普賢菩薩行法経』、「其有衆生昼夜六時礼十方仏、誦大乗経、思第一義甚深空法、一弾指頃除去百万億（底本の「億億」を宋・元・明の三本によって「億」に改める）阿僧祇劫生死之罪」（同前、393c5-7）を参照。

して諸根を浄め、障の外の事を見んと欲せば、[1]分身《ふんじん》・多宝・釈迦仏を見んと欲せば、[2]法華三昧の一切語言陀羅尼を得て、[3]如来の室に入り、如来の衣を著し、如来の座に坐し、[4]天龍八部衆の中に於いて、法を説かんと欲せば、[5]文殊・薬王の諸の大菩薩、華香を持して、空中に住立し、侍奉《じぶ》することを得んと欲せば、[6]応当《まさ》に此の法華経を修習し、大乗を読誦し、大乗の事を念じ、[7]此の空慧をして心と相応せしめ、[8]諸の菩薩の母を念ずべし。無上の勝方便は、実相を思う従り生ず。[9]衆罪は霜露の如く、慧日能く消除す」[10]と。此の如きの諸事を成辦《じょうべん》して、[11]具足せざる

(1)欲発菩提心不断煩悩而入涅槃不離五欲而浄諸根見障外事――『観普賢菩薩行法経』、「時三大士異口同音而白仏言、世尊、如来滅後、云何衆生起菩薩心、修行大乗方等経典、正念思惟一実境界。云何不失無上菩提之心。云何復当不断煩悩、不離五欲、得浄諸根、滅除諸罪。父母所生清浄常眼、不断五欲而能得見諸障外事」(T9, 389c4-9)を参照。「障外事」は、衝立《ついたて》の外の事柄の意。

(2)欲見分身多宝釈迦仏者――『観普賢菩薩行法経』、「阿難、若比丘・比丘尼・優婆塞・優婆夷・天龍八部・一切衆生誦大乗経者・修大乗者・発大乗意者・楽見普賢菩薩色身者・楽見多宝仏塔者・楽見釈迦牟尼仏及分身諸仏者・楽得六根清浄者、当学是観。此観功徳、除諸障礙、見上妙色、不入三昧、但誦持故、専心修習、心心相次、不離大乗、一日至三七日、得見普賢」(同前、389c17-24)を参照。

(3)得法華三昧一切語言陀羅尼――『法華経』妙音菩薩品、「法華三昧」(同前、55a27)、同、薬王菩薩本事品、「説是薬王菩薩本事品時、八万四千菩薩得解一切衆生語言陀羅尼」(同前、55a3-5)を参照。

（4）入如来室著如来衣坐如来座――『法華経』法師品、「是善男子・善女人、入如来室、著如来衣、坐如来座。爾乃応為四衆広説斯経。如来室者、一切衆生中大慈悲心是。如来衣者、柔和忍辱心是。如来座者、一切法空是。安住是中、然後以不懈怠心、為諸菩薩及四衆広説是法華経」（同前、31c23-28）を参照。

（5）於天龍八部衆中説法者――前ページ注2を参照。

（6）欲得文殊薬王諸大菩薩持華香住立空中侍奉者――『観普賢菩薩行法経』、「仏告阿難、汝今持是懺悔六根観普賢菩薩法、普為十方諸天世人広分別説。仏滅度後、仏諸弟子若有受持・読誦・解説方等経典、応於静処、若在塚間、若林樹下、阿練若処、誦読方等、思大乗義。念力強故、得見我身及多宝仏塔、十方分身無量諸仏・普賢菩薩・文殊師利菩薩・薬王菩薩・薬上菩薩恭敬法故、持諸妙華住立空中、讃歎恭敬行持法者。但誦大乗方等経故、諸仏・菩薩昼夜供養是持法者」（同前、393b14-23）を参照。

（7）応当修習此法華経読誦大乗念大乗事――『観普賢菩薩行法経』、「作是願已、昼夜六時礼十方仏、行懺悔法、誦大乗経、読大乗経、思大乗義、念大乗事、恭敬供養持大乗者、視一切人猶如仏想、於諸衆生如父母想」（同前、390b8-11）を参照。

（8）令此空慧与心相応――『観普賢菩薩行法経』、「若欲除滅令無過患、還為比丘具沙門法、当勤修読方等経典、思第一義甚深空法、令此空慧与心相応」（同前、394a11-14）を参照。

（9）念諸菩薩母無上勝方便従思実相生――『観普賢菩薩行法経』、「当誦大乗経　念諸菩薩母　無量勝方便　従思実相得」（同前、393b7-8）を参照。

（10）衆罪如霜露慧日能消除――『観普賢菩薩行法経』、「衆罪如霜露　慧日能消除」（同前、393b12）を参照。

（11）成辦――物事を成し遂げること。

こと無し。「能く此の経を持つ者は、則ち我れを見、亦た汝を見、亦た多宝、及び分身を供養し、諸仏をして歓喜せしむることを得と為す」[1]と。『経』に広く説くが如し[2]。誰か是の如き法を聞きて、菩提心を発せざらんや。彼の不肖の人、癡瞑《ちみょう》[3]無智の者を除くのみ。

14c

5.1.2.2.1.4. 非行非坐三昧

5.1.2.2.1.4.1. 通じて名を釈し観境を立つ

四に非行非坐三昧とは、上は一向に行と坐を用う。此れは既に上に異なるは、四句を成ぜんが為めの故に、非行非坐と名づく。実には行・坐、及び一切の事に通ず。而して南岳師は呼んで随自意と為す[4]。意は起こるに、即ち三昧を修するなり。『大品』には、「覚意三昧」と称す[5]。意は趣向するに、皆な覚識すること明了なり。復た三名ありと雖も、実は是れ一法なり。

今、『経』に依りて名を釈す。覚とは、照了なり。意とは、心数《しんじゅ》[6]なり。三昧とは、前に釈するが如し。行者は心数の起こる時、反照《ほんじょう》[7]観察するに、動転の根源、終末、来処、去処を見ず、故に覚意と名づく。諸数は無量なり。何が故に意に対して覚を論ずるや。諸法の源を窮むるに、皆な意に由りて造る。故に意を以て言の端と為す。境に対して覚知すること木石に異なるを、名づけて心と為す。次に心の籌量《ちゅうりょう》するを、名づけて意と為す。了了[8]に別知[9]するを、名づけて識と為す。是の如く分別するは、心・想・見の倒[10]の中に堕す。豈に名づけて覚と為さんや。覚とは、心の中に意有るに非ず、亦た意有らざるに非ず、心の中に識有るに非ず、亦た識有らざるに非ず、意の中に心有るに非ず、亦た心有らざるに非ず、意の中に識有るに非ず、亦た識有ら

(1)能持此経者則為得見我亦見於汝亦供養多宝及分身令諸仏歓喜――『法華経』如来神力品、「能持是経者　則為已見我　亦見多宝仏　及諸分身者　又見我今日　教化諸菩薩　能持是経者　令我及分身　滅度多宝仏　一切皆歓喜　十方現在仏　并過去未来　亦見亦供養　亦令得歓喜」（T9, 52b12-18）を参照。

(2)如経広説――前記の注のように、『観普賢菩薩行法経』と『法華経』のさまざまな箇所から引用して作文している。

(3)癡瞑――愚かなこと。

(4)南岳師呼為随自意――慧思には、『随自意三昧』一巻（X55 所収）がある。

(5)大品称覚意三昧――『大品般若経』巻第三、勧学品、「菩薩摩訶薩欲入覚意三昧、当学般若波羅蜜」（T8, 233a8-9）を参照。智顗には、『釈摩訶般若波羅蜜覚意三昧』一巻（T46 所収）がある。

(6)心数――心王に対して、心の作用をいう。新訳では、心所と翻訳する。

(7)反照――方向を逆転して照らす、つまり自己を照らすことを意味する。

(8)了了――明瞭なようす。

(9)別知――区別して認識すること。

(10)心想見倒――心、想念、誤った見解の倒錯の意。

ざるに非ず、識の中に意有るに非ず、亦た意有らざるに非ず、識の中に心有るに非ず、亦た心有らざるに非ずと了知す。心と意と識は一に非ざるが故に、三の名を立て、三に非ざるが故に一性と説く。若し名も名に非ずと知らば、則ち性も亦た性に非ず。名に非ざるが故に三ならず、性に非ざるが故に一ならず。三に非ざるが故に散ならず、一に非ざるが故に合ならず。合ならざるが故に有ならず、散ならざるが故に空ならず。有に非ざるが故に常ならず、空に非ざるが故に断ならず。若し常・断を見ずば、終《つい》に一異を見ず。

若し意を観ぜば、即ち心・識を摂す。一切の法も亦た爾なり。若し意を破せば、無明は則ち壊し、余使[1]も皆な去る。故に諸法は多しと雖も、但だ意を挙げて以て三昧を明かす。観ずれば則ち調直なり。故に覚意三昧と言うなり。随自意、非行非坐は、此れに準じて解す可し。

5.1.2.2.1.4.2.　別して解釈す

5.1.2.2.1.4.2.1.　諸経に約す

此れに就いて四と為す。一に諸経に約し、二に諸善に約し、三に諸悪に約し、四に諸の無記に約す。

諸経の行法にして、上の三に摂せざる者は、即ち随自意に属す。且《しば》らく『請観音』に約して、其の相を示さば、静処《じょうしょ》に於いて道場を厳《かざ》り、旛《ばん》・蓋《がい》・香・灯[2]あり、弥陀の像、観音、勢至[3]の二菩薩の像を請じて、西方に安んず。[4]楊枝・浄水を設け、若しは便利[5]左右には香を以て身に塗り、

（1）余使――その他の煩悩の意。
（2）旛蓋香灯――旛ぼこ・天蓋・香・灯火の意。
（3）勢至――観音菩薩とともに、阿弥陀仏の脇侍である勢至菩薩のこと。
（4）且約請観音示其相於静処厳道場旛蓋香灯請弥陀像観音勢至二菩薩像安於西方――『請観音経』（『請観世音菩薩消伏毒害陀羅尼呪経』）、「爾時世尊告長者言、去此不遠、正主西方。有仏世尊名無量寿。彼有菩薩名観世音及大勢至、恒以大悲、憐愍一切、救済苦厄。汝今応当五体投地、向彼作礼、焼香散華、繫念数息、令心不散。経十念頃、為衆生故、当請彼仏及二菩薩。説是語時、於仏光中、得見西方無量寿仏并二菩薩。如来神力、仏及菩薩倶到此国、往毘舎離、住城門閫。仏二菩薩、与諸大衆、放大光明、照毘舎離、皆作金色。爾時毘舎離人、即具楊枝浄水、授与観世音菩薩。大悲観世音、憐愍救護一切衆生故、而説呪曰、普教一切衆生而作是言。汝等今者応当一心称、南無仏・南無法・南無僧・南無観世音菩薩摩訶薩。大悲大名称救護苦厄者。如此三称三宝、三称観世音菩薩名、焼衆名香、五体投地、向於西方、一心一意、令気息定。為免苦厄、請観世音」（T20, 34c4-21）を参照。
（5）便利――屎尿を排泄すること。

15a

澡浴清浄にして、[1]新浄の衣を著す。[2]斎日《さいにち》[3]に建首せよ。[4]当に正しく西方に向かいて、五体を地に投じ、三宝、七仏、[5]釈尊、弥陀、三陀羅尼、[6]二菩薩、[7]聖衆《しょうじゅ》[8]を礼せよ。[9]礼し已りて胡跪《こき》[10]し、焼香・散華し、至心《ししん》に運想する[11]こと、常の法の如く[12]すべし。供養し已りて、身を端《ただ》し心を正しくして、結跏趺坐し、念を繋け息を数う。十息を一念と為し、十念成就し已らば、起ちて香を焼く。[13]衆生の為めの故に、三遍、上の三宝を請ず。請じ竟《お》わりて、三たび三宝の名を称《とな》え、加えて観世音を称う。十指掌《じゅうししょう》を合わせ、[14]四行の偈[15]を誦し竟わりて、又た三篇の呪を誦す、或いは一遍、或いは七遍、時の早晩を看る。呪を誦し竟わりて、披陳懺悔す。自ら犯す所を憶《おぼ》えて、発

（1）以香塗身澡浴清浄——『請観音経』、「以灰塗身、澡浴清浄」（T20, 35c3-4）を参照。「澡浴」は、洗い清めること。

（2）著新浄衣——『法華経』安楽行品、「以油塗身　澡浴塵穢　著新浄衣　内外倶浄　安処法座　随問為説」（T9, 38a10-12）を参照。

（3）斎日——六斎日のこと。毎月、八日・十四日・十五日・二十三日・二十九日・三十日の六日間に、在家者は八斎戒（在家の五戒とアクセサリーを身につけず歌舞を見ないこと、高くて大きなベッドで寝ないこと、昼を過ぎて食事をとらないこと）を守らなければならない。

（4）建首——初日に適宜処理すること。具体的には、六斎日のいずれかの日を初日として非行非坐三昧の修行を実行すること。

(5)七仏――毘婆尸仏《びばしぶつ》、尸棄仏《しきぶつ》、毘舎浮仏《びしゃぶぶつ》、拘留孫仏《くるそんぶつ》、倶那含牟尼仏《くなごんむにぶつ》、迦葉仏、釈迦牟尼仏の過去の七仏を指す。

(6)三陀羅尼――消伏毒害陀羅尼・破悪業障陀羅尼・六字章句陀羅尼を指す。『国清百録』巻第一、「一心頂礼消伏毒害陀羅尼・破悪業障陀羅尼・六字章句陀羅尼」(T46, 795b29-c1)を参照。

(7)二菩薩――観音菩薩と勢至菩薩を指す。

(8)聖衆――声聞、縁覚、菩薩などの聖者の集まりの意。

(9)斎日建首当正向西方五体投地礼三宝七仏釈尊弥陀三陀羅尼二菩薩聖衆――本書一六九ページ注4を参照。

(10)胡跪――右膝を地につけ、左膝を立てて敬礼すること。

(11)運想――思いをめぐらすこと。

(12)常法――通常の仕方の意。

(13)供養已端身正心結跏趺坐繫念数息十息為一念十念成就已起焼香――『請観音経』、「云何当得見観世音菩薩及十方仏。若欲得見、端身正心、使心不動、心気相続。以左手置右手上、挙舌向腭、令息調匀、使気不麁不細安祥、徐数従一至十、成就息念、無分散意。使気不麁。亦不外向、不澁不滑。如嬰児飲乳吸気嗽之、不青不白、調和得中。従於心端四十脈下取一中脈、令気従中安隠得至十四脈中。従大脈生、至於舌下。復従舌脈出至於舌端。不青不白、不黄不黒、如琉璃器、正長八寸。至於鼻端、還入心根、令心明浄」(T20, 36c6-16)を参照。

(14)合十指掌――両手の十指をそろえて掌をあわせる合掌のこと。

(15)四行偈――『請観音経』、「願救我苦厄　大悲覆一切　普放浄光明　滅除癡暗冥　為免殺害苦　煩悩及衆病　必来至我所　施我大安楽　我今稽首礼　聞名救厄者　我今自帰依　世間慈悲父　唯願必定来　免我三毒苦　施我今世楽　及与大涅槃」(同前、34c22-29)を参照。

露洗浣し已りて、上の請ずる所を礼す。礼し已りて、一人は高座に登り、此の経文を、若しは唱え、若しは誦し、余人は諦《あき》らかに聴け。午前、初夜、その方法は此の如し。余時は常の儀の如くす。若し闕略《けつりゃく》[1]を嫌わば、経を尋ねて補益《ほやく》[2]すべし、云云。

『経』に、「眼は色と相応す。云何んが摂住《しょうじゅう》せん。乃至、意は攀縁《はんえん》[3]と相応す。云何んが摂住せん」と云うとは、[4]『大集《だいじゅう》』に云わく、「心の如くに住す」[5]と。「如」とは、即ち空なり。此の文は、一一に皆な如実の際に入る。[6]即ち是れ如は空の異名なるのみ。

地に堅無しとは、若し地は是れ有なりと謂わば、有は即ち実、実は是れ堅の義なり。若し地は是れ無、是れ亦有亦無、非有非無なりと謂わば、是の事は実にして、皆な是れ堅の義なり。今、畢竟《ひっきょう》不可得なることを明かすは、其の堅性を亡《もう》ずるなり。水性は住せずとは、謂わく、水を有と為さば、有は即ち是れ住なり。乃至、水は是れ非有非無なりと謂うも、亦た即ち是れ住なり。今は有の四句に住せず、亦た無の四句の中にも住せず、亦た不可説の中にも住せず。故に水性は住せずと言う。風性は無礙《むげ》なりとは、風を観じて有と為さば、有は即ち是れ礙なり。乃至、風は非有非無なりと謂わんも、亦た無の四句無し。故に風性は無礙なりと言う。[7]火大は実ならずとは、火は自従《じょ》り生ぜず、乃至、無因従り生ぜず、本《も》と自性無し。縁に頼りて有るが故に、実ならずと言う。色を観ずること既に爾れば、受・想・行・識も一一皆な如実の際に入る。

陰を観ずること既に爾れば、十二因縁は谷の響きの如く、芭蕉の堅さ、[8]露《つゆ》・電《いなづま》等の如し。

一時に念を運《めぐら》せて空観を成ぜしめ、勤めて修習して相応することを得しむべし。観慧の本は、

（1）闕略――省略すること。
（2）補益――補い増やすこと。
（3）攀縁――縁＝対象をよじ登ること。対象によって心が働きを起こすこと、認識の対象の意。
（4）経云眼与色相応云何摂住乃至意与攀縁相応云何摂住――『請観音経』、「云何数息。唯願尊者、為我解説。眼眼識与色相応。云何摂住。耳耳識与声相応。云何摂住。鼻鼻識与香相応。云何摂住。舌舌識与味相応。云何摂住。意意識与攀縁相応。云何摂住。諸顚倒想与顚倒相応。云何摂住。色声香味触与細滑相応。云何摂住。而此識賊如獼猴走、遊戯六根、遍縁諸法。云何摂住」（T20, 37a1-8）を参照。「摂住」は、包摂して留めること。
（5）大集云如心住――『大方等大集経』巻第二十、相品、「修善思惟如法住　如是二事亦復難」（T13, 141c10）を参照。
（6）此文一一皆入如実之際――『請観音経』、「一一性相同於水火風等、皆悉入於如実之際」（T20, 37a11-12）を参照。「如実之際」は、真実の根拠の意。
（7）火大――火の元素のこと。地・水・火・風の四大（四種の元素）の一つ。
（8）芭蕉堅――「芭蕉」は、植物の名。幹と思われるところを切っても、葉ばかりで、木質部がないので、実体のない空のたとえとして用いられる。芭蕉には実際には堅さがない。

闕《か》く可からざるなり。

15b 銷伏《しょうぶく》毒害陀羅尼は、能く報障を破す。毘舎離《びしゃり》の人が平復すること本の如し。[1] 破悪業陀羅尼は、能く業障を破す。梵行を破する人も糞穢《ふんえ》を蕩除《とうじょ》して、清浄なることを得しむ。[2] 六字章句陀羅尼は、能く煩悩障を破す。三毒の根を浄めて、仏道を成ずること疑い無し。六字は即ち是れ六観世音なり。[3] 能く六道の三障を破す。所謂る大悲観世音は、地獄道の三障を破す。此の道は苦重し。宜しく大悲を用うべし。大慈観世音は、餓鬼道の三障を破す。此の道は飢渇《けかち》す。宜しく大慈を用うべし。師子無畏観世音は、畜生道の三障を破す。獣王は威猛《いみょう》なり。[4] 宜しく無畏を用うべきなり。大光普照観世音は、阿修羅道の三障を破す。其の道は猜《そね》み忌《い》み嫉《ねた》み疑う。偏えに宜しく普照を用うべし。天人丈夫観世音は、人道の三障を破す。人道に事理有り。事は憍《きょう》慢《まん》を伏《ぶく》すれば、天人と称し、理は則ち仏性を見るが故に、丈夫と称す。大梵深遠観世音は、天道の三障を破す。梵は是れ天主なれば、主を標して臣を得るなり。六観世音を広くすれば、即ち是れ二十五三昧なり。[5] 大悲は即ち是れ無垢三昧、大慈は即ち是れ心楽三昧、師子は即ち是れ

（1）毘舎離人平復如本――『請観音経』、「白仏言、世尊、如此神呪、乃是十方三世無量諸仏之所宣説。誦持此呪者、常為諸仏・諸大菩薩之所護持、免離怖畏・刀杖・毒害及与疾病、令得無患。説是語時、毘舎離人平復如本。爾時世

尊憐愍衆生、覆護一切。重請観世音菩薩、説消伏毒害陀羅尼呪。爾時観世音菩薩、大悲熏心、承仏神力、而説破悪業障消伏毒害陀羅尼呪」（T20, 35a16-23）を参照。

（2）破梵行人蕩除糞穢令得清浄――『請観音経』、「一切怖畏、一切毒害、一切悪鬼・虎狼・師子聞此呪時、口即閉塞、不能為害。破梵行人、作十悪業、聞此呪時、蕩除糞穢、還得清浄。設有業障・濁悪・不善、称観世音菩薩誦持此呪、即破業障、現前見仏」（同前、35b8-13）を参照。

（3）六観世音――六趣の観世音菩薩の名称は本文に出る通りであるが、この出典として、『七仏八菩薩所説大陀羅尼神呪経』巻第一、「観世音、師子無畏音、大慈柔軟音、大梵清浄音、大光普照音、天人丈夫音、能施衆生楽済度生死岸」（T21, 541b8-10）、『陀羅尼雑集』巻第七、「南無観世音　能施無畏力　一切和雅音　勇猛師子音　大梵清浄音　大慈妙法音　天人大丈夫　能施衆生楽　滅除無明使　済度生死海　今我等帰依　如是大神力」（同前、618b24-29）を参照。

（4）威猛――強く勇ましいようす。

（5）二十五三昧――『南本涅槃経』巻第十三、聖行品、「得無垢三昧、能壊地獄有。得無退三昧、能壊畜生有。得心楽三昧、能壊餓鬼有。得歓喜三昧、能壊阿修羅有。得日光三昧、能断弗婆提有。得月光三昧、能断瞿耶尼有。得熱炎三昧、能断鬱単越有。得如幻三昧、能断閻浮提有。得一切法不動三昧、能断四天処有。得難伏三昧、能断三十三天処有。得悦意三昧、能断炎摩天有。得青色三昧、能断兜率天有。得黄色三昧、能断化楽天有。得赤色三昧、能断他化自在天有。得白色三昧、能断初禅有。得種種三昧、能断大梵王有。得双三昧、能断二禅有。得雷音三昧、能断三禅有。得澍雨三昧、能断四禅有。得如虚空三昧、能断無想有。得照鏡三昧、能断浄居阿那含有。得無礙三昧、能断空処有。得常三昧、能断識処有。得楽三昧、能断不用処有。得我三昧、能断非想非非想処有」（T12, 690b4-21）を参照。

不退三昧、大光は即ち是れ歓喜三昧、丈夫は即ち是れ如幻等の四の三昧、[1] 大梵は即ち是れ不動等の十七の三昧なり。自ら之れを思いて見る可し、云云。

此の経は三乗の人の懺悔に通ず。若し自調自度[2]にして諸の結賊[3]を殺さば、阿羅漢を成ず。若し福厚く利根にして、無明、行等を観ぜば、縁覚道を成ず。若し大悲を起こさば、身は瑠璃の如くにして、毛孔《もうく》より仏を見、首楞厳[4]を得て不退転に住す[5]。諸の大乗経に、此の流類《るるい》有り。或いは七仏・八菩薩の懺[6]、或いは虚空蔵は八百日に厠《かわや》を塗り[7]、此の如き等は皆な是れ随自意の摂なり、云云。

5.1.2.2.1.4.2.2. 諸善に約す

二には、諸善に歴るに、即ち二と為す。先に四運を分別し、次に衆善に歴るなり。初めに四運を明かさば、夫《そ》れ心識は形無くして、見る可からず。四種の相に約して分別す。未念《みねん》・欲念《よくねん》・念・念已《ねんい》[8]を謂う。未念は心の未だ起こらざるに名づけ、欲念は心の起こらんと欲

（1）四三昧——日光三昧・月光三昧・熱炎三昧・如幻三昧を指す。
（2）自調自度——自分で調え自分で救済すること。

（3）結賊――煩悩を賊にたとえた表現。

（4）首楞厳――śūraṃgama の音写語。健相、健行、一切事竟などと訳す。三昧の名。

（5）此経通三乗人懺悔若自調自度殺諸結賊成阿羅漢若福厚根利観無明行等成縁覚道若起大悲身如瑠璃毛孔見仏得首楞厳住不退転――『請観音経』、「時優波斯那聞是語已、身如水火得四大定、通達五陰空無所有、殺諸結賊豁然意解、得阿羅漢、身中出火、即自砕身、入般涅槃。時舎利弗収其舎利、於上起塔已、為仏作礼白仏言、世尊、仏説禅定第一甘露無上法味。若有服者、身如琉璃毛孔見仏」（T20, 37a12-18）、同、「又念過去八十万劫、有仏世尊名一切世間勝、十号具足。彼仏世尊為我演説如上章句。我即数息使心不散、爗然意（底本の「音」を、文意によって「意」に改める）解、消伏結使、得無生法忍、住首楞厳三昧」（同前、38a4-7）を参照。

（6）七仏八菩薩懺――『七仏八菩薩所説大陀羅尼神呪経』四巻（T21, 536b-561b）を参照。「七仏」は、過去七仏のことで、本書一七一ページ注5を参照。「八菩薩」については、『輔行』巻第二之二、「一文殊、二虚空蔵、三観世音、四救脱、五跋陀和、六大勢至、七堅勇、八釈摩男」（T46, 196c11-12）を参照。

（7）虚空蔵八百日塗廁――『観虚空蔵菩薩経』、「若無空声使知毘尼者、夢見虚空蔵菩薩告言、毘尼薩、毘尼薩、某甲比丘、某甲優婆塞、更令懺悔。一日、乃至七七日、礼三十五仏、虚空蔵菩薩力故、汝罪軽微。知法者、復教令塗治圊廁、経八百日。日日告言、汝作不浄事、汝今一心塗一切廁、莫令人知。塗已澡浴、礼三十五仏、称虚空蔵。向十二部経、五体投地、説汝過悪。如是懺悔、復経三七日。爾時智者応集親厚、於仏像前、称三十五仏名、称文殊師利、称賢劫菩薩、為其作証、更白羯磨、如前受戒法」（T13, 677c12-22）を参照。

（8）未念欲念念念已――「未念」はまだ思念していないこと、「欲念」は、思念しようとすること、「念」は思念しつつあること、「念已」は思念したことを指す。

15 c

するに名づけ、念は正しく境を縁じて住するに名づけ、念已は境を縁ずること謝するに名づく。若し能く此の四を了達[1]せば、即ち一相・無相に入る。

問う。未念は未だ起こらず、已念は已に謝す。此の二は、皆な心無し。心無ければ、即ち相無し。云何んが観ず可き。

答う。未念は未だ起こらずと雖も、畢竟して無きに非ず。人の未だ作作せざるに、後に便ち作作するが如し。未だ作作せざるを以ての故に、便ち人無しと言う可からず。若し定んで人無くば、後に誰か作作せん。未だ作作せざる人有るを以て、則ち将《まさ》に作作有らんとす。心も亦た是の如し。未念に因《よ》るが故に、欲念有ることを得。若し未念無くば、何ぞ欲念有ることを得ん。是の故に未念は未だ有らずと雖も、畢竟して念無きことを得ず。念已は滅すと雖も、亦た観察す可し。人の作し竟わるが如きは、無と言うことを得ず。若し定んで人無くば、前に誰か作作せん。念已の心滅することも亦復た是の如し。永く滅すと言うことを得ず。若し永く滅せば、則ち是れ断見なり。因無く果無し。是の故に念已は滅すと雖も、亦た観ずることを得可し。

問う。過去は已に去り、未来は未だ至らず、現在は住せず。若し三世を離れば、即ち別の心無し。何等の心をか観ずる。

答う。汝が問いは非なり。若し過去は永く滅せば、畢竟して知る可からず。未来は未だ起らざれば、知る可からず。現在は住すること無ければ、知る可からず。云何んが諸の聖人は、三世の心を知らん。鬼神すら尚お自他の三世を知る。云何んが仏法の行人にして断滅、亀毛・兎角[2]の見を起こさんや。当に知るべし、三世の心は定実[3]無しと雖も、亦た知ることを得可し。故に偈に云わく、「諸仏の説く所は空なりと雖も、亦た断ならず、相続すれども、亦た常ならず。罪福も亦た失せず」[4]と。若し断滅を起こさば、盲の色に対するが如く、仏法の中に於いて、正観の眼無く、空しく獲る所無し。行者は既に心に四相[5]有りと知れば、心の起こす所の善悪の諸念に随って、住著無きの智を以て、反照観察するなり。

(1)了達——精通すること。
(2)亀毛兎角——『南本涅槃経』巻第三十二、迦葉菩薩品、「四者畢竟名無、如兎角・亀毛」(T12, 816c29-817a1)、『大智度論』巻第一、「神人、一切種、一切時、一切法門中、求不可得。譬如兎角亀毛常無」(T25, 61a25-27)を参照。
(3)定実——固定的な実体の意。
(4)偈云諸仏之所説雖空亦不断相続亦不常罪福亦不失——『大智度論』巻第一、「仏法中亦無有一法能作・能見・能知。如説偈、有業亦有果　無作業果者　此第一甚深　是法仏能見　雖空亦不断　相続亦不常　罪福亦不失　如是法仏説」(同前、64c5-10)を参照。
(5)四相——未念・欲念・念・念已を指す。本書一七七ページ注8を参照。

次に善事に歴るに、善事は衆多《しゅた》なるも、且らく六度に約す。若し諸塵有らば、須らく六受[1]を捨つべし。若し財物無くば、須らく六作《ろくさ》[2]を運ぶべし。捨・運共に論ずるに、十二事[3]有り。

初めに眼の色を受くる時を論ずるに、未見・欲見・見・見已の四運の心は皆な見る可からず、亦た見ざることを得ず。又た反《かえ》って色を覚するの心を観ずるに、外従り来たらず。外より来たらば我れに於いて預《あずか》ること無し。内従り出でず、内従り出ずれば、因縁を待たず。既に内外無ければ、亦た中間無し。常自《つね》に有らず。当に知るべし、色を覚すれば、畢竟空寂なり。所観の色は空と等しく、能観の色は盲と等し。乃至、意の法を縁ずるも、未縁・欲縁・縁・縁已の四心は皆な不可得なり。反って法を覚するの心を観ずるに、外より来たらず、内より出でず、法塵無く、法者無く、悉ごとく空と等し。是れ六受を覚する観と為す、云云。眼根、色塵、空明[4]に、各おの見無く、亦た分別無し。

16a
因縁和合して眼識を生じ、眼識の因縁は意識を生じ、意識生ずる時、即ち能く分別す。意識に依れば、則ち眼識有り。眼識は能く見、見已りて貪を生ず。色に貪染して、受くる所の戒を毀《やぶ》る。此れは是れ地獄の四運なり。意は実に色を愛すれども、覆諱《ふい》[5]して不《いな》なりと言う。此れは鬼道の四運なり。色に於いて著を生じて、我・我所を計するは、畜生の四運なり。我が色と他の色において、我は勝れ他は劣れりとするは、阿修羅の四運なり。他は我れに色を恵み、与えざれば取らず。此の色の上に於いて、仁、譲、貞、信、明等の五戒[6]、十善を起こすは、人天の四運なり。四運心を観ずるに、心相は生滅して心心は住せず、心心に三受あり、心心は自在ならず、心心、因縁に属するは、二乗の四運なり。

己《おの》が四運を観ずるに、過患《かげん》[7]は此の如し。他の四運を観ずるも、亦復た是の如し。即ち慈悲を起こして、六度を行ず。所以は何ん。六受の塵の性相は此の如し。無量劫来、頑愚に保著して、捨つること能わず、捨つるも、亡ずること能わず。今、塵も塵に非ずと観ずれば、塵に於いて受無く、根も根に非ずと観ずれば、己に於いて著すること無し。人得ること叵《かた》しと観じて、亦

(1)六受――眼触受・耳触受・鼻触受・舌触受・身触受・意触受のこと。
(2)六作――行・住・坐・臥・語黙・作作（行為、仕事の意）のこと。
(3)十二事――本文に出る「六受」と「六作」を合わせたもの。
(4)空明――空観と明るさの意。
(5)覆諱――覆い避けること。
(6)仁譲貞信明等五戒――仁は不殺生戒、譲は不偸盗戒、貞は不婬戒、信は不妄語戒、明は不飲酒戒にそれぞれ対応する。
(7)過患――過ち・憂いの意。

た受者無し。三事[1]は皆な空なるを、檀波羅蜜と名づく。『金剛般若』に云わく、「若し色、声、香、味、触、法に住して布施せば、是れ住相の布施と名づく。人は闇に入れば、則ち見る所無きが如し。声・味に住せずして布施するは、是れ無相の布施なり。人の目有りて、日の光明らかに照らすに、種種の色を見るが如し」[2]と。直ちに相を見ずと言うは、略して猶お解し難し。今、色の有相、無相、亦有無相、非有無相を見ず、処処の著相の若きは、之れを引いて出ずることを得しめ、六十二見[3]を起こさざるを、乃ち無相の檀と名づく。彼岸に到り、一切の法、檀に趣きて、摩訶衍《まかえん》[4]を成ずるは、是れ菩薩の四運なり。

又た四運を観ずるに、虚空と等しきは、即ち常なり、四運を受けざるは、即ち楽なり、四運の為めに業を起こさざるは、即ち我なり、四運の染すること能わざるは、即ち浄なり。是れ仏法の四運なり。

是の如く四運は空なりと雖も、空の中に具さに種種の四運を見る。乃至、遍く恒沙《ごうじゃ》の仏法を見て摩訶衍を成ず。是れ仮名《けみょう》の四運と為す。

若し空ならば、応に十法界を具すべからず。法界は因縁従り生ずれば、体は復た有に非ず。有に非ざるが故に空、空に非ざるが故に有、空有を得ざれば、双べて空有を照らす。三諦は宛《おん》然《ねん》として仏知見を備え、四運心に於いて具足して明了なり。声・香・味・触・法の五受の四運

16b 心を観じて、円かに三諦不可思議を覚することも亦復た是の如し。前に準じて知る可し。復た煩わしくは記《しる》さず。

摩訶止観巻第二上

(1)三事——施者・受者・施物を指す。

(2)金剛般若云若住色声香味触法布施是名住相布施如人入闇則無所見不住声味布施是無相施如人有目日光明照見種種色——『金剛般若経』、「是故須菩提、菩薩応離一切相、発阿耨多羅三藐三菩提心、不応住色生心、不応住声香味触法生心、応生無所住心。若心有住、則為非住。是故仏説、菩薩心不応住色布施。須菩提、菩薩為利益一切衆生、応如是布施。如来説、一切諸相、即是非相。又説、一切衆生、則非衆生。須菩提、如来是真語者・実語者・如語者・不誑語者・不異語者。須菩提、如来所得法、此法無実無虚。須菩提、若菩薩心住於法而行布施、如人入闇則無所見。若菩薩心不住法而行布施、如人有目、日光明照、見種種色」(T8, 750b20-c3)を参照。

(3)六十二見——六十二種の誤った外道の見解。

(4)摩訶衍——mahāyāna の音写語。大乗の意。

摩訶止観 巻第二下

隋の天台智者大師説く
門人の灌頂記す

次に六作を観じて檀を行ずとは、未念行・欲行・行・行已を観ずるに、四運の遅速は皆な不可得なり。亦た不可得を見ず。反《かえ》って覚心を観ずるに、外より来たらず、内より出でず、中間にならず、常自《つね》に有ならず。行無く、行者無く、畢竟空寂なり。而も心は運役《うんやく》[1]するに由るが故に、去来《こらい》有り、或いは戒を毀《こぼ》たんが為めに、或いは他を誑《たぼら》かさんが為めに、或いは眷属の為めに、或いは彼れに勝らんが為めに、或いは義譲[2]の為めに、或いは善・禅[3]の為めに、或いは涅槃の為めに、或いは慈悲の為めに、六塵を捨てて六作を運ぶ。方便去来、挙足《こそく》下足、皆な幻化の如く、恍惝《こうりょう》[4]虚忽《ここつ》[5]として、能を亡《もう》じ所を亡じ、千里の路も、謂って遙かなりと為さず、数歩の地も謂って近しと為さず、凡《およ》そ作す所有れば、其の功を唐《むなし》くせず、其の報を望まず。此の如く壇に住して、一切恒沙《ごうじゃ》の仏法を摂成《しょうじょう》[6]し、摩訶衍を具して、能く彼岸に到る。

又た、一運の心を観ずるに、十法は具足[7]す。一も定んで一ならざるが故に、十と為ることを得。十も定んで十ならざるが故に、一と為すことを得。一に非ず十に非ず、双《なら》べて一と十を照らす。一念の心の中に三諦を具足す。住、坐、臥、語黙、作作も亦復た是の如し。前に準じて知る可し。故に『法華』に、「又た、仏子は、名衣上服《みょうえじょうぶく》、以用《もっ》て布施し、以て仏道を求むるを見る」と云うは、(8)即ち此の義なり。

(1) 運役——働かせる、使役するの意。
(2) 義譲——大義に基づく謙譲の意。
(3) 善禅——「善」は十善のことで、十悪（殺生・偸盗・邪婬・妄語・両舌・悪口・綺語・貪欲・瞋恚・邪見）を離れること。「禅」は、色界の四禅を指す。
(4) 悦懦——『輔行』巻第二之三には、「悦懦者、無形不実貌」（T46, 200a13）とあり、『講義』には、「悦懦謂恍惚将忘念」とある。ここでは前者にしたがう。
(5) 虚忽——空しくすべて忘れること。
(6) 摂成——包摂し成就すること。
(7) 十法——十法界（地獄界・餓鬼界・畜生界・阿修羅界・人界・天界・声聞界・縁覚界・菩薩界・仏界）のこと。
(8) 法華云又見仏子名衣上服以用布施以求仏道——『法華経』序品、「或見菩薩　餚饍飲食　百種湯薬　施仏及僧　名衣上服　価直千万　或無価衣　施仏及僧　千万億種　栴檀宝舎　衆妙臥具　施仏及僧　清浄園林　華菓茂盛　流泉浴池　施仏及僧　如是等施　種種微妙　歓喜無厭　求無上道」（T9, 3b9-15）を参照。

前は十二事[1]に約して、共に檀[2]を論ず。今、一一の事に約して、各各六[3]を論ぜん。

16c 行者は行く時、大悲の眼を以て衆生を観る[4]に、衆生の相を得ず。衆生は菩薩に於いて怖畏無きことを得、是れ行の中の檀と為す。衆生に於いて傷損[5]する所無く、罪福の相を得ず。是れ尸《し》と名づく。行く時、心想は起こらず、亦た動揺無く、住処有ること無く、陰・入・界等も亦た悉ごとく動ぜざるは、是れ忍と名づく。行く時、挙足下足を得ず、心に前思・後覚無く、一切法の中に、生・住・滅無きことは、是れ精進と名づく。身心に生死・涅槃を得ず、一切法の中に受・念・著[6]無く、味せず乱せざるは、是れ禅と名づく。行く時、頭等の六分[7]は、雲の如く影・夢・幻・響・化の如く[8]、生・滅、断・常無く、陰・入・界も、空寂にして縛無く脱無きは、是れ般若と名づく。具さには『首楞厳』の中に広く説くが如し[9]。

(1) 十二事――六塵（六境）と六作を合わせたもの。

（2）檀――dāna の音写語。布施と漢訳する。
（3）六――六波羅蜜を指す。
（4）大悲眼観衆生――『勝天王般若波羅蜜経』巻第二、念処品、「菩薩摩訶薩行般若波羅蜜、利益衆生故、入城邑聚落、持鉢乞食。何以故。菩薩摩訶薩大悲熏心、如実観察貧苦衆生、令得富楽、受彼供養。若入邑聚、威儀斉整、心正不乱、善摂諸根、前視六尺、双犁軛地、如法乞食、次第而往、不越貧家、以量受食、終不長取、於所得中、更開一分、擬施供養。何以故。信施難銷、為生福故」（T8, 698b11-18）を参照。
（5）傷損――傷つけ損うこと。
（6）受念著――感受・思念・執著の意。
（7）六分――頭・両手・両足・胴体を指す。
（8）如影夢幻響化――『大品般若経』巻第一、序品、「従阿僧祇劫以来、発大誓願、顔色和悦、常先問訊、所語不麁、於大衆中、而無所畏。無数億劫、説法巧出、解了諸法如幻、如焰、如水中月、如虚空、如響、如揵闥婆城、如夢、如影、如鏡中像、如化、得無閡無所畏、悉知衆生心行所趣、以微妙慧而度脱之。意無罣閡、大忍成就、如実巧度」（同前、217a18-25）を参照。「化」は、神通力によって作り出されたもの。
（9）具如首楞厳中広説――『首楞厳三昧経』巻上、「堅意、是菩薩以一切波羅蜜熏身心故、於念念中常生六波羅蜜。堅意、菩薩云何於念念中生六波羅蜜。堅意、是菩薩一切悉捨、心無貪著。是檀波羅蜜。心善寂滅、畢竟無悪、是尸波羅蜜。知心尽相、於諸塵中而無所傷、是羼提波羅蜜。勤観択心、知心離相、是毘梨耶波羅蜜。畢竟善寂、調伏其心、是禅波羅蜜。観心知心、通達心相、是般若波羅蜜。堅意、菩薩住首楞厳三昧。如是法門念念皆有六波羅蜜」（T15, 633b26-c6）を参照。

又た、行の中に寂然として定の相有り。若し之れを察せずば、定に於いて染を生じ、禅味[1]に貪著す。今、定心を観ずるに、心に尚お心無し。定は何処にか在らん。当に知るべし、此の定は顛倒《てんどう》従り生ず。是の如く観ずる時、空と及与《およ》び不空とを見ず。即ち定の相を破し、貪著を生ぜず。方便を以て生ずるは、是れ菩薩の解なり。行者は未だ悟らざれば、或いは我が能観の心を計して、是れ妙慧なりと謂い、慧に著して自ら高くす。是れ智障と名づく。彼の外道に同じく、解脱することを得ず。即ち反って能観の心を照らすに、住処を見ず、亦た起滅無し、畢竟して観者、及び非観者有ること無し。観者は既に無ければ、誰か諸法を観ぜん。心を観ずる者を得ざれば、即ち観想[2]を離る。『大論』に、「念想の観は已に除こり、戯論《けろん》の心は皆な滅す。無量の衆罪は除こり、清浄の心は常に一なり。是の如き尊妙の人は、則ち能く般若を見る」と云い、[3]『大集』に、「心心を観ず」と云うは[4]、即ち此の意なり。

是の如き行の中には、三三昧《さんざんまい》[5]を具す。初めの観に、一切種種の有相を破して、内外を見ざるは、即ち空三昧なり。次の観に能く空相を壊するを無相三昧と名づけ、後の観に作者を見ざるは、即ち無作三昧なり。又た、三倒[6]・三毒[7]を破して、三有[8]の流れを越え、四魔の怨《おん》を伏《ぶく》して、波羅蜜を成ず。法界を摂受して、一切の法門を増長《ぞうじょう》し具足す。豈に止《た》だ六度・三三昧のみならんや。若し行の中に於いて、一切の法を具足せば、余の十一の事も亦復た是の如し。

（1）禅味——禅の境地を食物の味にたとえた表現。

（2）観想——観察の想念の意。

（3）大論云念想観已除戯論心皆滅無量衆罪除清浄心常一如是尊妙人則能見般若——『大智度論』巻第十八、「般若波羅蜜　実法不顚倒　念想観已除　言語法亦滅　無量衆罪除　清浄心常一　如是尊妙人　則能見般若」（T25, 190b20-23）を参照。

（4）大集云観於心心——『大方等大集経』巻第二十八、無尽意菩薩品、「云何観三世方便。若念過去己身他身、善不善心・心数法、不善心法、呵責毀呰、善心数法、悉以迴向無上菩提。是名菩薩観過去方便。若未来世心・心数法、一向専念菩提之道、若起善心、願悉迴向無上菩提、所有不善心・心数法、不令入心。発如是願、是名菩薩未来方便。若現在世心・心数法、善思惟等所作諸業、悉以迴向無上菩提。是名菩薩観現在方便。作如是方便、是名菩薩観三世方便」（T13, 198a9-18）を参照。「心心」は、心王と心数（心作用）の意。

（5）三三昧——空三昧・無相三昧・無作三昧を指す。

（6）三倒——心・想・見の三種の顚倒。

（7）三毒——貪欲・瞋恚・愚癡の三種の根源的な煩悩。

（8）三有——欲有・色有・無色有を指す。

17a

次に更に六塵の中に歴て、競持《きょうじ》[1]謹潔《こんけつ》[2]なること、油の鉢を擎《ささ》げて一滞《いったい》[3]をも傾けざるが如し。[4]又た、六作の中に於いて、威儀粛粛として、進退に序有り。但だ持戒と名づくるのみ。持戒の果報は、升出して楽を受くるも、是れ三昧に非ず、波羅蜜と名づけず。若し観慧を得ば、十二事に於いて、尸羅《しら》は自ら成ず。

謂わく、未見色、欲見、見、見已の四運心を観じて、種種に推求《すいぐ》するに、所起の心を得ず、亦た能観の心を得ず。内外ならず、去来無く、寂として生滅無し〔其の一〕。

能く是の如く観じて、身・口の七支[5]の浄きこと虚空の若くなるは、是れ不欠《ふけつ》・不破《ふは》・不穿《ふせん》の三種の律儀戒《りつぎかい》[6]を持つなり。四運の諸の悪覚観を破するは、即ち不雑戒《ふぞうかい》を持つなり。四運の乱す所と為らざるは、即ち定共戒《じょうぐかい》を持つなり。四運心の起こらざるは、即ち道共戒《どうぐかい》を持つなり。種種の四運を分別して滞ること無きは、即ち無著戒《むじゃくかい》を持つなり。四運を分別して謬《あやま》らざるは、即ち智所讃戒《ちしょさんかい》を持つなり。四運に一切の法を摂すと知るは、即ち大乗自在戒を持つなり。四運の四徳[7]を識るは、即ち究竟戒[8]を持つなり〔其の二〕。

心は既に明浄にして、双《なら》べて二辺を遮すれば、正しく中道に入りて、双べて二諦を照らす。不思議の仏の境界は、具足して減ずること無し〔其の三〕。

色者・色法・受者[9]は、不可得なり。三事皆な亡ずるは、即ち檀なり。色・色者に於いて、心

（1）競持——競り合って戒を持つこと。

（2）謹潔——廉潔に身を慎み持すること。

（3）渧——水滴の意。

（4）如擎油鉢一渧不傾——『南本涅槃経』巻第二十、光明遍照高貴徳王菩薩品、「善男子、譬如世間有諸大衆満二十五里。王勅一臣、持一油鉢、経由中過、莫令傾覆。若棄一渧、当断汝命。復遣一人、抜刀在後、随而怖之。臣受王教、尽心堅持、経歴爾所大衆之中、雖見可意五邪欲等、心常念言、我若放逸、著彼邪欲、当棄所持、命不全済。是人以是怖因縁故、乃至不棄一渧之油。菩薩摩訶薩亦復如是。於生死中、不失念慧。以不失故、雖見五欲、心不貪著」（T12, 740a8-17）を参照。

（5）身口七支——不殺生・不偸盗・不邪婬の身の三支と不妄語・不両舌・不悪口・不綺語の口の四支を合わせた七支。

（6）不欠不破不穿三種律儀戒——『大智度論』巻第二十二には、清浄戒・不欠戒・不破戒・不穿戒・不雑戒・自在戒・不著戒・智者所讃戒が出る（T25, 225c28-226a1）。また、巻第八十七には、聖戒・無欠戒・無隙戒・無瑕戒・無濁戒・無著戒・自在戒・智者所讃戒・具足戒・随定戒が出る（同前、667c24-25）。

（7）四徳——常・楽・我・浄の四種の徳を指す。

（8）究竟戒——『法華文句』巻第三上、「次又見具戒下、第三一行問戒。威儀無欠、即是初不欠戒。浄如宝珠。即是第十究竟戒。中間可解。十戒如玄義中説」（T34, 31c24-26）を参照。「究竟戒」は、『大智度論』に出ないが、「第十」とあるので、『大智度論』の十戒の第十「随定戒」に対応すると思われる。

（9）色者色法受者——「色者」は見る主体の識、「色法」は見る対象の色、「受者」は認識して受け納めることの意。

を安んじて動ぜざるを、忍と名づく。色・色者に於いて無染無間《むぜんむけん》[1]なるを、毘梨耶《びりや》[2]と名づく。色・色者の乱す所と為らざるを、禅と名づく。色・色者は幻の如く化の如くなるを、般若と名づく。色・色者は虚空の如くなるを空三昧と名づけ、此の空を得ざるを無相三昧と名づけ、能無く所無き[3]を無作三昧と名づく。何ぞ但だ三諦・六度・三空[4]のみならんや。一切恒沙の仏法も皆な例して解す可し。色塵を観ずることは既に爾れば、余の五塵も亦た然り。六受・六作も亦た是の如し。『法華』に、「又た、仏子の威儀具足して、以て仏道を求むるを見る」と云う[5]は、即ち此の義なり。

次に忍善に歴るは、還って作・受に約するに、皆な違・順有り。順は是れ可意《かい》[6]、違は不可意なり。違に於いて瞋《いか》らず、順に於いて愛せず、見無く、見者無く、作無く、作者無きこと、皆な上に説くが如し。

次に精進の善に歴るは、旧《く》に云わく、「精進に別の体無し。但だ衆行を篤《あつ》くす[7]」と。義もて之れを推するに、応に別の体有るべし。例せば無明は通じて衆《もろもろ》の使に入れども、更に別に無明有り。今、且らく誦経して其の心を勤策《ごんさく》[8]するに寄せて、以て精進に擬す。昼夜に虧《か》けざれば、乃ち滑利《かつり》[9]なることを得れども、三昧の慧に非ず。今、気息を観ずるに七処に触れ、和合して声を出だすこと響の如し。内に非ず、外に非ず、能誦・所誦無し。悉ごとく四運を以て推検《すいけん》して、

17b
塵に於いて受者を起こさず、縁に於いて作者を生ぜず。煩悩は間《まじ》わらずして誦説し、念念に大涅槃海に流入するは、是れ精進と名づく、云云。

(1)無間――隔てがないこと。
(2)毘梨耶――vīrya の音写語。精進と漢訳する。
(3)無能無所――主体もなく対象もないこと。
(4)三空――空・無相・無作の三三昧のこと。
(5)法華云又見仏子威儀具足以求仏道――『法華経』序品、「又見仏子　未嘗睡眠　経行林中　懃求仏道　又見具戒威儀無欠　浄如宝珠　以求仏道」(T9, 3b1-4)を参照。
(6)可意――心にかなうこと。
(7)旧云精進無別体但篤衆行――『大智度論』巻第八十一、「住毘梨耶波羅蜜取檀波羅蜜者、菩薩初用精進門、入諸波羅蜜中、勤行五波羅蜜、身心精進、不休不息、精進更無異体。住是精進中、不畏阿鼻泥梨苦。何況余苦」(T25, 629b4-8)を参照。
(8)勤策――熱心に策励すること。
(9)滑利――滞りなくすらすらといくこと。

次に諸禅に歴るに、根本[1]・九想・背捨[2]等は但だ是れ禅にして、波羅蜜に非ず。入定の四運を観ずるに、尚お心さえ見ず。何れの処にか定有らん。即ち禅の実相に達し、禅を以て一切の法を摂す。故に『論』の第五に、八想を解し竟わりて、十力・四無所畏の一切の法を明かす[3]。諸の論師は玄旨[4]に達せずして、咸《み》な「『論』は誤れり。未だ応に此れを説くべからず」と謂う。此れは是れ『論』の主は八想を明らかにするに、摩訶衍の相と作すが故に、広く諸法を釈するのみ、云云。

次に智慧に歴るとは、『釈論』には八種に般若を解す[5]、云云。今且らく世智[6]に約して、用て六受・六作を観ず。四運もて世智を推するに得回《がた》きこと皆な上に説くが如し。余の一切の善法に約するに、亦た是の如し。

問う。若し一法に一切の法を摂せば、但だ観を用いて即ち足るのみ。何ぞ須らく止を用うべけん。一度にして即ち足る。何ぞ五度を用いんや。

答う。六度は宛転《おんでん》[7]して相い成ず。甲を被《こうむ》りて陣に入るが如く、密ならざる可からず、云云。観は灯の如く、止は密室の如し。衣を浣《あら》い[8]、草を刈る等[9]、云云。又た、般若を法界と為すに、遍く一切を摂す。亦た余法を須いず。余法を法界と為すも、亦た一切を摂す。亦た般若を須いず。又た、般若は即ち諸法、諸法は即ち般若にして、二無く別無し、云云。

（1）根本――根本禅、根本定ともいう。本書七五ページ注6を参照。
（2）背捨――八背捨のこと。本書三四ページ注5を参照。
（3）論第五解八想竟明十力四無所畏一切法――『大智度論』巻第四十八（『大品般若経』の引用部分）にある、十力・四無所畏についての説明（T25, 407a-b）を参照。
（4）玄旨――奥深い趣旨の意。
（5）釈論八種解般若――『大智度論』巻第十一に、「般若波羅蜜是何等法」（同前、139a26）についての八人の説が紹介されていることを指す（同前、139a-140a）。
（6）世智――世俗、世間の智慧の意。
（7）宛転――ぐるぐる回ること。
（8）浣衣――『南本涅槃経』巻第二十九、師子吼菩薩品、「善男子、菩薩摩訶薩具足二法、能大利益。一定、二智。善男子、如刈菅草執急則断。菩薩摩訶薩修是二法亦復如是。善男子、如抜堅木、先以手動、後則易出。菩薩定慧亦復如是。先以定動、後以智抜。善男子、如浣垢衣、先以灰汁、後以清水、衣則鮮潔。菩薩定慧亦復如是。善男子、如先読誦、後則解義。菩薩定慧亦復如是」（T12, 793c24-794a2）を参照。
（9）刈草――『大智度論』巻第七十六、「仏雖答、須菩提未達仏意、更問、如仏所説、菩薩不応空法作証。今入空中、云何不作証。仏答、以深入故、能不作証。具足者、即是深入。譬如執菅草、捉緩則傷手、若急捉則無傷。菩薩亦如是。深入空故、知空亦空、涅槃亦空、故無所証。復次菩薩未入空時、作是思惟。我応遍観諸法空、不応不具足知而取証。是故不専心摂念入禅、繫在空縁中。所以者何。若専心繫在空縁中、則心柔軟、不能従空自出」（T25, 594a3-12）を参照。

5.1.2.2.1.4.2.3. 諸悪に約す

三に随自意を以て諸の悪事に歴るとは、夫れ善悪は定まること無し。諸蔽《しょへい》[1]を悪と為し、事度[2]を善と為すが如きは、人天の報尽きて、還って三塗に堕す。已に復た是れ悪なり。何を以ての故に。蔽・度は倶に動出に非ず、体は皆な是れ悪なればなり。二乗の苦を出ずるは、之れを名づけて善と為す。二乗は善なりと雖も、但だ能く自ら度するは、善人の相に非ず。『大論』に云わく、「寧ろ悪癩《あくらい》[3]・野干《やかん》[4]の心を起こすとも、声聞・辟支仏《びゃくしぶつ》の意を生ぜざれ」[5]と。当に知るべし、生死・涅槃は倶に復た是れ悪なることを。六度の菩薩、慈悲もて兼済《けんさい》[6]するは、此れは乃ち善と称す。能く兼済すと雖も、毒器に食を貯え、食すれば則ち人を殺すが如く[7]、已に復た是れ悪なり。三乗同じく断ずるは、此れは乃ち好と称す。而も別理[8]を見ざれば、還って二辺に属す。無明は未だ吐かざれば、已に復た是れ悪なり。別教を善と為し、別理を見ると雖も、猶お方便を帯して理に称《かな》うこと能わず。『大経』に云わく、「此れよりの前は、我れ等は皆な邪見の人と名づくるなり」[9]と。邪は豈に悪に非ずや。唯だ円の法のみを、名づけて善と為す。善く実相に順ずるを、名づけて道と為し、実相に背くを、非道と名づく。若し諸の悪は悪に非ず、皆な是

(1)諸蔽――六蔽は、六波羅蜜を妨げる六種の悪心のことで、慳心・破戒心・瞋恚心・懈怠心・乱心・癡心をいう。『大品般若経』巻第一、序品、「菩薩摩訶薩欲不起慳心・破戒心・瞋恚心・懈怠心・乱心・癡心者、当学般若波羅蜜」(T8, 220b10-11)に対する『大智度論』巻第三十三の注、「是六種心悪、故能障蔽六波羅蜜門。……菩薩行般若波羅蜜力、故能障是六蔽、浄六波羅蜜。以是故説、若欲不起六蔽、当学般若波羅蜜」(T25, 303c26-304b6)を参照。

(2)事度――具体的な波羅蜜の意。

(3)悪癩――古漢語としては、重い皮膚病の一種。

(4)野干――ジャッカルを指す。

(5)大論云寧起悪癩野干心不生声聞辟支仏意――『大智度論』巻第十六、「無愧・無慚・饕餮因縁故、受烏鵲・鵄鷲諸鳥之形。軽慢善人故、受鷄・狗・野干等身。大作布施、瞋恚・曲心、以此因縁故、受諸龍身。大修布施、心高陵虐、苦悩衆生、受金翅鳥形」(同前、175a25-29)を参照。

(6)兼済――もと、広く万物に恵みを与える意で、『荘子』列御寇に出るが、仏教では、自利と利他を兼ねること、自己と他者を兼ねて救済することで、菩薩道を指示する用語として用いられる。

(7)如毒器貯食食則殺人――『大智度論』巻第二十七、「若言至坐道場、一切煩悩及習倶断、是語亦非。所以者何。若菩薩具有三毒者、云何能集無量仏法。譬如毒瓶、雖著甘露、皆不中食。菩薩集諸純浄功徳、乃得作仏。若雑三毒、云何能具足清浄仏法」(同前、262a2-6)を参照。

(8)別理――別教の理を指す。

(9)大経云自此之前我等皆名邪見人也――『南本涅槃経』巻第七、四倒品、「迦葉菩薩白仏言、世尊、我従今日始得正見。世尊、自是之前、我等悉名邪見之人」(T12, 648a27-28)を参照。

17c
れ実相なりと達せば、即ち非道を行じて仏道に通達す[1]。若し仏道に於いて著を生ぜば、甘露[2]を消せず、道も非道と成る。此の如く善悪を論ずれば、其の義は則ち通なり[3]。

今、別に就いて善悪を明かさば、事度は是れ善、諸蔽を悪と為す。善法に観を用うること已に上に説くが如し。悪に就いて観を明かすことは、今当に説くべし。前に善を観ずと雖も、其の蔽は息《や》まず、煩悩は浩然《こうねん》[4]として、時として起こらざること無し。若し他を観ずるも、悪も亦た無量なり。故に一切世間は楽しむ可からずとの想《そう》[5]を修する時は、即ち好《よ》き人を見ず、好き国土無し。純《もっぱ》ら諸の蔽悪《へいあく》にして、自ら纏裹《てんか》[6]す。縦《たと》い全く蔽有らざるも、偏えに不善を起こし、或いは慳貪《けんどん》多く、或いは犯戒《ぼんかい》多く、瞋多く、怠多く、酒味を嗜《たしな》むこと多く、根性は奪い易く、必ず過患《かげん》有り、其れ誰か失無けん。出家して世を離るるも、行は猶お備わらず、白衣《びゃくえ》[7]の欲を受くれば、行道の人に非ず。悪は是れ其の分なり。羅漢に残習《ざんじゅう》[8]あり。何《いか》に況《いわ》んや凡夫をや。凡夫は若し悪蔽を縦《ほしいまま》にせば、摧折俯墜《さいしゃくふつい》[9]して、永く出ずる期《ご》無し。当に悪の中に於いて観慧を修すべし。

仏世の時の在家の人の如きは、妻を帯し子を挟み、官方の俗務[10]は皆な能く道を得たり。央掘《おうくつ》摩羅《まら》は弥いよ殺して弥いよ慈あり[11]。祇陀《ぎだ》・末利《まつり》は唯だ酒、唯だ戒なり[12]。和須蜜多《わしゅみった》は婬にして而

（1）行於非道通達仏道――『維摩経』巻中、仏道品、「爾時文殊師利問維摩詰言、菩薩云何通達仏道。維摩詰言、若

菩薩行於非道、是為通達仏道」（T14, 548c29-549a2）を参照。

(2) 甘露――amṛta の訳語。不死、天酒の意。神々の飲料としてのソーマ酒を指し、これを飲むと不死を得るとされた。仏教では、仏の教え、涅槃をたとえる言葉として用いられる。中国では天から降る甘い露で、仁政や天下泰平の吉瑞とされる。

(3) 通――共通性の意。

(4) 浩然――広大なようす。

(5) 一切世間不可楽想――『大品般若経』巻第一、序品、「十想。無常想・苦想・無我想・食不浄想・一切世間不可楽想・死想・不浄想・断想・離欲想・尽想」（T8, 219a11-13）を参照。

(6) 纏裹――まとわり包む、束縛すること。

(7) 白衣――在家の人の意。

(8) 残習――残りの習気《じっけ》の意。習気とは、煩悩を断じた後にも残る煩悩の影響力をいう。

(9) 摧折俯墜――挫折し、転落すること。

(10) 官方俗務――官庁の世俗的な仕事の意。

(11) 央掘摩羅弥殺弥慈――『央掘魔羅経』巻第一に、千人の者を殺して婆羅門に生まれることができるという師の命令に従って、央掘魔羅が九百九十九人を殺した後に釈尊に出会うことが説かれる（T2, 512b-c を参照）。「央掘摩羅」は、Aṅgulimālya の音写語。指鬘と漢訳する。

(12) 祇陀末利唯酒唯戒――祇陀太子と末利夫人の飲酒と破戒に功徳のあることを説く『未曾有因縁経』巻下（T17, 585a-c）を参照。

も梵行あり、[1]提婆達多は邪見にして即ち正なり。[2]若し諸悪の中、一向に是れ悪にして道を修することを得ずば、此の如き諸人は、永く凡夫と作らん。悪の中に道有るを以ての故に、衆《もろもろ》の蔽を行ずと雖も、聖と成ることを得。故に知んぬ、悪も道を妨げざることを。

又た、道も悪を妨げず。須陀洹の人は婬欲転た盛んなるも、[3]畢陵《ひつりょう》は尚お慢なるも、[4]身子は瞋《いか》りを生ずるも、[5]其の無漏に於いて、何の損益《そんやく》か有らん。譬えば虚空の中、明暗は相い除かざるが如し。仏の菩提を顕出するは、即ち此の意なり。

若し人は性として貪欲多く、穢濁《えじょく》は熾盛《しじょう》[6]にして、対治折伏《しゃくぶく》すと雖も、弥いよ更に増劇《ぞうぎゃく》[7]せば、但だ趣向を恣《ほしいまま》にせよ。何を以ての故に。蔽は若し起こらずば、観を修することを得ざればなり。譬えば綸釣《りんちょう》[8]するに、魚は強く縄は弱ければ、争い牽《ひ》く可からず。但だ鉤餌《くに》[9]をして口

（1）和須蜜多婬而梵行――『六十巻華厳経』巻第五十、入法界品において善財童子が教える「婆須蜜多」という女性を指す（T9, 716c-717c を参照）。

(2)提婆達多邪見即正――『法華経』提婆達多品に説かれる釈尊と提婆達多の過去世の因縁物語と提婆達多への授記を指す（同前、34b-35a を参照）。

(3)須陀洹人婬欲転盛――『出曜経』巻第十七、惟念品に説かれる物語を指す（T4, 699b-c を参照）。

(4)畢陵尚慢――『大智度論』巻第二、「復次長老必陵伽婆蹉常患眼痛。是人乞食、常渡恒水。到恒水辺弾指言、小婢、住。莫流。水即両断、得過乞食。是恒神到仏所白仏、仏弟子必陵伽婆蹉、常罵我言、小婢、住。莫流水。仏告必陵伽婆蹉懺謝恒神、必陵伽婆蹉即時合手語恒神言、小婢、莫瞋。今懺謝汝。是時大衆笑之。云何懺謝而復罵耶。仏語恒神、汝見必陵伽婆蹉合手懺謝不。懺謝無慢而有此言。当知非悪。此人五百世来、常生婆羅門家、常自憍貴、軽賤余人。本来所習、口言而已、心無憍也」（T25, 71a17-28）を参照。また、類似の記述は、『大智度論』巻第八十四（同前、649c13-18）にも出る。

(5)身子生瞋――『弥沙塞部和醯五分律』巻第二十七、「舎利弗食後往到仏所、頭面礼足、却坐一面。仏問舎利弗、汝今日何所食。答言、用酥羹食。仏呵言、汝今日不善食。云何比丘、上座酥食、中座油食、下座沢枯食。舎利弗黙然不答、便於屏処吐食使尽。仏言、従今若受請時、上座応語主人言、一切与平等与。若檀越送食来、上座応語下座比丘、令掃除食処、敷座、取浄水、出盛長食器。凡是所須、皆応供辦。時至応唱、若打揵稚、令斉集受食。若主人辦食遅、応催令速、勿使失時。是為上座食時初学法、応尽形寿持」（T22, 179c6-16）を参照。

(6)熾盛――盛んなようす。

(7)増劇――増えること。

(8)綸釣――糸釣りをすること。

(9)鉤餌――釣り針の餌の意。

18a

に入れしめ、[1]其の遠近に随いて、沈浮するに任縦《にんしょう》[2]せば、久しからずして収穫するが如し。蔽に於いて観を修することも、亦復た是の如し。蔽は即ち悪魚、観は即ち鉤餌なり。若し魚無くば、鉤餌も用無からん。但だ魚有ること多大ならしむれば、唯だ佳《よ》し。皆な鉤餌を以て之れに随いて捨てざれば、此の蔽は久しからずして乗御《じょうぎょ》[3]に堪任《かんにん》[4]す。

云何んが観を為すや。若し貪欲が起こらば、諦《あき》らかに貪欲を観ずるに、四種の相有り。未貪欲・欲貪欲・正貪欲・貪欲已なり。為当《は》た未貪欲は滅して欲貪欲は生ずるや。為当た未貪欲は滅せずして欲貪欲は生ずるや。亦滅亦不滅にして欲貪欲は生ずるや。非滅非不滅にして欲貪欲は生ずるや。若し未滅にして欲生ぜば、即と為すや、離と為すや。滅に即して生ぜば、生滅は相違す。若し離して生ぜば、生は則ち因無からん。未貪は滅せずして欲は生ぜば、即と為すや、離と為すや。若し即ならば、即ち二生[5]は相い並び、生は則ち窮《きわま》り無けん。若し離せば、生も亦た因無からん。若し亦滅亦不滅にして欲は生ぜば、若しは滅従り生ぜば、亦不滅《やくふめつ》を須いず。若しは不滅従り生ぜば、亦滅《やくめつ》を須いず。不定の因は、那んぞ定果を生ぜん。若し其の体は一ならば、其の性は相違す。若し其の体は異ならば、本と相い関わらず。若し非滅非不滅にして欲貪欲生ぜば、双非《そうひ》の処は有と為すや、無と為すや。若し双非は是れ有ならば、何ぞ双非と謂わん。若し双非は是れ無ならば、無は那んぞ能く生ぜん。是の如く四句もて欲貪欲の生ずるを見ず。

還って四句を転ずるに、未貪欲は滅して、欲貪欲の生・不生・亦生亦不生・非生非不生を見ず。亦た上に説くが如し。是れ鉤餌と名づく。貪欲の蔽を観ずるに、畢竟空寂にして、双照《そうしょう》分明なり。皆な上に説くが如し。若し蔽は恒に起こらば、此の観は恒に照らす。亦た起こるを見ず、亦た照らすを見ずして、而も起こり、而も照らす〔其の一〕。

又た、此の蔽を観ずるに、何れの塵に因りてか起こる。色なるや、余なるや。何の作に因りてか起こる。行なるや、余なるや。若し色に因らば、未見・欲見・見・見已と為すや。若し行に因らば、未行・欲行・行・行已なりと為すや。何なる事の為めにか起こる。毀戒の為めなる

(1)譬如綸釣魚強縄弱不可争牽但令鉤餌入口――『大智度論』巻第六十六、「世尊、若人往来六道生死中、或時得聞般若波羅蜜、受持、読、誦、正憶念、必知是人不久得阿耨多羅三藐三菩提。如呑鉤之魚、雖復遊戯池中、当知出在外（宋・元・明の三本によって「外」を補う）不久、行者亦如是。深信楽般若波羅蜜、不久住於生死」（T25, 526a28-b4）を参照。
(2)任縦――自由にさせること。
(3)乗御――駆使すること。
(4)堪任――「～できる」という意味。
(5)二生――未貪欲と欲貪欲の二つの生の意。

18 b

や。眷属の為めなるや。虚誑《こおう》[1]の為めなるや。嫉妬の為めなるや。仁譲《にんじょう》[2]の為めなるや。善き禅の為めなるや。涅槃の為めなるや。四徳の為めなるや。六度の為めなるや。三三昧の為めなるや。恒沙の仏法の為めなるや〔其の二〕。

是の如く観ずる時は、塵に於いて受者なく、縁に於いて作者無し。而も塵受、根縁に於いて双照分明なり。幻化と空、及び法性は、相い妨礙《ぼうげ》せず。所以は何ん。若し蔽は法性を礙《さまた》げば、法性は応に破壊すべし。若し法性は蔽を礙げば、蔽は応に起こることを得ざるべし。当に知るべし、蔽は即ち法性なれば、蔽は起これば、即ち法性は起こり、蔽は息《や》めば、即ち法性は息む。『無行経』に云わく、「貪欲は即ち是れ道なり。恚《い》・癡《ち》も亦た是の如し。是の如き三法の中に、一切の仏法を具す。若し人は貪欲を離れて更に菩提を求めば、譬えば天と地との如し。貪欲は即ち菩提なり」[3]と。『浄名』に云わく、「非道を行じて、仏道に通達す。一切衆生は、即ち菩提の相にして、復た不可得なり。即ち涅槃の相にして、復た滅す可からず。増上慢の為めに、婬《いん》・怒《ぬ》・癡を離るるを、名づけて解脱と為すと説くのみ。増上慢無き者には、婬・怒・癡の性は、即ち是れ解脱なりと説く。一切の塵労は、是れ如来の種なり」[4]と。山海色味《せんがいしきみ》[5]、二無く別無し。即ち諸悪を観ずるに、不可思議の理なり〔其の三〕。

常に観慧を修して蔽の理と相応すること、譬えば形と影の如し。是れ観行位と名づく。能く

一切の悪法と世間の産業に於いて、皆な実相と相い違背せざるは、[6]是れ相似の位なり。進んで

(1)虚誑——欺くこと。
(2)仁譲——仁愛があってへりくだること。
(3)無行経云貪欲即是道恚癡亦如是如是三法中具一切仏法若人離貪欲而更求菩提譬如天与地貪欲即菩提——『諸法無行経』巻下、「貪欲是涅槃　恚癡亦如是　如此三事中　有無量仏道　若有人分別　貪欲瞋恚癡　是人去仏遠　譬如天与地　菩提与貪欲　是一而非二　皆入一法門　平等無有異」（T15, 759c13-18）を参照。
(4)浄名云行於非道通達仏道一切衆生即菩提相不可復得即涅槃相不可復滅為増上慢説離婬怒癡名為解脱無増上慢者説婬怒癡性即是解脱一切塵労是如来種——『維摩経』巻中、仏道品、「爾時文殊師利問維摩詰言、菩薩云何通達仏道。維摩詰言、若菩薩行於非道、是為通達仏道」（T14, 548c29-549a2）、同、巻上、菩薩品、「一切衆生即菩提相。若弥勒得滅度者、一切衆生亦応滅度。所以者何。諸仏知一切衆生畢竟寂滅、即涅槃相、不復更滅」（同前、542b16-19）、同、巻中、観衆生品、「天曰、仏為増上慢人、説離婬・怒・癡為解脱耳。若無増上慢者、仏説婬・怒・癡性、即是解脱」（同前、548a16-18）、同、仏道品、「一切煩悩為如来種……塵労之疇為如来種」（同前、549b13-17）を合わせて作文したものである。「婬怒癡」は、それぞれ貪欲・瞋恚・愚癡を指す。「塵労」は、煩悩の意。
(5)山海色味——山の色と海の味の意。
(6)能於一切悪法世間産業皆与実相不相違背——『法華経』法師功徳品、「諸所説法、随其義趣、皆与実相不相違背。若説俗間経書、治世語言、資生業等、皆順正法」（T9, 50a22-24）を参照。

銅輪に入りて、蔽の根本を破す。本とは、無明を謂う。本は傾き枝折れ、仏性を顕出す。是れ分証真実の位なり。乃至、諸仏は蔽の源底を尽くすを、究竟位と名づく。貪の蔽の中に於いて、竪に六即を具し、横に諸度[1]を具す。一切の法は例して上の如し、云云。

次に瞋の蔽を観ず。若し人に瞋多く、欝欝勃勃《うつうつぼつぼつ》[2]として、相続して恒に起こり、断ずれども、断ずることを得ず、伏すれども、亦た伏せざれば、当に其の起こるを恣任《しにん》し、照らすに止観を以てすべし。四種の相を観ずるに、瞋は何に従ってか生ずる。若し其の生を得ずば、亦た其の滅を得ず。十二事に歴るに、瞋は誰に従ってか生ずる。誰か是れ瞋なる者なるや。瞋る所の者は誰なるや。是の如く観ずる時は、瞋の処を得ず。来去《らいこ》の足迹《そくしゃく》の相貌《そうみょう》は空寂なり。瞋の十法界を観じ、瞋の四徳を観ずること、上に説くが如し、云云。

是れ瞋なる非道に於いて仏道に通達すと為す。犯戒、懈、乱、邪、癡等の蔽、及び余の一切の悪事を観ずるも、亦た是の如し、云云。

5.1.2.2.1.4.2.3.　諸の無記に約す

四に非善非悪を観ずるに、即ち是れ無記瞢瞢《とうぼう》[3][4]の法なり。此れを観ずることを須うる所以は、人の根性は、性として善を作《な》さず、復た悪を作さざること有れば、則ち随自意の出世の因縁無けれぱなり。此の人を奈何《いか》んせん。『大論』に、「無記の中に般若波羅蜜有り」と云うは、即ち観を修することを得るなり。

此の無記を観ずるに、善悪と異なるや、同なるや。同ならば、則ち無記に非ず。異ならば、記は滅して、無記は生ずと為すや。記は滅せずして、無記は生ずるや。記は亦滅亦不滅にして、無記は生ずるや。記は非滅非不滅にして、無記は生ずるや。記を求むるに、不可得なり。何《いか》に
18c 況んや無記と記とは同異なるをや。同に非ざるが故に合ならず、異に非ざるが故に散ならず、

（1）諸度――六度＝六波羅蜜の意。

（2）欝欝勃勃――勢いが盛んであるようす。

（3）無記――善でも悪でもない性質のものの意。

（4）懜瞢――愚昧の意。『輔行』巻第二之四には、「懜瞢者、無所明也」（T46, 209a17）とある。『一切経音義』巻第四十一、「懜瞢（上音朦。考声云、瞢懜、臥初起皃也。下墨崩反。鄭注周礼云、目無精光不明也。杜預注左伝云、悶也）」（T54, 581b17）を参照。

（5）大論云無記中有般若波羅蜜――『大智度論』巻第七十五、「問曰、舎利弗何以故夢難菩薩三三昧。答曰、以夢虚誑如狂非実見故。是三三昧是実法。又復余処説。夢中亦有三種。善・不善・無記。若菩薩善心行三三昧、応得福徳。然夢是狂癡法、不応於中行実法得果報。若有実法、不名為夢。以是故問、若菩薩夢中行三三昧、増益般若波羅蜜福徳、集善根、近仏道不」（T25, 588a12-19）を参照。

合に非ざるが故に生ぜず、散に非ざるが故に滅せず。又た、十二事の中に歴るも、何れの処より無記を生ずと為すや。誰が為めの故に無記を生ずるや。誰か是れ無記なる者なるや。此の如く観ずる時、虚空の相と同じ。又た、無記の一法より十法界、及び一切法を生ず。又た、無記は即ち法性なり。法性の常に寂なるは即ち止の義にして、寂にして而も常に照らすは即ち観の義なり。無記の非道に於いて仏道に通達す。無記を法界と為す。横に諸法を摂し、竪に六位[1]を摂し、高広具足す。例して上に説くが如し、云云。

5.1.2.2.1.4.2.5. 三止観を以て結す

復た次に、但だ最後の善に約して随自意を明かすは、此れは是れ次第の意なり。若し善悪は倶に随自意を明かさば、即ち是れ頓の意なり。若し襵牒《じょうちょう》[2]の善に約して随自意を明かさば、此れは即ち不定の意なり、云云。

5.1.2.2.2. 広く料簡する

復た次に四種三昧の方法は各おの異にして、理観は則ち同じ。但だ三行[3]の方法は、多く助道の法門を発し、又た障道を動かす。随自意は既に方法少なければ、此の事を発することも少なし。若し但だ方法の発する所の助道を解するのみならば、事相は通達すること能わず。若し理観を解せば、事は通ぜざること無し。又た理観の意を得ざれば、事相も助道も亦た成ぜず。理観の意を得れば、事相の三昧は任運《にんぬん》[4]に自ら成ず。若し事相の行道は、道場に入りて用心することを得るも、出ずれば則ち能わず。随自意は即ち無間なり。方法は三[5]に局《かぎ》り、理観は四[6]に通ず、云云。

問う。上の三三昧には皆な勧修有り。此れは何ぞ独《ひと》り無きや。

(1)六位――六即の位を指す。
(2)褊牒――不定の意味。『講述』には、「褊者牒也。応作摂字。牒謂重累之義。重挙前之事也。此摂牒之善、義当不定也」とある。
(3)三行――常坐三昧・常行三昧・半行半坐三昧のこと。
(4)任運――自然に、成り行きに任せての意。
(5)三――常坐三昧・常行三昧・半行半坐三昧のこと。
(6)四――四種三昧の意。

答う。六蔽の非道は即ち解脱の道なるも、鈍根にして障重き者は、聞き已りて沈没す。若し19a更に勧修せば、旨を失すること逾《いよ》いよ甚だしからん。淮河《わいが》[1]の北に大乗の空を行ずる人有り。禁無くして蛇を捉うる者なり。[2]今当に之れを説くべし。其の先師は、善法に於いて観を作すに、経《ふ》ること久しけれども徹せず、心を放ちて悪法に向かって観を作すに、少の定心を獲《え》、薄く空解を生ぜり。根縁を識《し》らず、仏意に達せず、純《もっぱ》ら此の法を将《もっ》て、一向に他に教う。他に教うること既に久しければ、或いは一《ひと》り両《ふた》りの益を得る者に逢う。虫の木を食らうに、偶《たま》たま字を成ずることを得るが如し。[3]便《すなわ》ち以て証と為し、是の事は実なりと謂って、余は妄語と為し、戒を持して善を修する者を笑い、謂って道に非ずと言い、純ら諸人に教えて、遍く衆悪を造らしめ、盲《めし》いて眼無き者は、是非を別かたず、神根[4]は又た鈍にして、煩悩は復た重く、其の説く所を聞きて、其の欲情に順ずれば、皆な信伏随従し、禁戒《ごんかい》を放捨し、非として造らざること無く、罪は積むこと山岳の如く、遂に百姓[5]をして之れを忽《ゆるが》せにすること草の如くならしめ、国王・大臣は、因《よ》りて仏法を滅す。毒気《どっけ》は深く入りて、[6]今に至るも未だ改めず。『史記』に云わく、「周の末に髪を被《こうむ》り、身を袒《はだぬ》ぎて、礼度に依らざる者有り、遂に犬戎《けんじゅう》、国を侵して絶えざること綖《いとすじ》の如く、周姫《しゅうき》は漸く尽く」[7]と。又た、阮籍《げんせき》[8]は逸才《いっさい》にして、蓬頭散帯《ぼうずさんたい》[9]なり、後に公卿《くぎょう》[10]の子孫は皆な

（1）淮河――淮水ともいい、黄河と揚子江の中間を東流する河のこと。
（2）無禁捉蛇者――『中阿含経』巻第五十四、大品、「譬若如人、欲得捉蛇、便行求蛇。彼求蛇時、行野林間、見極大蛇、便前以手捉其腰中、蛇迴挙頭、或蜇手足及余支節。彼人所為求取捉蛇、不得此義、但受極苦、唐自疲労。所以者何。以不善解取蛇法故」（T1, 764a18-23）を参照。「禁」は、戒律の意。
（3）如虫食木偶得成字――『南本涅槃経』巻第二、哀歎品、「是時客医復語王言、王今不応作如是語。如虫食木有成字者。此虫不知是字非字。智人見之、終不唱言是虫解字、亦不驚怪。大王。当知。旧医亦爾。不別諸病、悉与乳薬。如彼虫道偶得成字」（T12, 618b1-6）を参照
（4）神根――精神的な能力の意。
（5）百姓――万民の意。
（6）毒気深入――『法華経』如来寿量品、「毒気深入、失本心故、於此好色香薬而謂不美」（T9, 43a21-23）を参照。
（7）史記云周末有被髪袒身不依礼度者遂犬戎侵国不絶如綖周姫漸尽――『史記』巻第四、周本紀の「定王」の『正義』に、「左伝云、初、平王之東遷也。辛有適伊川、見被髪而祭於野者、曰、不及百年、此其戎乎。其礼先亡矣」とある。「被髪」は、髪を結わないでざんばら髪にすること。「犬戎」は、中国の北西方に住んでいた非漢民族。「周姫」は、姫氏の建国した周王朝のこと。
（8）阮籍――生没年は二一〇～二六三年。竹林七賢のひとり。『晋書』巻四十九、列伝十九に立伝されている。
（9）蓬頭散帯――頭髪をぼさぼさにして帯をしめないこと。礼を逸脱した態度である。
（10）公卿――高位高官の者の意。

これに斅《まな》ぶ。奴《ぬ》・狗《い》の相い辱《はず》かしむる者を、方に自然に達すとし、撙節《じゅんせつ》[1]して兢持《きょうじ》[2]する者を、呼びて田舎《でんしゃ》と為す」と。是れ司馬氏の滅する相と為す。宇文邕《うぶんよう》[3]が毀廃することも、亦た元嵩《げんすう》[4]の魔業に由る。此れは乃ち仏法滅するの妖怪、亦た是れ時代の妖怪なり。何ぞ随自意の意に関わらん。何を以ての故に。此の如き愚人は、心に慧解無くして、其の本師を信ず。又た、前達[5]を慕って、決《き》めて是れ道なりと謂い、又た情に順ずるを易《やす》しと為し、心を恣《ほしいまま》にして楽を取りて、迷いを改めず。譬えば西施《せいし》は本と心病有り、多く喜びて嚬呻《ひんしん》[6]するに、百媚《ひゃくび》は皆な転じて更に益《ます》ます美麗なり。隣女は本と醜にして、其の嚬呻を斅《まな》ぶに、憎む可きこと弥《いよ》いよ劇《はげ》し。貧しき者は遠く徙《うつ》り、富める者は門を杜《ふさ》ぐ。穴にある者は深く潜み、飛ぶ者は高く逝《い》けるが如し。[7]彼の諸人等も、亦復た是れに似たり。狂える狗は雷《いなずま》を逐《お》いて、地獄の業を造る。悲しい哉、傷《いた》む可し。既に欲楽を嗜《たしな》めば、自ら止《とど》むること能わず。猶お蒼蠅《あおばえ》の唾《つば》の粘《ねん》ずる所と為るが如し。浪《ろう》行《ぎょう》[8]の過《あやま》ちは、其の事略して爾り。

其の師の過ちは、根性に達せず、仏意を解せず。仏は、貪欲は即ち是れ道なりと説くは、仏は機宜《きぎ》[9]を見て、一種の衆生、底下薄福にして、決して善の中に於いて道を修すること能わず、若《も》其し罪に任せば、流転して已むこと無きを知りて、貪欲に於いて止観を修習せしむ。極めて止むことを得ざるが故に、此の説を作す。譬えば父母は子の病を得るを見て、余薬に宜しかざ

るは、黄龍湯《こうりゅうとう》[10]を須い、歯を鑿《うが》ちて之れに瀉《そそ》ぐに、服し已りて病癒ゆるが如し。仏も亦た是の

(1)撙節――節制すること。
(2)兢持――謹慎すること。
(3)宇文邕――北周武帝(在位五六〇〜五七八)。廃仏を断行した。
(4)元嵩――衛元嵩(生没年不詳)のこと。五六七年、北周武帝に廃仏の提案をした還俗僧。
(5)前達――先達の意。
(6)嚬呻――眉をひそめて呻《うめ》くこと。
(7)譬如西施本有心病多喜嚬呻百媚皆転更益美麗隣女本醜而斅其嚬呻可憎弥劇貧者遠徙富者杜門穴者深潜飛者高逝――『荘子』天運、「故西施病心而矉其里。其里之醜人見而美之、帰亦捧心而矉其里。其里之富人見之、堅閉門而不出。貧人見之、挈妻子而去之走。彼知美矉而不知矉之所以美」、同、斉物、「毛嫱麗姫人之所美也。魚見之深入、鳥見之高飛、麋鹿見之決驟」を参照。
(8)浪行――放縦な行為の意。
(9)機宜――衆生の機の適宜さの意。
(10)黄龍湯――『法華経三大部補注』巻第十二、「止観云、黄龍湯者、大便汁也。神農本草注云、時行大熱、飲糞汁亦愈。今近城寺別塞空罌口、内糞倉中、積年得汁。甚黒而苦。名黄龍湯。治温病垂死皆差。人初頭痛、直飲尿数升、亦多愈也」(X28, 365b24-c4)を参照。

19b
如し。説けば其の機に当たる。快馬《けめ》は鞭の影を見て即ち正路に到る。[1]貪欲は即ち是れ道なるは、仏意は此の如し。若し衆生有りて悪に於いて止観を修するに宜しからざる者に、仏は諸の善を説きて、之れを名づけて道と為す。仏は二説を具す。汝は今、云何んが善を呵して悪に就かん。若其《も》し然らば、汝は則ち仏に勝り、公に仏前に於いて、灼然《しゃくねん》[2]として違反す。

復た次に、時節の難は起こり、王事に拘《とら》われて、善を修することを得ざれば、悪の中に於いて止観を習わしむ。汝は今、難無く拘わること無し。何の意ぞ純《もっぱ》ら乳薬を用いて、他の慧《え》命《みょう》を毒するや。[3]故に『阿含』の中に、放牛の人は、善く好済《こうさい》[4]を知り、牛の群をして安穏ならしむ。若し好済に難有りて、急に已むことを獲ざれば、当に悪済に従うべし。悪済は難多くして、百に一をも全うせず。[5]汝は今、事無し。幸いに好済に於いて、善道に牛を駆れ。何為《なんす》れぞ悪道にて、自他沈没せん。仏法を破壊し、威光を損失し、衆生を誤累[6]するは、大悪知識なり。仏意を得ず。其の過《あやま》ちは是の如し。

復た次に夷《い》・険《けん》の両路[7]は皆な能く通ずること有るも、難の為めに険に従う。善悪は倶に通ずるも、機を審《つまび》らかにして蔽に入る。汝は善を棄《す》て悪を専らにして、能く非道に通達せば、何ぞ

（1）快馬見鞭影即到正路――『大智度論』巻第一、「爾時長爪梵志、如好馬見鞭影即覚、便著正道」（T25, 62a6-7）を参照。

(2)灼然——明らかなようす。

(3)何意純用乳薬毒他慧命——『南本涅槃経』巻第二、哀歎品(T12, 617c20-618c11)を参照。趣旨は、旧医が乳薬の好醜善悪を認識せず、どんな病気にもただ乳薬を用いていたのを、新しくやって来た客医が王に、乳薬は毒であるから禁止するように求めた。ところが、後に王が病にかかったとき、客医はかえって乳薬を用いることを勧めたので、王は厳しく問いただした。客医は、旧医がさまざまな病気の種類を区別せず、ただ乳薬だけを投薬していたが、乳薬は毒害にも甘露にもなることを説き、今の王の病には、乳薬が効果があることを説く。外道の常・楽・我・浄に対して、いったんは無常・苦・無我・不浄を説いたが、『涅槃経』において、再び真実の常・楽・我・浄を説くことを譬えたものである。

(4)好済——良い渡し場の意。

(5)阿含中放牛人善知好済令牛群安隠若好済有難急不獲已当従悪済悪済多難百不全一——『増一阿含経』巻第四十六、放牛品、「聞如是。一時仏在舎衛国祇樹給孤独園。爾時世尊告諸比丘、若放牛児成就十一法、牛群終不長益、亦復不能将護其牛。云何為十一。於是放牛人亦不別其色、不解其相、応摩刷而不摩刷、不覆護瘡痍、不随時放烟、不知良田茂草処、不知安隠之処、亦復不知渡牛処所、不知時宜、若犛牛時不留遺余尽取犛之、是時諸大牛可任用者、不随時将護。是謂、比丘、若牧牛人成就此十一法、終不能長養其牛、将護其身。今此衆中比丘亦復如是。終不能有所長益。云何為十一。於是比丘不別其色、不暁其相、応摩刷而不摩刷、不覆護瘡痍、不随時放煙、不知良田茂草処、不知渡処、亦復不知安隠之処、不知時宜、食不知留遺余、諸長老比丘亦不敬待」(T2, 794a7-23)を参照。

(6)誤累——誤らせ煩わせること。

(7)夷険両路——平らな道路と険しい道路のこと。

水火を蹈躡《とうしょう》[1]し、山壁を穿《うが》ち逾《こ》えざるや。世間の険路すら尚お通ずること能わず。何に況んや悪を行じて、而も正道に会せんをや。豈に得可けんや。又た、根縁を知ること能わず。直《た》だ是れ一人すら即時に善を楽《ねが》い、即時に悪を楽いて、好楽《こうぎょう》定まらず。何に況んや無量の人をや。而も純ら貪欲を以て他を化せんや。『浄名』に云わく、「我れは念ず。声聞は人根を観ぜざれば、応に法を説くべからず」[2]と。二乗すら観ぜざれば、尚自《な》お機に差《たが》う。況んや汝盲瞑《もうみょう》[3]にして目無く、心を師とする者をや。自ら是れ経に違し、機・理に当たらず。何ぞ其れ愚惑にして、頓《とみ》に此に至れるや。若し人有りて機宜《きぎ》を識らずして、此れを行じ説くを見ば、則ち戒海の死屍《しし》[4]なり。宜しく律に依りて擯治《ひんじ》[5]すべし。毒樹をして長者の宅に生ぜしむることなかれ、[6]云云。

復た次に其の悪行を検するに、事は即ち偏邪なり。汝は貪欲は即ち是れ道なりと謂って、一切の女を陵《りょう》[7]すれども、瞋恚は即ち是れ道なりとして、一切の男を害すること能わず。唯だ細滑《さいかつ》の触《そく》[8]を愛して、是れを道なりとし、打拍《ちょうはく》[9]の苦渋《くじゅう》[10]の触を畏《おそ》れて、則ち道有ること無し。一を行じて一を行ぜず、一は道有りて一は道無し。癡闇《ちあん》なること漆《うるし》の如く、偏えに汚損を行ず。譬えば死屍は好き花の園を穢《けが》すが如し、云云。其の偏行を難ずるは前の如し。或いは水・火・刀・杖を将《もっ》て、之れに向かえば、其れは即ち黙然たり。或いは答えて云わく、「而して汝は見ずや。我れは常に能く入ることを」と。此れは乃ち心に違う、慚愧《ざんき》無き語なり。亦た六即の意を得ず。

此れを説くことを須うる所以は、上の三行の法は勤策《ごんさく》する事難ければ、宜しく須らく勧修すべし。随自意は光を和らげて悪に入る。一往は即ち易ければ、宜しく須らく誡め忌むべし。大《だい》

(1)蹈躡——踏むこと。
(2)浄名云我念声聞不観人根不応説法——『維摩経』巻上、弟子品、「我念。声聞不観人根、不応説法。是故不任詣彼問疾」(T14, 541a10-11)を参照。
(3)盲瞑——失明すること。
(4)戒海死屍——『四分律』巻第一、「譬如有死屍　大海不容受　為疾風所飄　棄之於岸上　諸作悪行者　猶如彼死屍　衆所不容受　以是当持戒」(T22, 567c25-28)を参照。
(5)擯治——排除対治すること。
(6)無令毒樹生長者宅——『南本涅槃経』巻第三、長寿品、「善男子、譬如長者所居之処・田宅・屋舎、生諸毒樹。長者知已、即便斫伐、悉令永尽。又如少壮首生白髮、愧而剪抜、不令生長。持法比丘亦復如是。見有破戒・壊正法者、即応駆遣・呵責・挙処。若善比丘見壊法者、置不駆遣・呵責・挙処、当知是人仏法中怨。若能駆遣・呵責・挙処、是我弟子真声聞也」(T12, 620c18-25)を参照。
(7)陵——陵辱すること。
(8)細滑触——きめ細かくなめらかな接触の意。
(9)打拍——打撃の意。
(10)苦渋——苦しみ悩むこと。

黄湯《こうとう》を服するには、応に白飲《びゃくおん》[1]を備えて、之れを補止《ほし》[2]すべきが如し、云云。

問う。中道正観は以て其の心を一にし、行用《ぎょうゆう》は即ち足る。何ぞ紛紜《ふんうん》たる四種の三昧もて諸の
19c 善悪に歴、十二事に経ることを須いん。水は濁れば珠は昏《くら》く、風は多ければ浪は鼓《こ》す。何ぞ澄《ちょう》静《じょう》に益《やく》せんや。

答う。譬えば貧窮《びんぐ》の人は少なきを得て便ち足れりと為し、更に好き者を願わざるが如し。若し一種もて心を観ずるに、心は若し種種ならば、当に之れを奈何《いか》んすべき。此れは則ち自行に失うと為す。若し用いて他を化せば、他の根性は舛互《せんご》[3]して同じからず。一人の煩悩は已に自ら無量なり。何に況んや多人をや。譬えば薬師の一切の薬を集めて、一切の病に擬するも、一種の病人には、一種の薬を須いて、一種の病を治す。而も薬師の薬多きことを怪しむが如し。汝が問いは是れに似たり。煩悩の心病は無量無辺なり。一人の為めにするが如く、衆多《しゅた》も亦た然り。云何んが一人のみならん。若し人は四種三昧を聞かんと欲して、之れを聞きて歓喜せば、須らく遍く為めに説くべし。是れ世界と為す。四種を聞くを以て、次第に修行して、能く善法を生ずれば、即ち具さに四を説く。是れ各各為人《かくかくいにん》なり。或いは常坐の中に、其の諸悪を治するに宜しく、乃至、随自意の中に、其の諸悪を治するは、是れ対治と名づく。是の人は具さに四法を須いて、豁然《かつねん》と悟ることを得るは、是れ第一義なり。秖だ一人の為めにすら尚お四の

説を須ゆ。云何んが用いざらんや。若し多人の為めにせば、一人は常坐を楽いて、三は欲する所に非ず。一人は常行を欲して、三は楽う所に非ず。遍く衆人の欲に赴くは、即ち世界悉檀なり。余の三悉檀も亦た是の如し。又た、一種の三昧に約するも、亦た四悉檀の意を具す。若し行を楽わば即ち行じ、坐を楽わば即ち坐す。行ずる時、若し善根は開発《かいほつ》して、諸の法門に入らば、是の時応に行ずべし。若し坐する時、心地は清涼にして、喜悦安快《あんけ》ならば、是の時応に坐すべし。若し坐る時、沈昏《ちんこん》4ならば、則ち抖擻《とそう》5して応に行ずべし。行ずる時、散動疲困せば、是れ則ち応に坐すべし。若し行ずる時、悦焉《えつえん》6として虚寂ならば、是れ則ち応に行ずべし。若し坐する時、湛然《たんねん》として明利《みょうり》7ならば、是の時応に坐すべし。余の三も例して爾り、云云。

(1)白飲——米汁の意。
(2)補止——補ったり抑制したりすること。
(3)舛互——たがいに入りまじること。
(4)沈昏——沈滞して暗いようす。
(5)抖擻——ここでは、頭陀の意ではなく、奮発、身震いすること。
(6)悦焉——突然のようす。
(7)明利——明るく爽快であるようす。

20 a

問う。善は理を扶《たす》くれば、止観を修すべし。悪は理に乖《そむ》く。云何んが止観を修せん。

答う。『大論』に根遮[1]を明かすに、四有り。一に根は利にして遮無く、二に根は利にして遮有り、三に根は鈍にして遮無く、四に根は鈍にして遮有り[2]。初めの句は上品《じょうぼん》にして、仏世の時の身子等、是れ其の人なり。行人は善法の中に於いて止観を修せば、善法を勤修《ごんじゅ》するを以て未来に遮無く、常に止観を習って、其れをして根利ならしむ。若し過去に此の二の義[3]を具せば、今生に薄く修して、則ち相応することを得、観行の位従り相似・真実[4]に入る。今生に入ることを得ざる者は、昔、二の義無く、今、善に約して修し、未来に疾く入らしむ。次の句は得道根利にして、罪積み障重きは、仏世の時の闍王《じゃおう》[5]・央掘《おうくつ》[6]、其の人なることを示す。逆罪の遮は重く、応に地獄に入るべきも、仏を見、法を聞き、豁爾《かつに》[7]として聖と成る。根は利なるを以ての故に、遮も障《さ》うること能わず。今時の行人、悪法の中に於いて止観を修するは、則ち此の意なり。悪を起こすを以ての故に、未来に遮有るも、止観を修するが故に、後世には根は利なり。若し知識に遇わば、鞭《むちう》って正道に入る。云何んが而も悪法は理に乖くと言って、肯て止観を修せざらんや。次に根鈍にして遮無しとは、仏世の時の周利槃特《しゅりはんどく》[8]、是れ其の人なることを示す。三業に過《あやま》ち無しと雖も、根性は極めて鈍にして、九十日にして鳩摩羅《くまら》[9]の偈を誦す。智者は身・

(1)根遮――能力と煩悩によって遮られること。

(2)大論明根遮有四一根利無遮二根利有遮三根鈍無遮四根鈍有遮――『大智度論』巻第二十四、「仏亦分別、是人有余根、応令増生信根。是人応令生精進・念・定・慧根。是人用信根入正位、是人用慧根入正位、是人利根、為結使所遮、如鴦群梨摩羅等。是人利根、不為結使所遮、如舎利弗・目連等。知根雖鈍而無遮、如周利般陀伽。有根鈍而遮者、知是人見諦所断根鈍、思惟所断根利。思惟所断鈍、見諦所断利。是人一切根同鈍同利。是人一切根不同鈍不同利。是人先因力大。是人今縁力大。是人欲縛而得解。是人欲解而得縛。譬如鴦群梨摩羅、欲殺母、害仏而得解脱。如一比丘得四禅、増上慢故、還入地獄。知是人必墮悪道、是人難出、是人易出、是人疾出、是人久久乃出。如是等一切衆生上下根相、皆悉遍知、無能壊、無能勝、是名第四力。知衆生種種欲智力者、欲名信喜好楽。好五欲、如孫陀羅難陀等。好名聞、如提婆達等。好世間財利、如須弥刹多羅等。好出家、如耶舎等。好信、如跋迦利等。好持戒、如羅睺羅等。好施、如施跋羅(丹注云、仏姑甘露女所生)。好頭陀遠離、如摩訶迦葉。好坐禅、如隷跋多等。好智慧、如舎利弗等。好多聞、如阿難等。好知毘尼、如優婆離等。如是仏弟子、各各有所好。凡夫人亦各各有所喜。或有憙婬欲、或有憙瞋恚」(T25, 239a11-b7)を参照。

(3)二義――能力が鋭いことと遮られないこと。

(4)相似真実――相似即・分証真実即の意。

(5)闍王――阿闍世王のこと。

(6)央掘――央掘魔羅のこと。本書一九九ページ注11を参照。

(7)豁爾――からっと悟るようす。

(8)周利槃特――Kṣullapanthaka, Cūḍapanthaka の音写語。小路と訳す。愚者として有名であるが、阿羅漢となる。

(9)鳩摩羅――Kumāra の音写語。童真、毫童、名童などと漢訳する。

口・意に諸悪を造らず、念を繋け常に現前して、諸欲に楽著《ぎょうじゃく》せず、亦た世間の無益の苦行を受けず。今時、戒を持ち善を行ずと雖も、止観を学ばざるは、未来に遮無けれども、道を悟ることは甚だ難からん。後の句は則ち一切の悪を行ずるの人なり。又た、止観を修せざる者、是れなり。止観を修せざるが故に道を得ず、根は鈍にして千遍為めに説くとも、兀然《ごちねん》[1]として解せず。多く罪悪を造りて、遮障は万端なり。癩人の身は痺《しび》れて、針もて刺して骨に徹すれども、知らず覚らざるが如し。但だ諸悪を以て、而も自ら纏裹《てんか》す。

是の義を以ての故に、善は理を扶《たす》くと雖も、道は止観に由り、悪は理に乖くと雖も、根は利なれば遮を破す。唯だ道のみ是れ尊し。豈に悪の為めに止観を廃す可けんや。『大経』に云わく、「戒に於いて緩なる者は、名づけて緩と為さず。乗に於いて緩なる者は、乃ち名づけて緩と為す」[2]と。応に具さに緩・急の四句を明かし、上の根と遮の義とに合わすべきなり、云云。又た、『経』に、「寧《むし》ろ提婆達多と作るも、鬱頭藍弗《うずらんほつ》と作らざれ」[3]と云うは、即ち其の義なり、云云。応に勤めて聴き、思い修して、初めより休息《くそく》すること無かるべし。酔える婆羅門は頭を剃り、戯女《げにょ》は袈裟を披《き》たるが如し[4]、云云。

（1）兀然――何も知らないようす。

（2）大経云於戒緩者不名為緩於乗緩者乃名為緩――『南本涅槃経』巻第六、四依品、「於乗緩者乃名為緩、於戒緩者不名為緩」（T12, 641b17-18）を参照。「乗」は教えの意で、教えを聞くことに緩＝てぬるくて怠慢なことと、急＝ひたすらで熱心なこととがある。これを乗の緩急という。同じく戒を保持することにも緩急がある。乗と戒の緩急を組み合わせると、乗戒倶急・乗急戒緩・乗緩戒急・乗戒倶緩の四句がある。

（3）経云寧作提婆達多不作欝頭藍弗――『雑阿毘曇心論』巻第九、「是故如是説。寧為調達、不為外道欝頭藍子。調達雖造三逆、断諸善根、滅善種子、入無間地獄［阿毘至阿者、無。毘至者、択也。間也。以因無善種子故、果名無種。余二義如古］、地獄罪畢、於四万歳寿人中、得辟支仏、証諸根猛利、勝舎利弗等。欝頭藍子雖離八地生第一有、於彼報尽命終、来生於法林中、作著翅飛狸、残害一切水陸衆生、死堕無間地獄。世尊不記得解脱時。種解脱種者、有如是相処聴法坐。若聞法時、悲泣流涙、身毛為竪、見生死過涅槃善利、敬信正法及説法者。於福決定分者、観察真諦暖等善根、於諦決定故、於諦満足故、順向聖道故、名決定分」（T28, 949c12-23）を参照。「欝頭藍弗」は、釈尊が出家後に師事したウドラカ・ラーマプトラ（Udraka Rāmaputra）のことで、非想非非想処を理想の境地とした。

（4）如酔婆羅門剃頭戯女披袈裟――『大智度論』巻第十三、「復次如仏在祇洹、有一酔婆羅門来到仏所、求作比丘。仏勅阿難与剃頭、著法衣。酔酒既醒、驚怪己身忽為比丘、即便走去」（T25, 161b17-20）、同、「我自憶念本宿命時作戯女、著種種衣服、而説古語、或時著比丘尼衣、以為戯笑。以是因縁故、迦葉仏時、作比丘尼、自恃貴姓端政、心生憍慢、而破禁戒。破戒罪故、堕地獄受種種罪。受罪畢竟、値釈迦牟尼仏出家、得六神通阿羅漢道。以是故、知出家受戒。雖復破戒、以戒因縁故、得阿羅漢道。若但作悪、無戒因縁、不得道也」（同前、161b6-14）を参照。「戯女」は、歌舞で人を楽しませる女性のこと。

5.1.3. 感大果

第三に菩薩の清浄なる大果報を明かさんが為めの故に、是の止観を説くとは、若し行は中道に違せば、即ち二辺の果報有り。若し行は中道に順ぜば、即ち勝妙の果報有り。設《たと》い未だ分段を出でざるも、獲《う》る所の華報《けほう》[1]は、亦た七種の方便に異なる。況んや真の果報をや。「香城《こうじょう》の七重、橋津《きょうしん》は、画の如し[2]」とは、即ち其の相なり。此の義は後の第八重[3]の中に在りて、当に広く分別すべし。

20b 問う。『次第禅門』に修証を明かす[4]と此の果報とは、云何んが同異あるや。

答う。「修」は習行に名づけ、「証」は発得《ほっとく》[5]に名づく。又た、「修」は習因[6]に名づけ、「証」は習果に名づく。皆な即生に獲《う》可し。今、果報[7]を論ずるは、隔てて来世に在り。此れを以て異なりと為す。二乗は但だ習果のみ有りて、報果[8]有ること無し。大乗は具さに有り、云云。

5.1.4. 裂大網

第四に通じて大網[9]の諸の経論を裂かんが為めの故に、是の止観を説くとは、若し人あって善く止観を用いて心を観ぜば、則ち内慧は明了にして、漸頓の諸教に通達すること、微塵《みじん》を破し

（1）華報――ここでは、低い果を「華報」といい、高い果を「果報」というと思われる。『法華経文句纂要』巻第六、「善機凡有二力。一感人天華報。二感仏道果報」（X29, 752a12-13）を参照。また、未来の「果報」に対して、現世の報いをいう場合もある。『法華玄義』巻第二上、「又此世華報、亦摧色心、来世果報亦摧色心」（T33, 694b2-3）を参照。

（2）香城七重橋津如画――『大品般若経』巻第二十七、常啼品、「薩陀波崙菩薩如是愁念時、空中有仏語薩陀波崙菩薩言、善哉、善哉。善男子、過去諸仏行菩薩道時、求般若波羅蜜、亦如汝今日。善男子、汝以是勤精進、愛楽法故、従是東行、去此五百由旬、有城名衆香。其城七重、七宝荘厳、台観欄楯、皆以七宝校飾。七宝之塹、七宝行樹、周匝七重。其城縦広十二由旬、豊楽安静、人民熾盛、五百市里街巷相当、端厳如画、橋津如地、寛博清浄」（T8, 417a4-12）を参照。「香城」は、曇無竭菩薩の住む場所で、常啼菩薩はここで身を犠牲にして般若波羅蜜を求める。

（3）後第八重――十広の第八「果報」を指す。実際には説かれない。

（4）次第禅門明修証――『次第禅門』（『釈禅波羅蜜次第法門』）巻第五〜十（T46, 508a-548c）が「第七に広く修証を明かす」段である。

（5）発得――生じ獲得すること。

（6）習因――因果関係において、因が善ならば果も善、因が悪ならば果も悪、因が無記ならば果も無記である場合、因を習因（新訳では同類因）、果を習果（新訳では等流果）という。

（7）果――底本の「界」を、『全集本』によって「果」に改める。

（8）報果――善因に対して楽果、悪因に対して苦果が報いとしてある場合の因果について、因を報因（新訳では異熟因）、果を報果（異熟果）という。

（9）大網――大きな疑いの網の意。

て、大千の経巻を出だすが如し。[1] 恒沙の仏法を一心の中に暁《あきら》む。若し外に衆生を益《やく》し、機に逗《ず》して教を設けんと欲せば、人の堪任《たんにん》するに随い、彼に称《かな》いて説く。乃至、成仏して物を化する時、或いは法王と為って、頓漸の法を説き、或いは菩薩と為り、或いは声聞・天・魔・人・鬼・十法界の像と為りて、対揚発起す。[2] 或いは仏の問う所と為り、広く頓漸を答え、或いは機を扣《たた》きて仏に問い、仏は頓漸の法輪を答う。此の義は第九重[3]に至って、当に広く説くべし。摂法の中、亦た略して示すのみ。

5.1.5. 帰大処

第五に大処の諸法の畢竟空に帰するが故に、是の止観を説くとは、夫れ膠《にかわ》の手は著《つ》き易く、[4] 寝夢《しんむ》[5]は醒《さ》め難し。文に封ぜられて意を斉《かぎ》り、自ら謂って是と為す。競いて瓦礫《がりゃく》を執《と》って、瑠璃《るり》珠《しゅ》と謂い、[6] 近事《ごんじ》・顕語さえ猶尚《な》お識らず。況んや遠理・密教をや。寧《いずく》んぞ当に惑わざるべけんや。此の意の為めの故に、須らく旨帰を論ずべし。旨帰とは、文旨の趣く所なり。水流の海に趣き、火炎の空に向うが如し。密を識り遠きに達して、稽滞《けいでい》[7]する所無し。譬えば智臣は王の密

(1)如破微塵出大千経巻――『六十巻華厳経』巻第三十五、宝王如来性起品、「彼三千大千世界等経巻在一微塵内。一切微塵亦復如是。時有一人出興於世、智慧聡達、具足成就清浄天眼、見此経巻在微塵内、作如是念、云何如此広大経巻在微塵内而不饒益衆生耶。我当勤作方便、破彼微塵、出此経巻、饒益衆生」(T9, 624a6-11)を参照。

(2)対揚発起――仏の教化を助け持ち上げ、仏に対して質問するなどして仏の教えを発動させること。

(3)第九重――十広の第九「起教」を指す。実際には説かれない。

(4)膠手易著――『雑阿含経』巻第二十四、「大雪山中、寒氷嶮処、尚無獼猴。況復有人。或復有山、獼猴所居、而無有人。或復有山、人獣共居、於獼猴行処、猟師以黐膠塗其草上、有黠獼猴遠避而去、愚癡獼猴不能遠避、以手小触、即膠其手。復以二手欲解求脱、即膠二手。以足求解、復膠其足。以口嚙草、輒復膠口。五処同膠、聯捲臥地。猟師既至、即以杖貫、担負而去」(T2, 173b21-29)を参照。

(5)寝夢――寝て夢見ること。

(6)競執瓦礫謂瑠璃珠――『南本涅槃経』巻第二、哀歎品、「譬如春時、有諸人等在大池浴、乗船遊戯、失琉璃宝、没深水中。是時諸人悉共入水、求覓是宝、競捉瓦石・草木・砂礫、各各自謂得琉璃珠、歓喜持出、乃知非真。是時宝珠猶在水中、以珠力故、水皆澄清。於是大衆乃見宝珠故在水下、猶如仰観虚空月形。是時衆中有一智人、以方便力、安徐入水、即便得珠」(T12, 617c3-10)を参照。

(7)稽滞――滞ること。

20c

語を解するが如く、説く所有るを聞きて、皆悉《み》な了知して、一切智地に到る。[1] 此の意を得る者は、即ち旨帰を解す。旨とは、自ら三徳[2]に向かう。帰とは、他を引きて同じく三徳に入らしむるが故に、旨帰と名づく。又た、自ら三徳に入るを帰と名づけ、他をして三徳に入らしむるを、旨と名づく。故に旨帰と名づく。

今、更に総別に旨帰を明かさば、諸仏は一大事因縁の為めに世に出現し、[3] 種種の像を示して、咸《ことごと》く衆生をして同じく法身を見せしめ、法身を見已って、仏、及び衆生は、倶に法身に帰す。又た、仏は種種の法を説きて、咸く衆生をして如来の一切種智を究竟せしめ、種智を具し已って、仏、及び衆生は、倶に般若に帰す。又た、仏は種種の方便、神通変化を現じ、諸の縛を解脱せしむ。一人をして独り滅度を得しむるのみならず、皆な如来の滅度を以て之れを滅度す。[4] 既に滅度し已って、仏、及び衆生は、倶に解脱に帰す。『大経』[5]に云わく、「諸子を秘密蔵の中に安置す。我れも亦た久しからずして、自ら其の中に住せん」と。是れ総相の旨帰と名づく。

別相とは、身に三種有り。一には色身、二には法門身、三には実相身なり。若し息化《そっけ》[6]に帰を論ぜば、色身は解脱に帰し、法門身は般若に帰し、実相身は法身に帰す。般若に三種有りと説く。一に道種智を説き、二に一切智を説き、三に一切種智を説く。若し息化に帰を論ぜば、道種智は解脱に帰し、一切智は般若に帰し、一切種智は法身に帰す。解脱に三種有り。一に無知[7]

の縛を解き、二に取相[8]の縛を解き、三に無明の縛を解く。若し息化に真に帰せば、無知の縛を

（1）譬如智臣解王密語聞有所説皆悉了知到一切智地――『南本涅槃経』巻第九、菩薩品、「善男子、如来密語、甚深難解。譬如大王告諸群臣、先陀婆来。先陀婆者、一名四実。一者塩、二者器、三者水、四者馬。如是四物共同一名。有智之臣善知此名、若王洗時、索先陀婆、即便奉水、若王食時、索先陀婆、即便奉塩、若王食已欲飲漿時、索先陀婆、即便奉器、若王遊時、索先陀婆、即便奉馬。如是智臣善解大王四種密語」（T12, T12,662b17-24）を参照。
（2）三徳――法身・般若・解脱を指す。
（3）諸仏為一大事因縁出現於世――『法華経』方便品、「諸仏世尊唯以一大事因縁故、出現於世」（T9, 7a21-22）を参照。
（4）不令一人独得滅度皆以如来滅度而滅度之――『法華経』譬喩品、「我有無量無辺智慧・力・無畏等諸仏法蔵、是諸衆生皆是我子。等与大乗、不令有人独得滅度、皆以如来滅度而滅度之」（同前、13c5-8）を参照。
（5）大経云安置諸子秘密蔵中我亦不久自住其中――『南本涅槃経』巻第二、哀歎品、「我亦復当安住是中、入於涅槃。何等名為秘密之蔵。猶如伊字。三点若並、則不成伊。縦亦不成。如摩醯首羅面上三目乃得成伊。三点若別、亦不得成。我亦如是。解脱之法亦非涅槃、如来之身亦非涅槃、摩訶般若亦非涅槃、三法各異亦非涅槃。我今安住如是三法。為衆生故、名入涅槃。如世伊字」（T12, 616b10-17）を参照。
（6）息化――教化を休止すること。
（7）無知――塵沙惑を指す。
（8）取相――見思惑を指す。

解きて解脱に帰し、取相の縛を解きて般若に帰し、無明の縛を解きて法身に帰す。是の義を以ての故に、別相の旨帰も亦た三徳の秘密蔵の中に帰す。

復た次に三徳は三に非ず一に非ず、思議す可からず。所以は何ん。若し法身は直《た》だ法身なりと謂わば、法身に非ざるなり。当に知るべし、法身も亦た、身・非身・非身非非身なり。首楞厳に住して種種に示現し、衆《もろもろ》の色像を作る。故に名づけて身と為す。作す所辦じ已れば[1]、解脱に帰す。智慧は諸の色は色に非ずと照了す。故に非身と名づく。作す所辦じ已れば、般若に帰す。実相の身は色像の身に非ず、法門の身に非ず。是の故に非身非非身なり。作す所辦じ已れば、法身に帰す。此の三身は一異の相無しと達す。是れ名づけて帰と為す。此の三身は一異の相無しと説く。是れ名づけて旨と為す。倶に秘蔵に入る。故に旨帰と名づくるなり。

若し般若は直だ般若なりと謂わば、般若に非ざるなり。当に知るべし、般若も亦た知・非知・非知非非知なり。道種智の般若は、遍く俗を知る。故に名づけて知と為す。作す所辦じ已れば、解脱に帰す。一切智の般若は、遍く真を知る。故に非知と名づく。作す所辦じ已れば、般若に帰す。一切種智の般若は、遍く中を知る。故に非知非非知と名づく。作す所辦じ已れば、法身に帰す。三の般若に一異の相無しと達するは、是れ名づけて帰と為す。三の般若に一異の相無しと説くは、是れ名づけて旨と為す。倶に秘蔵に入るが故に、旨帰と名づく。

21a

若し解脱は直だ解脱なりと謂わば、解脱に非ざるなり。当に知るべし、解脱は亦た脱・非脱・非脱非非脱なり。方便浄の解脱は、衆生を調伏して、染する所と為らず。故に名づけて脱と為す。作す所辦じ已れば、解脱に帰す。円浄の解脱は、衆生、及び解脱の相を見ず。故に非脱と名づく。作す所辦じ已れば、般若に帰す。性浄の解脱は、則ち非脱非非脱なり。作す所辦じ已れば、法身に帰す。此の如き三脱は一異の相に非ずと若しは達し、若しは説くは、倶に秘蔵に入る。故に旨帰と名づく。

復た次に三徳は、新に非ず、故《こ》[2]に非ず、而も新、而も故なり。所以は何ん。三障[3]は三徳を障《さ》う。無明は法身を障え、取相は般若を障え、無知は解脱を障う。三障は先より有り。之れを名づけて故と為す。三徳は三障を破して、今始めて顕わるることを得。故に名づけて新と為す。三障は即ち三徳、三徳は即ち三障なり。三障は即ち三徳なれば、三障は故に非ず。三徳は即ち三障なれば、三徳は新に非ず。新に非ずして而も新なれば、則ち発心して得る所の三徳、乃至、

(1)所作辦已――なすべきことをなし終えたの意。阿羅漢に対する描写として、「所作已辦」という語句がしばしば使用される。
(2)故――古いの意。
(3)三障――ここでは、本文に出る見思惑（取相惑）・塵沙惑（無知惑）・無明惑を指す。

究竟して得る所の三徳有り。故に非ずして而も故なれば、則ち発心して治する所の三障、乃至、究竟して治する所の三障有り。新は新に非ず、故は故に非ざれば、則ち理性の三徳有り。若し総じて三徳は新に非ず故に非ず、而も新、而も故、一異の相無しと達し、他の為めにすることも亦た然れば、則ち是れ秘密蔵の中に旨帰す。

又た説かば、無明は先より有るを、名づけて故と為す。法身は是れ明にして無明を破するを、名づけて新と為す。無明は即ち明にして、明は即ち無明なり。無明は即ち明なれば、無明は故に非ず。明は即ち無明なれば、明は即ち新に非ず。取相は先より有り。之れを名づけて故と為す。無相は相を破れば、無相を新と名づくれども、相は即ち無相にして、無相は即ち相なり。何れか新、何れか故ならん。無知は先より有り。之れを名づけて故と為す。知は無知を破れば、知を名づけて新と為せども、無知は即ち知にして、知は即ち無知なり。何れか新、何れか故ならん。

若し総別、新故に一異の相無しと達せば、若しは他の為めに説くも亦復《ま》た是の如し。是れ旨帰は秘密蔵に入ると名づく。縦横・開合・始終等は、例して皆な是の如し。

復た次に、旨帰も亦復た是の如し。謂わく、旨・非旨・非旨非非旨、帰・非帰・非帰非非帰なり。一一に悉ごとく須らく秘密蔵の中に入るべし。上に例して解す可し。旨は自行の故に、
21b 非旨は化他の故に、非旨非非旨は自他無きが故なり。旨帰の三徳寂静なることは此の若し。何

の名字有りてか而も説示《せつじ》す可けん。何を以てか之れに名づくるやを知らず。強いて中道・実相・法身・非止非観等と名づけ、亦復た強いて一切種智・平等大慧・般若波羅蜜・観等と名づけ、亦復た強いて首楞厳定・大般涅槃・不可思議解脱・止等と名づく。当に知るべし、種種の相、種種の説、種種の神力は、一一皆な秘密蔵の中に入る。何等か是れ旨帰なるや。旨帰は何れの処ぞ。誰か是れ旨帰なるや。言語の道は断え、心行の処は滅し、永く寂なること空の如し。是れ旨帰と名づく。第十重[1]の中に至って、当に広く説くべきなり。

摩訶止観巻第二下

(1)十重――十広の第十「旨帰」を指す。実際には説かれない。

摩訶止観 巻第三上

隋の天台智者大師説く
門人の灌頂記す

5.2. 釈名

第二に止観の名を釈すとは、大途梗概《だいとこうがい》[1]、已に上に説くが如し。復た何の義を以て止観の名を立つるや。略して四有り。一に相待《そうだい》、二に絶待《ぜつだい》、三に会異《えい》、四に三徳に通ず。

5.2.1. 相待

一に相待とは、止観に各おの三義あり。息《そく》[2]の義、停《じょう》[3]の義、不止に対する止の義なり。息の義とは、諸の悪覚観、妄念・思想[4]は、寂然《じゃくねん》として休息す。『浄名』に曰わく、「何をか攀縁《はんえん》と謂う。三界を縁ずるを謂う。何をか攀縁を息《や》むと謂う。心に得る所無きを謂う[5]」と。此れは所破に就いて名を得るにして、是れ止息の義なり。

停の義は、心の諦理[6]を縁じて、念を現前に繋《か》け、停住《じょうじゅう》して動ぜず。『仁王』に云わく、「理に入る般若を、名づけて住と為す」[7]と。『大品』に云わく、「不住の法を以て、般若波羅蜜の中に住す」[8]と。此れは能止《のうし》に就いて名を得るにして、即ち是れ停止《じょうじ》の義なり。

不止に対して以て止を明かすとは、語は上に通ずと雖も、意は則ち永く殊《こと》なり。何となれば、上の両《ふた》つの止は、生死の流動に対し、涅槃に約して、止息を論ず。心は理の外に行ずれども、

(1)大途梗概――「大途」は大きな道の意。「梗概」は、大略の意。合わせて、大略、大要の意。
(2)息――煩悩を止息させること。
(3)停――智慧によって真理に停止すること。
(4)思想――心の想念の意。
(5)浄名曰何謂攀縁謂縁三界何謂息攀縁謂心無所得――『維摩経』巻中、文殊師利問疾品、「何謂病本。謂有攀縁。従有攀縁、則為病本。何所攀縁。謂之三界。云何断攀縁。以無所得。若無所得、則無攀縁。何謂無所得。謂離二見。何謂二見。謂内見・外見。是無所得」(T14, 545a17-21)を参照。
(6)諦理――真理の意。
(7)仁王云入理般若名為住――『仁王般若波羅蜜経』巻上、菩薩教化品、「入理般若名為住　住生徳行名為地　初住一心足徳行　於第一義而不動」(T8, 827b25-26)を参照。
(8)大品云以不住法住般若波羅蜜中――『大品般若経』巻第一、序品、「菩薩摩訶薩以不住法住般若波羅蜜中。以無所捨法、応具足檀那波羅蜜。施者、受者及財物不可得故」(同前、218c21-24)を参照。

21c

般若に約して、停止を論ず。此れは智・断に約して、通じて相待を論ず。今は別して諦理に約して、相待を論ず。無明は即ち法性にして、法性は即ち無明なり。無明は亦た止にも非ず不止にも非ずして、而も無明を喚《よ》びて不止と為す。法性は亦た止にも非ず不止にも非ずして、而も法性を喚びて止と為す。此れは無明の不止に待《たい》して、法性を喚びて止と為す。『経』に、「法性は生に非ず滅に非ずして、而も法性は寂滅なりと言い、法性は垢に非ず浄に非ずして、而も法性は清浄なりと言う」が如きは[1]、是れ不止に対して止を明かすと為すなり。

観も亦た三義あり。貫穿《かんせん》[2]の義、観達《かんだつ》[3]の義、不観に対する観の義なり。

貫穿の義とは、智慧の利き用《ゆう》は、煩悩を穿滅《せんめつ》す。『大経』に云わく、「利き钁《くわ》もて地を斲《けず》るに、磐石《ばんじゃく》[4]・砂礫《しゃりゃく》、直ちに金剛に至る」[5]と。『法華』に云わく、「高原を穿鑿《せんざく》して、猶お乾燥の土を見る。功を施すこと已《や》まざれば、遂に漸く泥に至る」[6]と。此れは所破に就いて名を得るにして、貫穿の観を立つるなり。

観達の義とは、観智もて通達して、真如[7]に契会《かいえ》[8]す。『瑞応経《ずいおうけい》』に云わく、「心を息《とど》めて本源に達するが故に、号して沙門と為す」[9]と。『大論』に云わく、「清浄の心は常に一なれば、則ち能く般若を見る」[10]と。此れは能観に就いて名を得るが故に、観達の観を立つるなり。

(1)如経法性非生非滅而言法性寂滅法性非垢非浄而言法性清浄――『輔行』巻第三之一、「如経下引証。通引諸経、未為別証、故無的指」(T46, 218a11-12)を参照。つまり、多くの経典の趣旨を引用したものであり、特定の出典はない。

(2)貫穿――智慧によって煩悩を穿《うが》ち滅すること。

(3)観達――智慧が真理に到達し合致すること。

(4)磐石――大きな石の意。

(5)大経云利钁斲地磐石砂礫直至金剛――『南本涅槃経』巻第八、如来性品、「復次善男子、譬如有人善知伏蔵。即取利钁掘地直下、磐石・沙礫直過無難。唯至金剛、不能穿徹。夫金剛者、所有刀斧不能破壊。善男子、衆生仏性亦復如是。一切論者、天・魔波旬及諸人天、所不能壊。五陰之相、即是起作。起作之相、猶如石沙、可穿可壊。仏性真我、譬如金剛、不可毀壊。以是義故、壊五陰者、名為殺生。善男子、必定当知仏法如是不可思議」(T12, 649c17-25)を参照。

(6)法華云穿鑿高原猶見乾燥土施功不已遂漸至泥――『法華経』法師品、「薬王、譬如有人渇乏須水、於彼高原穿鑿求之、猶見乾土、知水尚遠。施功不已、転見湿土、遂漸至泥、其心決定、知水必近」(T9, 31c9-12)を参照。

(7)真如――tathatā の訳。原義は、そのようにあること、あるがままなこと。仏教的真理の意。

(8)契会――合致すること。

(9)瑞応経云息心達本源故号為沙門――出典未詳。「沙門」については、『太子瑞応本起経』巻上、「何謂沙門。対曰、蓋聞。沙門之為道也、捨家妻子、捐棄愛欲、断絶六情、守戒無為、其道清浄、得一心者、則万邪滅矣」(T3, 475a23-25)を参照。

(10)大論云清浄心常一則能見般若――『大智度論』巻第十八、「無量衆罪除　清浄心常一」(T25, 190b22-23)を参照。

不観に対する観とは、語は上に通ずと雖も、意は則ち永く殊なり。上の両つの観は亦た通じて生死の弥密《みみつ》[1]に対して貫穿を論じ、迷惑の昏盲《こんもう》[2]に対して観達を論ず。此れは通じて智・断に約し、相待して観を明かすなり。今は別して諦理に約す。無明は即ち法性にして、法性は即ち無明なり。無明は観にも非ず不観にも非ずして、而も無明を喚びて不観と為し、法性は亦た観にも非ず不観にも非ずして、而も法性を喚びて観と為す。『経』に云うが如し、「法性は明にも非ず闇にも非ずして、而も法性を喚びて明と為し、第一義空は智にも非ず愚にも非ずして、而も第一義空を喚びて智と為す」[3]と。是れ不観に対して観を明かすと為すなり。是の故に、止観は各おの三義に従いて名を得、云云。

5.2.2. 絶待

二に絶待に止観を明かすとは、即ち前の三つの相待止観[4]を破するなり。先に横に破し、次に竪《たて》に破す。

若し止息の止は所破に従いて名を得ば、境を照らすを正と為し、惑を除くを傍と為す。既に所離に従いて名を得れば、名は傍に従いて立ち、即ち他性に堕す。若し停止の止は能破に従いて名を得ば、境を照らすを正と為し、惑を除くを傍と為す。既に能照と言えば、名は智従り

22a
生ず。即ち自性に堕す。若し妄想息むが故に止なるに非ず、理に住するが故に止なるに非ず、智・断の因縁の故に止ならば、名は合従り生ず。即ち共性に堕す。若し所破に非ず能破に非ずして、而も止と言わば、此れは無因の性に堕す。故に龍樹は曰わく、「諸法は自ら生ぜず、亦た他従り生ぜず、共《ぐう》ならず無因ならず。是の故に無生と説く」[5]と。無生の止観は、豈に四句に従いて名を立てんや。四句に名を立つるは、是れ因待[6]の生なり。思う可く、説く可し。是れ結惑の生なり。破す可く、壊す可し。起滅流動の生は、何ぞ停止と謂わん。迷惑顛倒の生は、何ぞ観達と謂わんや。

(1)弥密——高密度であること。
(2)昏盲——物が見えないこと、智慧がなく暗いこと。
(3)如経云法性非明非闇而喚法性為明第一義空非智非愚而喚第一義空為智——出典未詳。
(4)前三相待止観——息、停、不止に対する止という止の三義と貫穿、観達、不観に対する観という観の三義がそれぞれ相対していること。
(5)龍樹曰諸法不自生亦不従他生不共不無因是故説無生——『中論』巻第一、観因縁品、「若不従自生。亦不従他生。共生則有二過。自生他生故。若無因而有万物者、是則為常。是事不然」(T30, 2b12-14)を参照。
(6)因待——相待の意。

又た、竪に破すとは、若し四句従り生ぜば、即ち是れ生生にして、止観に非ざるなり。若し能く見思を止息し、真諦に停住せば、此れは乃ち生生に待して、生不生の止観を説くのみ。若し空心を以て仮に入り、塵沙を止息し、俗理に停住せば、此れは乃ち生不生に待して、不生生の止観を説くのみ。若し無明を止息し、心を中理に停《とど》めば、此れは是れ生死・涅槃の二辺の不止に待して、止観を論ずるのみ。皆な是れ待対《たいだい》にして、思議す可く、結惑[1]を生じ、破壊す可し。尚お未だ是れ止ならず。何に況んや不止ならんをや。猶《な》自お観に非ず。何に況んや不観ならんをや。何を以ての故に。執を遣《や》るも尽きざるが故に、言語の道は断えざるが故に、業果は絶えざるが故なり。

今、絶待止観と言うは、横竪《おうじゅ》の諸の待を絶し、諸の思議を絶し、諸の煩悩、諸の業、諸の果を絶し、諸の教、観、証等を絶す。悉《こと》皆ごとく不生なり。故に名づけて止と為す。止も亦た不可得なり。観は如の境に冥《みょう》ず。境は既に寂滅清浄にして、尚お清浄も無ければ、何ぞ観有ることを得んや。止観すら尚お無し。何ぞ不止観に待して止観を説き、止観に待して不止観を説き、止・不止に待して非止・非不止を説くことを得んや。故に知んぬ、止・不止は皆な不可得なり。非止・非不止も亦た不可得なり。待対既に絶すれば、即ち有為に非ず、四句を以て思う可からず。故に言説の道に非ず、心識の境に非ず。既に名相無く、結惑生ぜざれば、則ち生死無く、則ち破壊す可からず。絶を滅し、滅を絶するが故に、絶待の止と名づく。顛倒の想は断ずるが

22b

故に、絶待の観と名づく。亦た是れ有為を絶する止観、乃至、生死を絶する止観なり、云云。

絶待止観は、則ち説く可からず。故に亦た説くことを得可し。若し四悉檀の因縁有らば、若し世界の因縁有らば、則ち異を会して[2]説き、若し為人の因縁有らば、則ち通[3]の三徳もて説き、若し対治の因縁有らば、則ち相待もて説き、若し第一義の因縁有らば、則ち絶待もて説く。説きて止観と為す。

此の名字は、内、外、両の中間にも在らず。亦た常自《つね》に有ならず。是の字は、住せず、亦た住せざるにもあらず。是の字は、横の四句、竪の四句の中に在らざるが故に、是の字は住せずと言う。亦た、横無く竪無きの中にも在らざるが故に、亦た住せざるにも不《あら》ずと言う。是の字は不可得なるが故に、故《ことさら》に絶待の止観と名づく。亦た不思議の止観と名づけ、亦た無生の止観と名づけ、亦た一大事の止観と名づく。故に此の如き大事は、小事に対せず。譬えば虚空は小空に因って名づけて大と為すに不《あら》ざるが如し。止観も亦た爾り。愚乱[4]に因って名づけて止観と

(1)結惑――煩悩の意。
(2)会異――異なるもの(異名)を合致させること。
(3)通――共通の意。
(4)愚乱――物の道理に暗いこと。

為すに不《あら》ず。待対す可きこと無く、独一の法界《ほうかい》なるが故に、絶待の止観と名づく。

世人は種種の語に約して絶待の義を釈すれども、終に絶を得ず。何を以ての故に。凡情は馳想[1]し、種種に推画《すいわく》[2]して、悟と不悟、心と不心、凡と聖の差別を分別す。絶は則ち不絶に待し、不思議は思議に待し、輪転[3]相待して、絶に寄る所無ければなり。若し意を得て言を亡《もう》ぜば、心行も亦た断じ、智に随いて妙悟し、復た分別すること無し。亦た悟・不悟、聖・不聖、心・不心、思議・不思議等を言わず。種種の妄想、理を縁ずる分別は、皆な名づけて待と為す。真慧は開発し、此の諸の待を絶すれば、絶も即ち復た絶す。火を前《すす》むる木の如きを、名づけて絶待と為す。故に『浄名』に、「諸法は相待せず、乃至、一念も住せざるが故に」と云う[4]は、即ち此の意なり。

若し爾らば、絶待は乃ち是れ聖境《しょうきょう》なり。初心に分《ぶん》無からん。

今、六即を以て之れに望むるに、初心も失う所無く、聖境に濫《らん》[5]する所無し。

5.2.3. 会異

三に会異とは、此の如き絶待止観は、亦た不可思議と名づけ、亦た名づけて大と為す。『大経』に云わく、「大とは、不可思議と名づくるなり[6]」と。諸余[7]の経論に、或いは遠離《おんり》と名づけ、或いは不住・不著・無為・寂滅・不分別・禅定・棄・除・捨等と名づく。是の如き一切は皆な是れ止の異名《いみょう》なり。止は既に絶・大・不可思議なれば、遠離等も皆な絶・大・不可思議なり。余処に或いは知見・明識・眼覚・智慧・照了・鑒達《かんだつ》等と名づく。是の如き一切は皆な是れ観の異名なり。観は既に絶・大・不可思議なれば、知見等も皆な絶・大・不可思議なり。所以は何

(1)馳想——速く想念すること。
(2)推画——推しはかり考えること。
(3)輪転——車輪が回転すること。
(4)浄名云諸法不相待乃至一念不住故——『維摩経』巻上、弟子品、「一切法生滅不住、如幻如電、諸法不相待、乃至一念不住」(T14, 541b25-26) を参照。
(5)濫——溢れて広がること。
(6)大経云大名不可思議也——『南本涅槃経』巻第二十一、光明遍照高貴徳王菩薩品、「善男子、大名不可思議。若不可思議、一切衆生所不能信。是則名為大般涅槃。唯仏・菩薩之所見故、名大涅槃。以何因縁復名為大。以無量因縁、然後乃得、故名為大」(T12, 746b22-26) を参照。
(7)諸余——その他の意。

22c ん。般若は是れ一法なれども、仏は種種の名を説く。[1] 解脱も亦た爾り、諸の名字多し。[2] 亦た虚空・無所有・不動・無礙の如し。当に知るべし、三徳は秖《た》だ是れ一法なれども、衆生の類に随って、之れが為めに異なる字を立つ。[3] 若し絶待を聞かば、慎みて驚畏すること莫れ。若し会異を聞かば、慎みて疑惑して自ら毀傷《きしょう》[4]すること莫れ。
又た、止観は自ら相い会せば、止も亦た観と名づけ、亦た不止と名づく。観も亦た止と名づけ、亦た不観と名づく。即ち前の釈名の意と同じ。

5.2.4. 三徳に通ず

四に三徳に通ずとは、若し衆《もろもろ》の経の異名は皆な是れ止観ならば、名は即ち無量にして、義も亦た無量なり。何が故に但だ三義を以て止観を釈するや。三徳に対せんが為めに、此の釈を作すのみ。諸法は無量なるに、何が故に独り三徳に対するや。『大論』に云わく、「菩薩は初発心従り常に涅槃を観じ道を行ず」[5]と。『大経』に云わく、「仏、及び衆生は、皆悉《み》な秘密蔵の中に安置す」[6]と。秘密は即ち是れ涅槃、涅槃は即ち是れ三徳、三徳は即ち是れ止観なり。自他の初後[7]は、皆な修入することを得。故に用て之れに対するのみ。

若し両字[8]を用いて共に三徳に通ぜば、止は即ち是れ断にして、断は解脱に通ず。観は即ち是

れ智にして、智は般若に通ず。止観の等しきをば、名づけて捨相[9]と為し、捨相は即ち是れ法身

(1)般若是一法仏説種種名――『大智度論』巻第十八、「般若是一法 仏説種種名 随諸衆生力 為之立異字」(T25, 190c3-4)を参照。

(2)解脱亦爾多諸名字――『南本涅槃経』巻第五、四相品、「善男子、夫涅槃者、名為解脱」(T12, 632a13-14)以下の長文を参照。

(3)随衆生類為之立異字――本ページ注1を参照。

(4)毀傷――傷つけること。

(5)大論云菩薩従初発心常観涅槃行道――『大智度論』巻第十一、「菩薩観涅槃、行仏道、以是事故、菩薩智慧応是無漏」(T25, 139c11-12)を参照。

(6)大経云仏及衆生皆悉安置秘密蔵中――『南本涅槃経』巻第二、哀歎品、「我今当令一切衆生及我諸子四部之衆、悉皆安住秘密蔵中。我亦復当安住是中、入於涅槃。何等名為秘密之蔵。猶如伊字三点若並則不成伊、縦亦不成。如摩醯首羅面上、三目乃得成伊。三点若別、亦不得成」(T12, 616b8-13)を参照。

(7)自他初後――自行の初修、化他の初修、自行の後心、化他の後心の意。

(8)両字――止観の二文字の意。

(9)捨相――固定的な特徴を捨てること。

に通ず。又た、止は即ち奢摩他《しゃまた》[1]、観は即ち毘婆舎那《びばしゃな》[2]なり。他と那[3]と等しきが故に、即ち憂畢《うひつ》叉《しゃ》[4]なり。三徳に通ずることは前の如し。

問う。止観は是れ二法なり。豈に不思議の三徳に通ずることを得んや。

答う。還って不思議の止観を以ての故に、通ずることを得るのみ。又た、『大品《だいぼん》』に十八空を明かして般若を釈し、百八三昧もて禅を釈す[5]。前後に両釈すと雖も、豈に禅に般若無く、般若に禅無かる可けんや。特に是れ不二にして而も二、二は則ち不二なり、不二は即ち法身、二は即ち定・慧なり。此の如き三法は[6]、未だ曾て相い離れず。

是の故に、『大経』に云わく、「仏性に五種の名有り。或いは首楞厳と名づけ、或いは般若と名づく」[7]と。今、非止非観を、或いは名づけて止と為し、或いは名づけて観と為す。即ち是れ不思議の止観にして、不思議の三徳に通ずるなり。

復た次に止観は各おの三徳に通ずとは、止の中に観有り、観の中に止有り。止息の止の如きは是れ止善[8]、定門に属して摂し、即ち解脱に通ず。停止の止は是れ行善[9]、観門に属して摂し、即ち般若に通ず。非止の止は理に属して摂し、即ち法身に通ず。其の義は見る可きなり。貫穿の観は是れ止善、定門の摂にして、即ち解脱に通ず。観達の観は是れ行善、観門の摂にして、23a 即ち般若に通ず。非観の観は理の摂にして、即ち法身に通ず。意は亦た見る可し。

復た次に止観は共に三徳に通ずとは、止息の止、貫穿の観は、皆な所離に従いて名を得、即ち解脱に通ず。停止の止、観達の観は、皆な能縁の智に従いて名を得、則ち般若に通ず。非止の止、非観の観は、皆な法性に名づけ、即ち法身に通ず、云云。

(1)奢摩他――śamatha の音写語。止と漢訳する。止息の意。
(2)毘婆舎那――vipaśyanā の音写語。観と漢訳する。観察の意。
(3)他那――奢摩他と毘婆舎那を指す。
(4)憂畢叉――upekṣā の音写語。捨と漢訳する。偏りのないこと。
(5)大品明十八空釈般若百八三昧釈禅――『大智度論』巻第四十七、「釈曰、上以十八空釈般若波羅蜜。今以百八三昧釈禅波羅蜜。百八三昧、仏自説其義。是時人利根故、皆得信解。今則不然。論者重釈其義、令得易解」(T25, 398c23-26)を参照。
(6)三法――法身、禅定、智慧を指す。
(7)大経云仏性有五種名或名首楞厳或名般若――『南本涅槃経』巻第二十五、師子吼菩薩品、「首楞厳三昧者、有五種名。一者首楞厳三昧、二者般若波羅蜜、三者金剛三昧、四者師子吼三昧、五者仏性。随其所作、処処得名」(T12, 769b6-9)を参照。
(8)止善――悪を制止する消極的な善の意。
(9)行善――善を行なう積極的な善の意。

復た次に三徳は止観に通ずとは、還って応に三徳を以て共に両の字に通ずべし。又た、応に三徳は各おの両の字に通ずべし、云云。三徳は共に通ずとは、解脱は止に通じ、般若は観に通じ、法身は非止非観に通ず。三徳は各おの止観に通ずとは、夫れ解脱とは、具足の解脱なり。具さに三種有り。方便浄解脱は止息の止に通じ、円浄解脱は停止の止に通じ、性浄解脱は非止の止に通ず。夫れ般若とは、具足の般若なり。具さに三種有り。道慧の般若は貫穿の観に通じ、道種慧の般若は観達の観に通じ、一切種慧の般若は非観の観に通ず。具足の法身も亦た三種有り。色身は一止一観に通じ、法門身は一止一観に通じ、実相身は一止一観に通ず。其の義は見る可し。

若し三徳の絶・大・不思議なることを信ぜば、通の義は既に明らかなり。須らく止観の絶・大・不思議なることを信ずべし。若し涅槃の三法[1]具足するを秘密蔵と名づくることを信ぜば、亦た三止の具足することも大寂定と名づけ、秘密蔵と名づくることを信じ、亦た三観具足するを大智慧と名づけ、秘密蔵と名づくることを信じ、亦た非止非観の三法具足するを秘密蔵と名づくることを信ず。若し三徳は縦ならず、横ならず、並《びょう》ならず、別ならず、三点三目[2]の如くなることを信ぜば、亦た三止三観の縦ならず、横ならず、並ならず、別ならざることを信ず。

而るに、諸経は縁に赴きて偏えに一法を挙げ、以て義端を示す。『首楞厳』の如きは偏えに止の辺を挙げ、止に一切の法を具して、減少せざるを、亦た秘密蔵と名づく。『智度』と『法華』は偏えに観の辺を挙げ、観に一切の法を具して減少せず、『涅槃』は三法具足を挙ぐ。法は亦た多からず、亦た秘密蔵と名づく。止観も亦た爾り。若しは開し、若しは合す。開するも亦た多からず、合するも亦た少なからず、一一皆な是れ法界にして、一切の法を摂し、悉ごとく秘密蔵と名づく。偏えに挙ぐるも尚お爾り。況んや円かに挙ぐるをや。

止観は三徳に通ずること既に爾れば、諸の異名、遠離・知見等に通ずるも、亦た是の如し。

23b 又た、諸の三名なり。所謂る三菩提[3]、三仏性[4]、三宝等なり。一切の三法に通ずることも亦た是の如し。

(1)三法――法身・般若・解脱の三徳を指す。

(2)三点三目――伊字の三点、摩醯首羅天《まけいしゅらてん》(大自在天)の三目を指す。伊字の三点は、悉曇《しったん》文字の伊字が三点からなり、その三点が縦にも横にも一列には並ばず、三角形をなしていることを意味する。摩醯首羅天の三目も伊字と同じく、縦にも横にも一列に並ばず、三角形をなしていることを指す。

(3)三菩提――実相菩提・実智菩提・方便菩提を指す。

(4)三仏性――正因仏性・了因仏性・縁因仏性を指す。

問う。云何んが字義の縦横《じゅうおう》なるや、云何んが字義の不縦不横なるや。

答う。諸の小乗師の説く。般若の種智は已に円かなれども、果縛[1]は尚お在れば、解脱は未だ具せず、身は猶お雑食《ぞうじき》し、又た無常を帯《お》ぶ。一は優《う》[2]、二は劣[3]なり。之れを横川走火《おうせんそうか》[4]に譬う。又た云わく、先に相好の身有り、次に種智の般若を得、後に身・智を滅して、方に解脱を具す、と。既に上下、前後の義有れば、之れを縦の三点の水に譬う。若し滅定[5]に入らば、身有れども智無し。羅漢は無色に在らば、智有れども身無し。若し無余[6]に入らば、但だ孤調《こちょう》解脱[7]のみ有り。此の義は各おの相い関せず。之れを並ぶれば則ち横、之れを累《かさ》ぬれば則ち縦、之れを分かてば則ち異なり。諸の大乗師は説く。法身は是れ正体なれば、仏有るも仏無きも、本自《も》と之れ有り。今に適《はじ》まるに非ず。了因の般若、無累の解脱の此の二は当有[8]なれば、生を隔て世を跨《また》ぎ、浄・穢に弥亘《わた》る。此の字の義は縦なり。又た言わく、三徳は前後無く、一体に具足す。体を以て義に従うに、而も三の異有り、と。蓋《けだ》し乃ち体は横にして、義は縦なるのみ。又た言わく、体と義は倶に殊ならざれども、隠顕の異なり有り、と。倶に異ならざるは、未だ横なるを免れず。隠顕異なるは、未だ縦なるを免れず。衆《もろもろ》の釈は此の如し。寧《いず》くんぞ経と会わんや。

（1）果縛——煩悩の果報である生死の苦果が我を束縛すること。

(2)一——般若という種智が円かであるという一つ。

(3)二——解脱は備わらず、身は雑食であるという二つ。

(4)横川走火——三つのものの関係が不縦不横であることをたとえる場合、これを梵字の伊字の三点にたとえることがある。本文では、「一つは優れ、二つは劣る」とあるので、これは不縦不横の伊字の三点ではなく、点が横に並ぶ場合と縦に並ぶ場合を、「横の川、走る火」にたとえているようである。ただし、点が横に並ぶ場合が「横の川」、縦に並ぶ場合が「走る火」にそれぞれ対応するとは簡単にいえない（走る火は、三点を横に並べたものであることは理解しやすい）ので、明了には理解できない。CBETA によれば、参考になる資料として次の二つがある。読み方が難しい箇所もあるが、参考までに引用する。『天台宗未決（附釈疑）』巻第三、「答。今出梵字様∴。此梵書伊字喩既明、三德可想」（X56, 688b5-7）、『四教儀集註節義』（清、霊耀）巻第一、「旧伊如横川走火。西方字有新旧。猶此方真・草・隷・篆。転変不同。止観明三点、若横［丶, *, *］如走火。若縦［丶, ノ, ノ］如点水。後人輒以［丶, *, *］写也。川、此横川也。灬、此走火也。氵、此瀝水也。瀝水豈同∴也。∵、此並合也。∴、此点琊牙也。字喩既明、三作川字。［丶, ノ, ノ］字、写作三字。遂云横川縦三、非也。故今文応去横川二字。直云走火之横為是」（X57, 669a11-15）を参照。更に検討を要する。

(5)滅定——滅尽定の意。滅受想定ともいう。nirodha-samāpatti の訳語。心と心の作用をすべて滅した無心の禅定で、これを修して、無色界の最高である非想非非想処に生まれるとされる。

(6)無余——無余涅槃の意。余依＝身体のない涅槃、つまり、死後、身体が滅んでから得る完全な涅槃のこと。

(7)孤調解脱——法身、般若を備えない解脱の意。

(8)当有——未来の存在の意。

23c 今、三徳を明かすに、皆な不可思議なり。那んぞ忽《たちま》ち縦ならん。皆な不可思議なり。那んぞ忽ち横ならん。皆な不可思議なり。那んぞ忽ち一ならん。皆な不可思議なり。那んぞ忽ち異ならん。此れは理蔵[1]に約して釈す。身は常なり、智は円なり、断は具なり。一切皆な是れ仏法にして、優劣有ること無し。故に縦ならず。三徳は相い冥《みょう》じて、同じく是れ一法界なり。法界を出でて外、何れの処にか更に別に法有らん。故に横ならず。能く種種に建立す。故に一ならず。同じく第一義に帰す。故に異ならず。此れは行因に約して釈するなり。一に即して而も三なるが故に横ならず、三に即して而も一なるが故に縦ならず、三ならずして而も三なるが故に一ならず、一ならずして而も一なるが故に異ならず。此れは字の用に約して釈するなり。真の伊字の義は、此の若しと為す。

問う。三徳と四徳[2]、其の意は云何ん。

答う。通じて論ずれば、三徳は、一一皆な常、楽、我、浄なり。『大経』に云わく、「諸仏の師とする所は、所謂《いわゆ》る法なり。法の常なるを以ての故に、諸仏も亦た常なり」[3]と。法は即ち法身、仏は即ち般若・解脱なるが故に、通の解を作すなり。『大経』に云わく、「是の色を滅するに因って、常色を獲得《ぎゃくとく》す。受・想・行・識も亦復た是の如し」[4]と。則ち法身は皆な常・楽・我・浄にして、二徳も亦た然り。若し一種に依らば、色を転じて法身を成ずれば、法身は常・

楽なり。識想を転じて般若を成ずれば、般若は即ち浄なり。受・行を転じて解脱を成ずれば、解脱は則ち我なり。又た、念処に依れば、識を転じて常を成じ、受を転じて楽を成じ、想・行を転じて我を成じ、色を転じて浄を成ず。是れ則ち通・別に各おの二解有り。円に依らば是れ頓の義にして、別に依らば是れ漸の義なり、云云。

問う。三障、及び三道[5]は、皆な三徳を障《さ》う。三障は開通して、極に至る。三道、四倒[6]も亦た応に開通して極に至るべきや。

(1)理蔵——一切法を含蔵する理の意。
(2)三徳四徳——「三徳」は法身・般若・解脱を指し、「四徳」は常・楽・我・浄を指す。
(3)大経云諸仏所師所謂法也以法常故諸仏亦常——『南本涅槃経』巻第四、四相品、「諸仏所師、所謂法也。是故如来恭敬供養。以法常故、諸仏亦常」（T12, 627c15-16）を参照。
(4)大経云因滅是色獲得常色受想行識亦復如是——『南本涅槃経』巻第三十五、憍陳如品、「色是無常。因滅是色、獲得解脱・常住之色・受・想・行・識亦是無常。因滅是識、獲得解脱・常住之識」（同前、838b16-18）を参照。
(5)三道——煩悩道・業道・苦道のこと。
(6)四倒——無常・苦・無我・不浄である存在を常・楽・我・浄であるとする誤った見解。

答う。例す。何となれば、業に三種有り。謂わく、漏業・無漏業・非漏非無漏業なり。三報[1]を感ず。謂わく、分段・方便・実報《じっぽう》なり。報は三種の煩悩[2]に由る。謂わく、取相・塵沙・無明なり。又た、三種の報に約して、一一に三道を開す。三種の煩悩に約して、一一に四倒を開す、云云。

5.3. 体相

第三に止観の体相を釈すとは、既に大意の豁達《かったつ》[3]なること前の如く、名字の曠遠《こうおん》[4]なること向《さき》の若《ごと》くなるを知れば、須らく体理の淵玄《えんげん》[5]なるを識るべし。粗《ほ》ぼ四意に寄せて体を顕わす。一に教相、二に眼・智、三に境界、四に得失なり。

夫れ理は教に藉《か》りて彰わる。教法は既に多ければ、故に相を用て顕わす。入理の門は同じからざるが故に、眼・智を用て顕わす。諦に権実有るが故に、境界を用て顕わす。人に差会《しゃえ》[6]有るが故に、得失を用て顕わす。『法華疏[7]』は、四一[8]を用て実を明かす。今は四科[9]を以て体を顕わす。相い類することを得可し。

5.3.1. 教相によって体を顕わす

5.3.1.1. 次第の教相

5.3.1.1.1. 揣度

教相を顕わすとは、夫れ止観の名教《みょうきょう》は、凡聖に通ず。通名《つうみょう》を尋ねて別体を求む可からず。故に相を用て之れを簡ぶ。若し凡夫の止善の治する所は是れ止の相にして、行善の生ずる所は是

(1)三報――分段生死・方便有余土・実報無障礙土のこと。
(2)三種煩悩――取相惑（見思惑）・塵沙惑・無明惑のこと。
(3)豁達――広大であるようす。
(4)曠遠――はるかに遠いようす。
(5)淵玄――奥深いようす。
(6)差会――差（差違性）と会（同一性）の意。
(7)法華疏――『法華文句』のこと。
(8)四一――教一・行一・人一・理一を指す。『法華経』の一乗思想を、教＝教法、行＝修行、人＝修行者、理＝真理のそれぞれが一つであるという視点から明らかにしたものである。
(9)四科――教相・眼智・境界・得失の四項目を指す。

24a

れ観の相なり。又た、四禅[1]、四無量心[2]は是れ止の相にして、六行[3]は是れ観の相なり。此れ等は皆な未だ生死を免れず。即ち有漏を相と為す。故に『大論』に云わく、「摩黎山《まりせん》を除きて、余は梅檀《せんだん》を出だすこと無し[4]」と。三乗の智慧を除きて、余は真の智慧無し、故に今の論ずる所に非ざるなり。二乗は、九想、十想[5]、八背捨、九次第定[6]を以《もち》ゆるが若《ごと》きは、多くは是れ事禅にして、一往止の相なり。有作の四諦の慧は、是れ観の相なり。此の止観は生死を出ずと雖も、是れ拙度なり。色を滅して空に入れば、此の空は亦た止と名づくることを得。亦た非止非不止と名づくることを得れども、観と名づくることを得ず。何を以ての故に。灰身滅智[7]するが故に、観と名づけず。但だ是れ析法[8]の無漏を相と為す。今の論ずる所に非ざるなり。

5.3.1.1.2. 巧度

巧度《ぎょうど》の止に三種有り。一に体真止《たいしんし》[9]、二に方便随縁止《ほうべんずいえんし》[10]、三に息二辺分別止《そくにへんふんべつし》[11]なり。

一に体真止とは、「諸法は縁従り生ず。因縁は空にして主無し。心を息《や》めて本源に達す。故に号して沙門と為す[12]」と。因縁もて仮に合し、幻化《げんけ》にして性虚《こ》なりと知るが故に、名づけて体

(1) 四禅――色界の四禅（初禅・二禅・三禅・四禅）のこと。

(2)四無量心——慈・悲・喜・捨の心を無量に起こし、無量の衆生を救済すること。

(3)六行——六行観のこと。『次第禅門』巻第二によれば、欲界定が苦・麁・障であることを厭い、色界の初禅が勝・妙・出であることを願うことをいう。下の段階の禅定から上の段階の禅定に進むときに修する。「六行観者、一厭下苦・麁・障為三。即是観欲不浄、欺誑可賤。攀上勝・妙・出為三。即是観初禅、為尊重可貴」(T46, 490c25-28)を参照。

(4)大論云除摩黎山余無出栴檀除三乗智慧余無真智慧——『大智度論』巻第二、「如栴檀香　出摩梨山　除摩梨山無出栴檀」(T25, 66b18-19)、同、巻第十八、「三乗是実智慧、余者皆是虚妄、菩薩雖知而不専行。如除摩梨山、一切無出栴檀木」(同前、191b26-28)を参照。「摩黎山」の「摩黎」は、Malaya の音写語。摩羅耶とも音写する。栴檀香を産出する山。

(5)十想——『大品般若経』巻第一、序品、「十想、無常想、苦想、無我想、食不浄想、一切世間不可楽想、死想、不浄想、断想、離欲想、尽想」(T8, 219a11-13)を参照。

(6)九次第定——四禅・四空定(四無色定)・滅受想定(滅尽定)のこと。

(7)灰身滅智——無余涅槃に入って、身も心＝智もまったく無に帰すること。

(8)析法——諸法を分析することで、蔵教の立場を意味する。

(9)体真止——真＝空を体得する止の意。

(10)方便随縁止——方便によって縁＝対象にしたがう止の意。

(11)息二辺分別止——二辺の分別を止息させる止の意。

(12)諸法従縁生因縁空無主息心達本源故号為沙門——『中本起経』巻第一、舎利弗大目揵連来学品、「一切諸法本　因縁空無主　息心達本源　故号為沙門」(T4, 153c18-19)を参照。

と為す。攀縁の妄想は、空を得れば即ち息む。空は即ち是れ真なるが故に、体真止と言う。

二に方便随縁止とは、若し三乗は同じく無言説の道を以て煩悩を断じて真に入らば、真は即ち異ならざるも、但だ煩悩と習とに尽と不尽と有りと言う。二乗、真を体するが若きは、方便の止を須いざるも、菩薩は仮に入るに、正しく応に行用すべし。空は空に非ずと知るが故に方便と言い、薬・病を分別するが故に随縁と言い、心を俗諦に安んずるが故に名づけて止と為す。『経』に言わく、「動も止も、心は常に一なり」[1]と、亦た此の意を証することを得るなり。

三に息二辺分別止とは、生死の流動、涅槃の保証[2]は、皆な是れ偏行・偏用にして、中道に会《え》せず。今、俗は俗に非ずと知れば、俗の辺は寂然たり。亦た非俗を得ざれば、空の辺も寂然たるを、息二辺止と名づく。

此の三止の名は、未だ経論に見えずと雖も、三観に映望《ようもう》し、義に随って名を立つ。『釈論』に云わく、「菩薩は経教に依随《えずい》して、為めに名字を作るを、名づけて法施と為す」[3]と。名を立つるに咎《とが》無し。若し能く経を尋ねて名を得ば、即ち懸《はる》かに此の義に合す。

此の三止を詳らかにするに、前の釈名と、名は髣髴《ほうふつ》として同じけれども、其の相は則ち異なる。同じとは、止息の止は体真に似、停止の止は方便随縁に似、非止の止は息二辺に似たり。其の相は則ち別なりとは、所謂る三諦の相なり。前の三は次の三を成じ、後の一は前の三を具す。[4]

何を以ての故に。体真止の時の如きは、因縁仮名、空にして主無しと達すれば、流動の悪は息む。是れ止息の義と名づく。心を停《とど》めて理に在り、正しく是れ因縁に達するは、是れ停止の義なり。此の理は即ち真、真は即ち本源、本源は止と不止とに当たらず。是れ非止の止なり。此の三義は、共に体真止の相を成ず。

方便止の時の若きは、仮を照らすこと自在にして、散乱、無知の息むは、是れ止息の義なり。心を仮の理に停め、浄名は三昧に入りて、比丘の根性を観じ、薬病を分別するが如きは、是れ停止の義なり。仮の理動ぜざるは、是れ非止の止なり。是の如き三義は、共に方便随縁止の相を成ずるなり。

24b

(1) 経言動止心常一――出典未詳であるが、本書一八九ページ注3を参照。
(2) 保証――証得すること。
(3) 釈論云菩薩依随経教為作名字名為法施――『大智度論』巻第二十二、「問曰、何等是法施。答曰、仏所説十二部経、清浄心為福徳与他説、是名法施。復有以神通力令人得道、亦名法施」(T25, 227b1-4) を参照。
(4) 前三成次三後一具前三――前の止息・停止・非止の止という三義は次の体真止・方便随縁止・息二辺分別止という三止を成立させ、後の三止の一つひとつは前の止息・停止・非止の止という三義を備えることを意味する。

息二辺の時は、生死・涅槃の二相は倶に息む。是れ止息の義なり。理に入る般若を名づけて住と為し、心を中道に縁ずるは、是れ停止の義なり。此の実相の理は、止にも不止にも非ざるは、是れ不止の止の義なり。此の如き三義は、共に息二辺止の相を成ず。

故に前と永く異なるなり。[1]亦た今の用うる所に非ざるなり。

次に観の相を明かさば、観に三種有り。従仮入空《じゅげにっくう》を二諦観と名づけ、従空入仮《じゅぐうにっけ》を平等観と名づけ、二観を方便道と為し、中道に入ることを得、双べて二諦を照らし、心心寂滅して、自然に薩婆若海《さばにゃかい》に流入するを、中道第一義諦観と名づく。此の名は『瓔珞経』に出ず。[2]言う所の二諦とは、仮を観ずるを入空の詮《せん》[3]と為し、空は詮に由りて会す。能所を合わせ論ずるが故に、二諦観と言う。又た、空に会するの日、但だ空を見るのみに非ず、亦復た仮を識《し》る。雲は除かれ、障を発《はら》えば、上は顕われ下は明らかなるが如し。真に由って仮は顕わる。是れ二諦観なること を得。今、仮に由って真に会す。何の意ぞ二諦観に非ざらん。又た、俗は是れ所破にして、真は是れ所用なり。若し所破に従わば、応に俗諦観と言うべく、若し所用に従わば、応に真諦観と言うべし。破・用合わせ論ずるが故に、二諦観と言う。又た、分別するに三種有り。一に教に約すれば、随情[4]の二諦観有り。行に約すれば、随情智の二諦観有り。証に約すれば、随智の二諦観有り。初観の功《く》は、未だ真に契《かな》わずと雖も、教に随い、行に随い、二諦観を論ずること有ることを得るなり。

問う。初めの観は破・用合わせて名を受く。第二の観も亦た破・用あれば、亦た応に二諦と言うべきや。

答う。前に已に二諦の名を受く。後も破・用ありと雖も、更に勝《すぐ》る者に従って、平等の名を受くるなり。

(1)与前永異也――「前」は、止息・停止・非止の止という止の三義を指す。体真止・方便随縁止・息二辺分別止という三止のそれぞれが、止息・停止・非止の止という止の三義を備えるので、三止と止の三義は相違することを意味する。

(2)此名出瓔珞経――『菩薩瓔珞本業経』巻上、賢聖学観品、「三観者、従仮名入空二諦観、従空入仮名平等観。是二観方便道。因是二空観、得入中道第一義諦観、双照二諦、心心寂滅、進入初地法流水中、名摩訶薩聖種性。無相法中、行於中道、而無二故」(T24, 1014b19-23)を参照。

(3)詮――手立ての意。

(4)随情――仏の説法について、相手の機根に応じて説く場合を、「随情」、随事、随他意といい、仏の悟りのままに説く場合を、「随智」、随理、随自意という。随情・随智は観察する智慧についての表現、随事・随理は観察する対境についての表現、随他意・随自意は教えについての表現である。ここでは、随情と随理という対比が見られる。また、相手の機根に応じて説くことと、仏の悟りのままに説くこととが合致する場合を、「随情智」、随自他意という。

問う。第三の観も亦た破・用あり。何ぞ更に勝るるに従って名を受けざるや。

答う。前の両《ふた》つの観は滞ること有るが故に、更に破し更に用うれども、第三の観は滞り無ければ、但だ用に従って名を受く。一例にすることを得ず。

問う。前の二つの観は倶に二諦を観ずれば、亦た応に倶に二諦に入るべきや。

答う。初めは病を破せんが為めの故に仮を観じ、真を用いんが為めの故に真を観ず。是の故に倶に観ずれども、一は用い、一は用いざるが故に、倶に入らず。

問う。真、及び中は、倶に諦と称することを得れども、界の内外の俗は俗なれば、則ち理に非ず。云何んが諦と称せんや。

答う。『地持《じじ》』に二の法性を明かす。「一に事の法性なり[1]」と。性は差別《しゃべつ》なるが故なり。「二に実の法性なり[2]」と。性は真実なるが故なり。即ち二諦の異名なり。既に倶に法性と称するこ
24c とを得れば、何の意ぞ倶に諦と称することを得ざらんや。

問う。若し爾らば、倶に涅槃と称するや。

答う。『経』に云わく、「貧人《びんにん》の宝を得[3]」と。乃至「獮猴《みこう》は酒を得[4]」と。又た「非想定は、即ち世俗の涅槃なり[5]」と。即ち其の義なり。

問う。若し爾らば、倶に無漏なるや。

答う。『論』に云わく、「世間の正見、出世の正見[6]」と。

問う。若し爾らば、倶に無生なるや。

(1) 地持明二法性一事法性——『菩薩地持経』巻第一、真実義品、「云何真実義。略説二種。一者実法性、二者一切事法性」(T30, 892c21-22) を参照。

(2) 二実法性——本ページ注1を参照。

(3) 経云貧人得宝——『南本涅槃経』巻第二十一、光明遍照高貴徳王菩薩品、「如貧窮人獲七宝物、則得安楽。如是安楽亦名涅槃」(T12, 746a7-8) を参照。

(4) 獼猴得酒——『未曾有因縁経』巻下、「獼猴得酒、尚能起舞。況於世人」(T17, 586b1-2) を参照。

(5) 非想定即世俗涅槃——『南本涅槃経』巻第二十一、光明遍照高貴徳王菩薩品、「善男子、若凡夫人及以声聞、或因世俗、或因聖道、断欲界結、則得安楽。如是安楽亦名涅槃、不得名為大涅槃也。能断初禅乃至能断非想非非想処結、則得安楽。如是安楽亦名涅槃、不得名為大涅槃也。何以故。還生煩悩、有習気故」(T12, 746a12-17) を参照。

(6) 論云世間正見出世正見——『大智度論』巻第六十三、「三宝破故、則破世間楽因縁。所謂世間正見。若破世間正見、則破出世間楽因縁」(T25, 503c13-15) を参照。

答う。『経』に云わく、「異相は互いに無なり」[1]と。

問う。仮従り空に入るには、必ず須らく仮を破して空に入るべきや。

答う。通途《つうず》[2]に応に四句有るべし。破せずして入る、破して入る、破して入らず、破せずして入らず。乃至、三十六句あり。後に説くが如し。

従空入仮を平等観と名づくるは、若《も》是し空に入らば、尚お空として有る可きもの無し。何れの仮にか入る可き。

当に知るべし、此の観は、衆生を化せんが為めに、真は真に非ずと知って、方便もて仮に出ずるが故に、従空と言う。薬病を分別して差謬《しゃみょう》[3]無きが故に、仮に入ると言う。平等とは、前に望めて平等と称す。前の観は仮の病を破して、仮の法を用いずして、但だ真の法のみを用う。一を破して一を破せざれば、未だ平等と為さず。後の観は、空の病を破して、還って仮の法を用い、破・用は既に均《ひと》しければ、異時[4]は相い望むが故に、平等と言うなり。

今、応に之れを譬うべし。盲の初めて眼開きて空を見、色を見ることを得るに、色を見ると雖も、種種の卉木《きもく》[5]、根茎、枝葉、薬毒の種類を分別すること能わざるが如し。従仮入空の随智の時も亦た二諦を見れども、仮を用うること能わざるなり。若し人は眼開きて後、能く空を見、色を見るに、即ち種類を識り、洞《はる》かに因縁、麁細の薬食を解し、皆な識り皆な用いて他を利益するは、此れは従空入仮を譬うるなり。亦た真俗を具すれども、正しくは仮を用い、衆生を化せんが為めにす。故に名づけて入仮と為し、復た平等と言う。意は前に説くが如し。

中道第一義観とは、前に仮は空なることを観ずるは、是れ生死を空ず。後に空の空なることを観ずるは、是れ涅槃を空ず。双べて二辺を遮するは、是れ二空観を方便道と為し、中道に会することを得と名づく。故に心心寂滅して、薩婆若海に流入すと言う。又た、初めの観は空を用い、後の観は仮を用う。是れ双存[6]の方便と為す、中道に入る時、能く双べて二諦を照らす。

(1)経云異相互無――『南本涅槃経』巻第三十二、迦葉菩薩品、「一切世間有四種無。一者未生名無。如泥団時、未有瓶用。二者滅已名無。如瓶壊已、是名為無。三者各異互無。如牛中無馬、馬中無牛。四者畢竟名無。如兔角・亀毛」(T12, 816c26-817a1)を参照。
(2)通途――普通のあり方の意。
(3)差謬――誤謬の意。
(4)異時――前の従仮入空観と後の従空入仮観が相違する時を意味する。
(5)卉木――草木の意。
(6)双存――空と仮をどちらも存在させること。

故に『経』に言わく、「心は若し定に在らば、能く世間の生滅の法相を知る」[1]と。前の両つの観を二種の方便と為す。意は此に在るなり。

問う。『大経』に云わく、「定の多きもの、慧の多きものは、倶に仏性を見ず」[2]と。此の義は云何ん。

25a 答う。次第の三観は、二乗、及び通の菩薩は、初めの観の分有り。此れは定多く慧少なきに属し、仏性を見ず。別教の菩薩は、第二の観の分有り。此れは慧多く定少なきに属し、亦た仏性を見ず。二観を方便と為し、第三の観に入ることを得れば、則ち仏性を見る。

問う。『経』に、「十住の菩薩は、慧眼を以ての故に、見ること了了ならず」[3]と言うも、全く見ざるには非ず。初めの観は是れ慧眼の位にして、第二の観は是れ法眼の位なり。云何んが而も両眼は全く見ずと言うや。

答う。彼の次第の眼は、偏の定、偏の慧にして、仏の呵する所なれば、其れを見ると言う可からず。言う所の慧眼の見とは、其の名は乃ち同じきも、実には是れ円教の十住の位なり。三観は現前し、三諦の理に入るを、之れを名づけて住と為し、住を呼んで慧眼と為すのみ。故に『法華』に云わく、「願わくは世尊の如く、慧眼第一浄なることを得ん」[4]と。斯の如きの慧眼は、分見[5]にして未だ了ならず。故に「夜に色を見る空中の鵝雁《ががん》の如し」と言う[6]。二乗の慧眼は此の

如きの名を得るに非ず。故に、『法華』の中に譬えば「人有りて高原を穿鑿するに、唯だ乾土

(1)経言心若在定能知世間生滅之法相――『遺教経《ゆいきょうぎょう》』(『仏垂般涅槃略説教誡経』)、「汝等比丘、若摂心者、心則在定。心在定故、能知世間生滅法相。是故汝等常当精勤修集諸定。若得定者、心則不乱。譬如惜水之家善治堤塘」(T12, 1111c26-29)を参照。

(2)大経云定多慧多倶不見仏性――『南本涅槃経』巻第二十八、師子吼菩薩品、「十住菩薩、智慧力多、三昧力少。是故不得明見仏性。声聞・縁覚、三昧力多、智慧力少。以是因縁不見仏性。諸仏世尊、定慧等故、明見仏性、了了無礙。如観掌中菴摩勒果。見仏性者、名為捨相」(同前、792c3-7)を参照。

(3)経言十住菩薩以慧眼故見不了了――『南本涅槃経』巻第二十五、師子吼菩薩品、「若一切衆生有仏性者、何故不見一切衆生所有仏性。十住菩薩住何等法、不了了見。仏住何等法而了了見。十住菩薩以何等眼不了了見。仏以何眼而了了見」(同前、767b10-14)を参照。

(4)法華云願得如世尊慧眼第一浄――『法華経』化城喩品、「願得如世尊　慧眼第一浄」(T9, 26c5)を参照。

(5)分見――部分的に見ること。

(6)言如夜見色空中鵝鴈――『南本涅槃経』巻第八、如来性品、「復次、善男子、譬如仰観虚空鵝鴈。為是虚空、為是鵝鴈。諦観不已、髣髴見之。十住菩薩於如来性知見少分、亦復如是、況復声聞・縁覚之人而能知見」(T12, 652c14-18)を参照。

25 b

を見る。功を施すこと已まざれば、転じて湿土を見る。遂に漸く泥に至り、後に則ち水を得」[1]とあるが如し。「乾土」は初めの観を譬え、「湿土」は第二の観を譬え、「泥」は第三の観を譬え、「水」は円頓観を譬う。又た、教を譬う。三蔵教の中道を詮ぜざるは「乾土」の如く、通教は「湿土」の如く、別教は「泥」の如く、円教の中道を詮ずるは「水」の如し。二教の詮ぜざる所、二行の到らざる所なり。空に偏するの慧眼は、寧《いずく》んぞ性を見ることを得んや。若し性を見ば、是の処《ことわり》有ること無し。[2]

此の三観[3]と前の三観[4]とは、名は一往同じきに似たれども、義相[5]は則ち異なる。同とは、前は是れ貫穿にして、諸の虚妄を観ずるは、従仮入空に似たり。前の観達の観の、理に達して理と和し、事に達して事と和するは、入仮平等の観に似たり。前の不観の観は、中道に似たり。其の相異なりとは、前は是れ一諦の相なれども、今は是れ三諦の相なり。又た、前の三観は通じて後の三を成じ[6]、後の三は前の三を具す。所以は何ん。従仮入空の如きは、四住[7]の磐石を破す。此れは豈に貫穿の義に非ずや。入る所の空は、空即ち是れ理なり。智の能く理を顕わすは、即ち観達の義なり。此の空理は、即ち是れ非観の観の義なり。此の如き三義は、共に入空観の相を成ず。従空入仮にも亦た三義を具す。何を以ての故に。仮名の法を識《し》り、無知の障を破するは即ち是れ貫穿の義にして、仮名の理を照らし分別して謬り無きは即ち観達の義にして、仮の理の常然たるは即ち不観の観の義なればなり。此の三義は共に仮観の相を成ず。中道の観も亦た三義を具す。二辺を空ずるは、即ち貫穿の義なり。正しく中道に入るは、即ち観達の義なり。中道の法性は、即ち不観の観の義なり。此の如く三義は共に中道観の相を成ず。

此れは摩訶衍《まかえん》に依って三止三観の相を明かす。義を以て相に随うに、條然《じょうねん》[8]として各別なり。若し三観を論ぜば、則ち権実・浅深有り。若し三智を論ぜば、則ち優劣・前後有り。若し三人を論ぜば、則ち諸位の大小有り。此れは則ち次第分張す。今の用うる所に非ざるなり。

(1)法華中譬如有人穿鑿高原唯見乾土施功不已転見湿土遂漸至泥後則得水――本書二三七ページ注6を参照。
(2)無有是処――上に述べたことがありえないという意味。
(3)此三観――従仮入空観・従空入仮観・中道第一義観を指す。
(4)前三観――貫穿・観達・不観に対する観を指す。
(5)義相――意味内容の意。
(6)後三――従仮入空観・従空入仮観・中道第一義観の三観を指す。
(7)四住――見一処住地惑・欲愛住地惑・色愛住地惑・有愛住地惑を指す。
(8)條然――明確に区別するよう す。

5.3.1.2. 不次第の教相

円頓止観の相は、止を以て諦を縁ずれば、則ち一諦なれども三諦なり。諦を以て止に繫《か》くれば、則ち一止なれども三止なり。譬えば三相[1]は一念の心に在り。一念の心なりと雖も、三相有るが如し。止・諦も亦た是の如し。所止の法は、一なりと雖も三にして、能止の心は三なりと雖も一なり。観を以て境を観ずれば、則ち一境なれども三境なり。境を以て観を発すれば、則ち一観なれども三観なり。摩醯首羅の面の上の三目は、是れ三目なりと雖も、是れ一面なるが如し。観境も亦た是の如し。観は三にして即ち一、発は一にして即ち三にして、思議す可からず。権ならず、実ならず、優ならず、劣ならず、前ならず、後ならず、並ならず、別ならず、大ならず、小ならず。故に『中論』に云わく、「因縁もて生ずる所の法は、即空・即仮・即中なり」[2]と。又た、『金剛般若』に云うが如し、「人に目有りて、日の光は明らかに照らせば、種種の色を見るが如し」[3]と。若し眼は独《ひと》り見ば、応に日を須うべからず。若し色無くば、日と眼と有りと雖も、亦た見る所無し。是の如き三法は異なる時ならば、相い離れず。眼は止を喩《たと》え、日は観を喩え、色は境を喩う。是の如き三法[4]は、前ならず、後ならず。一時に三を論じ、三の中に一を論ずることも、亦復た是の如し。若し此の意を見ば、即ち円頓教の止観の相を解す。何ぞ但だ三の一、一の三なるのみならん。総じて前の諸の義は、皆な一心に在り。其の相は

25c 云何ん。無明の顚倒は即ち是れ実相の真なりと体するを、体真止と名づく。此の如き実相は一切処に遍く、縁に随い境に歴て、心を安んじて動ぜざるを、随縁方便止と名づく。生死と涅槃の静・散は休息するを、息二辺止と名づく。一切の諸の仮は、悉皆《こと》ごとく是れ空にして、空は即ち実相なりと体するを、入空観と名づく。此の空に達する時、観は中道に冥じ、能く世間の生滅の法相を知って、実の如くにして見るを、入仮観と名づく。此の如き空慧は即ち是れ中道にして二無く別無きを、中道観と名づく。体真の時、五住の磐石、砂礫、一念に休息するを、止息の義と名づく。心は中道を縁じて、実相の慧に入るを、停止の義と名づく。実相の性は即ち非止非不止の義なり。又た、此の一念は、能く五住を穿《うが》ちて実相に達す。実相は観に非ず、亦た不観に非ず。此の如き等の義は、但だ一念の心中に在り、真際《しんざい》を動ぜずして、而も種

(1)三相――生・住・滅を指す。
(2)中論云因縁所生法即空即仮即中――『中論』巻第四、観四諦品、「衆因縁生法　我説即是無　亦為是仮名　亦是中道義」(T30, 33b11-12)を参照。
(3)如金剛般若云如人有目日光明照見種種色――『金剛般若経』、「若菩薩心不住法而行布施、如人有目、日光明照、見種種色」(T8, 750c1-3)を参照。
(4)三法――太陽と眼と色を指す。

種の差別有り。『経』に云わく、「善能《よ》く諸法の相を分別すれども、第一義に於いて、而も動ぜず」[1]と。名字は多しと雖も、蓋《けだ》し乃ち般若の一法に於いて、仏は種種の名を説く。[2]衆名は皆な円なれば、諸義も亦た円なり。相待、絶待、対体[3]は、不可思議なり。不可思議なるが故に、障《しょう》礙《げ》有ること無し。障礙有ること無きが故に、具足して減ずること無し。是れ円頓の教相にして、止観の体を顕わすなり。

5.3.2. 眼・智によって体を顕わす

二に眼・智を明かすとは、体は則ち知に非ず、見に非ず、因に非ず、果に非ず、之れを説くこと已に自ら難し。何に況んや以て人に示さんをや。知見すること叵《かた》しと雖も、眼・智に由れば、則ち知見す可し。因果に非ずと雖も、因果に由って顕わる。止観を因と為し、智・眼を果と為す、因は是れ顕体の遠由《おんゆ》にして、果は是れ顕体の近由《ごんゆ》なり。其の体は冥妙《みょうみょう》[4]にして、分別す可からざるも、眼・智に寄せて、体をして解す可からしむ。

5.3.2.1. 次第の眼・智

今、先ず次第の眼・智を明かさば、三止・三観を因と為し、得る所の三智・三眼[5]を果と為す。三止とは、体真止の若きは、妄惑は生ぜず、止に因って定を発し、定は無漏を生じて、慧眼開くが故に、第一義を見、真諦三昧は成ず。故に止は能く眼を成じ、眼は能く体を見、真の体を得るなり。随縁止の若きは、真に冥じて仮に出で、心を俗諦に安んず。此の止に因るが故に、陀羅尼を得、陀羅尼は薬・病を分別し、法眼は豁《ひろ》く開けて、通を障《さ》うる無知を破し、常に三昧に在って、二相を以てせず、諸の仏土を見れば[6]、則ち俗諦三昧は成ず。是れ則ち止は能く眼を発し、眼は能く体を得、俗の体を得るなり。息二辺止の若きは、則ち生死・涅槃、空・有は、双べて寂なり。此の止に因って中道の定を発し、仏眼は豁く開けて、照らすこと遍からざ

(1) 経云善能分別諸法相於第一義而不動——『維摩経』巻上、仏国品、「能善分別諸法相　於第一義而不動　已於諸法得自在　是故稽首此法王」(T14, 537c13-15) を参照。
(2) 般若之一法仏説種種名——本書二四五ページ注1を参照。
(3) 対体——名の対応する体の意。
(4) 冥妙——奥深くすばらしいようす。
(5) 三眼——慧眼・法眼・仏眼を指す。
(6) 常在三昧不以二相見諸仏土——『維摩経』巻上、弟子品、「有仏世尊、得真天眼、常在三昧、悉見諸仏国、不以二相」(同前、541b5-6) を参照。

26a

ること無く、中道三昧は成ず。故に止は能く眼を得、眼は能く体を得、中道の体を得るなり。

三観とは、従仮入空の若きは、空慧は相応し、即ち能く見思の惑を破し、一切智を成じ、智は能く体を得、真の体を得るなり。従空入仮の若きは、薬・病、種種の法門を分別す、即ち無知を破し、道種智を成じ、智は能く体を得、俗の体を得るなり。若し双べて二辺を遮し、中に入る方便と為さば、能く無明を破し、一切種智を成じ、智は能く体を得、中道の体を得るなり。

是れ則ち三止・三観は共に三眼・三智を成じ、各おの三の体を得。是の故に体を顕わすに、而も眼・智を談ずるは、即ち此の意なり。

問う。眼もて見、智もて知るに、知と見は異なるや。

答う。此れは応に四句に分別すべし。知にして而も見に非ず、見にして而も知に非ず、亦た知亦た見、知ならず見ならず[1]。凡夫は証せざるが故に見ならず、聞かざるが故に知ならず。二乗の人は証するが故に亦た見、聞くが故に亦た知なり。支仏[2]は証するが故に是れ見、聞かざるが故に知ならず。方便道の人は聞くが故に是れ知、未だ証せざるが故に見ならず。復た次に、信行[3]の人は、聞くに因るが故に慧有り、慧に因るが故に無漏を発し、一切智を得。此の智は、聞くに因るが故に智の知と称す。法行の人は、思惟して定を得、定に因って無漏を発し、慧眼を成ず。此の眼は、禅に因るが故に眼の見と称す。然るに、知・見は同じく真諦を証すれば、因《よ》る所の処に従い、本に仍《よ》って名を受く。故に知・見と言うなり。此れは慧眼と一切智に就いて、此の分別を作す。余の二眼と二智も例して爾り。[4]

5.3.2.2. 不次第の眼・智

一心の眼・智の若きは、則ち此の如くならず、云云。若し不次第の止観の眼・智を明かさば、前に説く所の如く、止は即ち是れ観、観は即ち是れ止、二無く別無し。体を得る近由も亦た是の如し。眼は即ち是れ智、智は即ち是れ眼なり。眼の故に見を論じ、智の故に知を論ず、知は

(1)此応四句分別知而非見見而非知亦知亦見不知不見――『南本涅槃経』巻第十五、梵行品、「善男子、菩薩摩訶薩住是地中、於一切法亦見、亦知。若行、若縁、若性、若相、若因、若縁、若衆生心、若根、若禅定、若乗、若善知識、若持禁戒、若所施、如是等法一切知見。復次善男子、菩薩摩訶薩住是地中、知而不見。云何為知」(T12, 704b14-18)を参照。

(2)支仏――辟支仏(縁覚)のこと。

(3)信行――随信行ともいい、他の教えを信じて修行すること。法行に比して鈍根とされる。法行は、随法行ともいい、自ら思惟して法のように修行すること。信行に比して利根とされる。

(4)余二眼二智――「二眼」は、法眼と仏眼を指す。「二智」は、道種智と一切種智を指す。

即ち是れ見、見は即ち是れ知なり。仏眼は五眼を具し、仏智は三智を具す。王三昧は一切の三[1]昧、悉ごとく其の中に入る。首楞厳定は一切の定を摂す。『大品』に云わく、「道慧・道種慧・一切智。一切種智を得んと欲せば、当に般若を学ぶべし」[2]と。問う。『釈論』に云わく、「三智は、一心の中に在り」[3]と。云何んが「道慧等を得んと欲せば、当に般若を学ぶべし」と言うや。

答う。実に爾り。三智は一心の中に在れども、人に向かって説くに、解し易からしむるが為めの故に、此の如き説を作すのみ。『金剛般若』に云わく、「如来に肉眼有りや。答えて云わく、26b 有り。乃至、如来に仏眼有りや。答えて云わく、有り」[4]と。五眼有りと雖も、実には分張せず、秖《た》だ一眼に約して、備《つぶ》さに五用有り、能く五境を照らす。所以は何ん。仏眼も亦た能く麁色《そしき》を照らすこと、人の見る所の如く、亦た人が見る所に過ぎたるを、肉眼と名づく。亦た能く細色を照らすこと、天の見る所の如く、亦た天の見る所に過ぎたるを、天眼と名づく。麁・細の色は空なりと達すること、二乗の見る所の如くなるを、慧眼と名づく。仮名に達して謬《あやま》らざること、菩薩の見る所の如くなるを、法眼と名づく。諸法の中に於いて、皆な実相を見るを、仏眼と名づく。当に知るべし、仏眼は円かに照らして、遺《のこ》すこと無し。故に『経』に云わく、「五眼は具足して菩提を成じ、永く三界の与《た》めに父母と作る」[5]と。独り仏眼と称するは、衆流《しゅる》の海

に入れば、本《もと》の名字を失うが如し。[6] 四用無きに非ざるなり。仏智の空を照らすこと、二乗の見

(1)王三昧――三昧王三昧の略。三昧のなかの王の意で、最高の三昧のこと。

(2)大品云欲得道慧道種慧一切智一切種智当学般若――『大品般若経』巻第一、序品、「菩薩摩訶薩欲具足道慧、当習行般若波羅蜜。菩薩摩訶薩欲以道慧具足道種慧、当習行般若波羅蜜。欲以道種慧具足一切智、当習行般若波羅蜜。欲以一切智具足一切種智、当習行般若波羅蜜。欲以一切種智断煩悩習、当習行般若波羅蜜。舎利弗、菩薩摩訶薩應如是学般若波羅蜜」(T8, 219a19-26) を参照。

(3)釈論云三智在一心中――『大智度論』巻第二十七、「問曰。一心中得一切智、一切種智断一切煩悩習。今云何言以一切智具足得一切種智、以一切種智断煩悩習。答曰。実一切一時得。此中為令人信般若波羅蜜故、次第差品説。欲令衆生得清浄心。是故如是説。復次雖一心中得、亦有初・中・後次第。如一心有三相。生因縁住、住因縁滅。又如心・心数法。不相応諸行、及身業・口業。以道智具足一切智、以一切智具足一切種智、以一切種智断煩悩習亦如是」(T25, 260b17-26) を参照。

(4)金剛般若云如来有肉眼不答云有乃至如来有仏眼不答云有――『金剛般若経』、「須菩提、於意云何。如来有肉眼不。如是。世尊、如来有肉眼……須菩提、於意云何。如来有仏眼不。如是。世尊、如来有仏眼」(T8, 751b13-20) を参照。

(5)経云五眼具足成菩提永与三界作父母――『請観音経』、「五眼具足成菩提　永与三界作父母」(T20, 37b28-29) を参照。

(6)独称仏眼者如衆流入海失本名字――『大智度論』巻第三十九、「以是故、肉眼・天眼・慧眼・法眼、成仏時、失其本名、但名仏眼。譬如閻浮提四大河、入大海中、則失其本名」(T25, 348b18-21) を参照。

る所の如くなるを、一切智と名づく。仏智の仮を照らすこと、菩薩の見る所の如くなるを、道種智と名づく。仏智の空・仮・中を照らし、皆な実相を見るを、一切種智と名づく。故に、三智は一心の中に得と言うなり。

故に知んぬ、一心の三止の成ずる所の三眼は、不思議の三諦を見る。此の見は、止従り得るが故に、眼の名を受け、一心三観の成ずる所の三智は、不思議の三境を知り、此の智は、観従り得るが故に、智の名を受く。境と諦とは、左右の異なりのみ。見と知とは、眼目の殊なる称にして、応に別説すべからず。今、境を将《も》ち来たりて智を顕わし、三観をして明らめ易からしめ、諦を用て来たりて眼と目《な》づけて、三止をして解す可からしむ。三の説を作すと雖も、実には是れ不可思議の一法なるのみ。此の一法の眼・智を用て、円頓止観の体を得るなり。

此の如き解釈は、観心に本づき、実に経を読みて次比《じひ》[1]を安置するに非ず、人の嫌疑を避けんが為めに、信を増長せしめんが為めに、幸いに修多羅と合するが故に、引きて証と為すのみ。

5.3.3. 境界に寄せて体を顕わす

5.3.3.1. 境を説くの意を明かす

三に境界を明かすとは、若し能顕の眼・智の中の意を得ば、所顕の諦境の説を俟《ま》つこと無し。

26c 未だ解せざる者の為めに、更に此の一科あり。夫れ信行は、多く聞くことを尚《たっと》ぶ。此れに因って分別して、以て円妙に会す。法行は、深く観ずることを宗《たっと》ぶ。此れに縁《よ》って思惟して、以て正境を見るのみ。

此れに就いて二と為す。一に境を説く意を明かし、二に諸境の離合を明かす。『経』に云わく、「諸の衆生に、仏の知見を開かしめんが為めなり[2]」と。若し中の境[3]無くば、智は知る所無く、眼は見る所無し。当に知るべし、応に仏眼の境あるべきことを。『経』に云わく、「世に孰《たれ》か真の天眼有る者にして、二相を以てせず、諸の仏土を見るや[4]」と。若し俗の境無くば、此の

(1) 次比――次第順序の意。

(2) 経云為諸衆生開仏知見――『法華経』方便品、「云何名諸仏世尊唯以一大事因縁故出現於世。諸仏世尊、欲令衆生開仏知見、使得清浄故、出現於世」(T9, 7a22-25) を参照。

(3) 中境――中道の境の意。

(4) 経云世孰有真天眼者不以二相見諸仏土――『維摩経』巻上、弟子品、「即為作礼而問曰、世孰有真天眼者。維摩詰言、有仏世尊、得真天眼、常在三昧、悉見諸仏国、不以二相。於是厳浄梵王、及其眷属五百梵天、皆発阿耨多羅三藐三菩提心、礼維摩詰足已、忽然不現。故我不任詣彼問疾」(T14, 541b4-9) を参照。

眼は、応に仏土を見るべからず。『経』に云わく、「天眼は開闢《かいびゃく》し、慧眼は真を見る」[1]と。故に知んぬ、応に慧眼の境有るべきことを。此の三諦の理は、不可思議にして、決定の性無く、実に説く可からざるなり。

若し縁の為めに説かば、三意を出でず。一に随情の説、即ち他意に随う語なり。二に随情智の説、即ち自と他との意に随う語なり。三に随智の説、即ち自意に随う語なり。

云何んが情に随って三諦を説くや。盲の乳を識らずして、便《すなわ》ち他に問うて言わく、乳の色は何に似たるや。他人は答えて言わく、色の白きこと貝・粖《かゆ》・雪・鶴等の如し。此の説を聞くと雖も、亦た乳の真の色を了すること能わず。是れ諸の盲人は各各解を作し、競いて貝・粖を執して、四諍《しじょう》を起こすが如し[2]。凡情の愚翳《ぐあい》[3]なるは、亦復た是の如し。三諦を識らざれば、大悲方便もて、而も為めに分別す。或いは有門に約して、三諦を明かす。盲の貝と聞くが如し。或いは空の門に約して、三諦を明かす。盲の粖と聞くが如し。或いは空有門を作して、三諦を明かす。盲の雪と聞くが如し。或いは非空非有の門を作して、三諦を明かす。盲の鶴と聞くが如し。此の説を聞くと雖も、未だ諦理に即せず。是れ諸の凡夫は、終に常・楽・我・浄、真実の相を見ること能わず、未だ見ることを得ずと雖も、各おの空有に執して、互《たが》相いに是非す。所以に常途に二諦を解する者に、二十三家ありて[4]、家家《けけ》同じからず、各各見を異にし、皆な経論を引く。孰《たれ》か是《ぜ》なるかを知ること莫し。若し併《あわ》せて是なりと言わば、理は則ち無量ならん。若し併せて非なりと言わば、悉ごとく拠る所有り。此の義の為めの故に、自を執して他を非とし、甘露を飲むと唯《いえど》も、命を傷つけて早く夭《よう》す。『経』に称《とな》えらく、「文殊と弥勒は、未だ悟らざる時、共

(1)経云天眼開闢慧眼見真――『無量寿経』巻下、「肉眼清徹靡不分了、天眼通達無量無限、法眼観察究竟諸道、慧眼見真能度彼岸、仏眼具足覚了法性」(T12, 274a4-6) を参照。

(2)如盲不識乳便問他言乳色何似他人答言色白如貝粖雪鶴等雖聞此説亦不能了乳之真色是諸盲人各各作解競執貝粖而起四諍――『南本涅槃経』巻第十三、聖行品、「如生盲人不識乳色、便問他言、乳色何似。他人答言、色白如貝。盲人復問、是乳色者、如貝声耶。答言、不也。復問、貝色為何似耶。答言、猶稲米末。盲人復問、乳色柔軟如稲米末耶。稲米末者復何所似。答言、猶如雨雪。盲人復言、彼稲米末冷如雪耶。雪復何似。答言、猶如白鶴。是生盲人雖聞如是四種譬喩、終不能得識乳真色。是諸外道亦復如是、終不能識常・楽・我・浄。善男子、以是義故、我仏法中有真実諦、非於外道」(同前、688c15-25) を参照。

(3)愚翳――愚かで、かすみ目であること。

(4)解二諦者二十三家――『広弘明集』巻第二十一 (T52, 247c-250b を参照) に、二十三人 (昭明太子と二十二人の僧侶) の二諦の義についての説が収録されている。

に二諦を諍《あらそ》いしに、両《ふた》りながら地獄に堕つ」[1]と。今の世の凡情は、偏《ひと》えに一文を執し、鏗然《きょうねん》[2]として固著す。謂って能と為すと雖も、恐らくは仏の旨に乖《そむ》かん。是の如き等の人は、皆な未だ随情の三諦を識らず。若し此の意を識らば、種種の説を聞いて、即ち如来の、根情に[3]俯逐《ふちく》[4]することを知らん。根情は既に多ければ、説くことも一種ならず。此れは即ち是れ他意に随って三諦を説くなり。

27a

随情智に三諦を説くとは、情に就いて二[5]を説き、智に就いて一[6]を説く。若し爾らば、一の所に三を論ずることを得ず。此れは凡情に就くに、凡情は悉ごとく是れ方便にして、一に即して而も三なりと雖も、但だ束《つか》ねて二[7]と為す。若し聖智に就かば、聖智は皆な是れ実に得て、一に即して而も三なりと雖も、但だ束ねて一[8]と為す。情と智と相い望むが故に、三諦と言うなり。相似の位の人の如きは、六根浄の時、猶お未だ真を発して中道を見ざれば、三諦を観ずと雖も、位に約して往いて明かすに、但だ四住、及び塵沙の惑を破するのみ。既に方便の道を証すれども、但だ束ねて二諦と為す。若し初住に入りて、無明を破し仏性を見、双べて二諦を照らさば、方《まさ》に称して智と為す。亦た三諦を具すれども、但だ束ねて中道第一義諦と為す。情と智と合わせ論ずるは、即ち是れ自と他との意に随う語なり。

随智に三諦を説くとは、初住従り去りて、但だ中を説くは視聴を絶するのみに非ず、真俗も亦た然り。三諦は玄微《げんみ》[9]にして、唯だ智のみ照らす所にして、示す可からず、思う可からず、聞く者は驚き怪しむ。内に非ず外に非ず、難に非ず、易に非ず、相に非ず、相に非ざるに非ず、是れ世法に非ず、相貌《そうみょう》有ること無く、百非《ひゃっぴ》[10]もて洞《あきら》かに遣《や》り、四句[11]は皆な亡《もう》ず。

(1)経称文殊弥勒未悟之時共諍二諦両堕地獄――『最妙勝定経』、「仏告阿難、我自憶往昔作多聞士、共文殊諍利、諍有無二諦。文殊言有、我言無也。由是諍論而不能定二諦有無。死堕三悪道、服熱鉄丸。経無量劫、従地獄出」(蔵外仏教文献第一輯・一〇、三四二上一三～一五)を参照。
(2)鏗然――堅固なようす。
(3)根情――能力・気持ちの意。
(4)俯逐――「俯」は下に向かう(衆生に対すること)こと、「逐」は追いかけること。
(5)二――真と俗を指す。
(6)一――中道を指す。
(7)二――真と俗を指す。
(8)一――中道を指す。
(9)玄微――奥深くかすかなこと。
(10)百非――すべての否定の意。
(11)四句――四句分別のことで、ある問題に関するすべての可能なあり方を包括する。

唯だ仏と仏とのみ乃《いま》し能く究尽《くじん》す[1]。言語道は断え、心行処は滅す[2]。凡情を以て図り想う可からず。若しは一[3]、若しは三[4]は、皆な情望を絶す。尚お二乗の測る所に非ず。何《いか》に況んや凡夫をや。乳の真の色は、眼開けば乃ち見、徒《いたず》らに言語を費《ついや》すも、盲は終に識らざるが如し[5]。是の如く説くは、名づけて随智に三諦の相を説くと為す。即ち是れ自の意に随う語なり。

今、更に『経』の中に明かす所の二諦の文を引きて、三諦の説を顕成《けんじょう》す。若し凡夫の人は即ち能く因縁に体達して、観解《かんげ》を生ずと言わば、豈に情に随って俗を説くに非ずや。因縁は即ち空なりと体するは、豈に情に随って真を説くに非ずや。若し此の如くば、即ち是れ情に随って二諦を説くなり。若し凡夫の心の見る所を名づけて俗諦と為し、聖人の心の見る所を名づけて真諦と為す[6]と言わば、此の如きの説は、豈に情智に随って二諦を説くに非ずや。若し凡夫は世間を行じて、世間の相を知らずと言わば、凡夫は尚お世間の俗を知らず。那んぞ真を知ることを得ん。故に知んぬ、二諦は、皆な凡情の識る所に非ざることを。此の如き説は、豈に智に随って二諦を説くに非ずや。二諦に既に三番の説[7]有れば、三諦も此れに例して解す可し。

疑う者は、若し仏は常に二諦に依って法を説くが[8]故に、三番の二諦の意有りと言わば、今も亦た此れに例す。仏は常に中道を好んで、降胎《ごうたい》、出生、出家、成道、入滅は皆な中夜[9]に在り。一色一香も中道に非ざること無し。若し中道を説かば、豈に三意[10]もて縁に赴かざらんや。

27b

又た、一一の説に、各おの四悉檀の意を具す。随情の中の四の意とは、夫れ諦理は説く可からず、説かば、必ず言に寄せ、言は必ず情に契《かな》い、情は必ず欣悦《ごんえつ》[11]す。或いは真を聞きて歓喜し、

(1)唯仏与仏乃能究尽――『法華経』方便品、「唯仏与仏乃能究尽諸法実相」(T9, 5c10-11)を参照。

(2)言語道断心行処滅――『大智度論』巻第二、「心行処滅、言語道断、過諸法如、涅槃相不動」(T25, 71c7-8)を参照。

(3)一――中道を指す。

(4)三――三諦を指す。

(5)如乳真色眼開乃見徒費言語盲終不識――本書二八一ページ注2を参照。

(6)凡夫心所見名為俗諦聖人心所見名為真諦――『南本涅槃経』巻第十二、聖行品、「世諦者、即第一義諦。世尊、若爾者、則無二諦。仏言、善男子、有善方便、随順衆生、説有二諦。善男子、若随言説、則有二種。一者世法、二者出世法。善男子、如出世人之所知者、名第一義諦。世人知者、名為世諦」(T12, 684c14-18)を参照。

(7)三番――随情・随情智・随智を指す。

(8)仏常依二諦説法――『中論』巻第四、観四諦品、「諸仏依二諦　為衆生説法　一以世俗諦　二第一義諦」(T30, 32c16-17)を参照。

(9)中夜――夜間を三分したなかの中間の部分で、夜の九時から午前一時までを指す。

(10)三意――随情・随情智・随智の三番の三諦の意。

(11)欣悦――喜ぶこと。

或いは俗を聞きて歓喜し、或いは中を聞きて歓喜す。此れは即ち是れ随情の中に世界悉檀の意を用うるなり。夫れ衆生の便宜は同じからず、或いは無を説くを聞きて戒慧は増長し、或いは有と説くを聞きて戒慧は増長し、或いは中を説くを聞きて戒慧は増長す。此れは即ち随情の中に為人悉檀の意を用うるなり。夫れ行者は、悪を破すること同じからず。或いは有の法を聞きて、能く睡眠・覚観等を破り、或いは無の法を聞きて、能く睡・散等を破り、或いは中の法を聞きて能く睡・散等を破る。此れは即ち随情の中に対治悉檀の意を用うるなり。夫れ衆生は、悟りに入ること同じからず。或いは無を聞きて解を開き、或いは有を聞きて超悟し、或いは中を聞きて発徹《ほってつ》す[1]。乃至、観心も亦た爾なり。或いは有の観を説くに怳たること雲影の如く、或いは無の観を作して身心を泯失《みんしつ》し、或いは中の観を作して神智《じんち》は明白なり。是の如き等の種種の不同は、応に一に在りて二に在らざるべく、応に二[2]に在りて一に在らざるべし。故に云わく、「仏は生の法を説くに、無生の法に於いて度することを得、仏は無生の法を説き、生の法に於いて度することを得」と。此れは即ち是れ第一義悉檀の意を用うるなり。

故に『法華』に「仏は衆生の種種の欲・種種の行・種種の性・種種の憶想を知る」と云うは[3]、即ち此の四意なり[4]。何が故に爾るや。「種種の欲」とは、是れ世界に随い、「種種の性」とは、是れ生善、「種種の行」とは、是れ対治、「種種の憶想」とは、是れ第一義なればなり。何が故に「性」は生善に属し、「行」は対治破悪に属するや。若し通じて論ぜば、「性」の善には冥有り顕有り。「行」の悪にも亦た冥有り顕有り。今、義便《ぎべん》[5]に従えば、善は是れ冥伏《みょうぶく》[6]、悪は是れ彰《しょう》露《ろ》[7]なり。仏の未だ出でざりし時の如きは、三乗の善根は冥伏して現ぜず。故に善性は冥なりと言う。若し三諦を聞かば、此の善は発生す。故に知んぬ、「種種の性」は応に生善に属すべく、為人悉檀に対す可きことを。又た、仏の未だ出でざりし時は、諸の衆生の悪行は彰顕して、邪

(1) 発徹——悟りを徹底すること。
(2) 一——俗、真、中のどれか一つの意。「二」は、その他の二つの意。
(3) 法華云仏知衆生種種欲種種行種種性種種憶想——『法華経』如来寿量品、「如来如実知見三界之相、無有生死、若退若出、亦無在世及滅度者、非実非虚、非如非異、不如三界見於三界。如斯之事、如来明見、無有錯謬。以諸衆生有種種性・種種欲・種種行・種種憶想分別故、欲令生諸善根、以若干因縁・譬喩・言辞種種説法、所作仏事、未曾暫廃」(T9, 42c13-19) を参照。
(4) 四意——四悉檀を指す。
(5) 義便——意味上の便宜の意。
(6) 冥伏——隠れること。
(7) 彰露——現われること。

27c
非僻倒の過失は現前す。仏は此の悪を破せんが為めの故に、三諦を説く。故に知んぬ、「種種の行」は破悪に属し、即ち対治悉檀なることを。「種種の憶想」は是れ第一義なりとは、「想」は是れ慧の数なり。僻なるが故に、心倒、見倒等と成る。若し知識に遇いて、此の想の慧を正さば、即ち三不倒を成ず。仏は其の此の慧を正さんと欲するが故に、三諦を説く。即ち第一義なり。情に随って三諦を説くに、既に四意を具すれば、情智に随い、智に随って三諦を説くことも、此れに例して解す可し。

是れ則ち三四十二種[1]に三諦を説くは同じからず。豈に凡情を以て、聖を局《かぎ》って唯だ一種なるのみと謂い、執諍《しゅうじょう》して自ら毀《こぼ》つ可けんや。若し聖説の崖《かぎり》無きことを知らば、終《つい》に此れを是とし、彼れを非とし、増上慢を起こして、高挙《こうこ》稜層《りょうそう》[2]せず。有智の盲人は乳の色を諍《あらそ》うこと莫《な》きが如く[3]、勤めて方便を行じ、慚愧して羞《は》ずること有り。三止を以て三眼を証し、三法を見[4]、三智を獲て、三諦を知らん。中を見ることは分明にして、双照暁了[5]するは、雲除きて障を発《ひら》けば、上顕われ下明らかなるが如し。爾の時、乃ち是非を諦審[6]し、決定して師子吼す可し。

私に謂《おも》う。情に随うは是れ併《あわ》せて与え、情智に随うは是れ半《なか》ば与え半ば奪い、智に随うは是れ併せて奪う。何となれば、聖は凡に語って「汝が今の心想は即ち是れ俗なり、能く俗は虚なりと体達するは即ち是れ真なり」と云うが如きは、豈に併せて与うる相に非ずや。汝が今知る所の百千の推画は皆な是れ俗にして、唯だ聖の知る所なるのみは乃ち是れ真なり。豈に半ば与え半ば奪う相に非ずや。夫れ二諦は凡人併せて識らず、上聖のみ独り能く知る。此れは豈に併せて奪うに非ずや。此の釈は解すること易きが故に、之れを録す。

5.3.3.2. 境智の離合を明かす

二に境智の離合を明かすとは、先に境、次に智なり。

5.3.3.2.1. 諦の離合を明かす

衆経に諦を説くに、或いは四、三、二、一にして、離合は同じからず。今当に通じて説くべし。

(1)三四十二種――随情・随情智・随智の三種のそれぞれに四悉檀があるので、十二種となる。
(2)高挙稜層――自分を高く持ち上げて自惚れること。
(3)如有智盲人莫諍乳色――本書二八一ページ注2を参照。
(4)三法――三諦を指す。
(5)双照暁了――「双照」は俗と真をどちらも照らすこと、「暁了」は明らかに理解すること。
(6)諦審――つまびらかにすること。

28a 三蔵は是れ方便の教なり。但だ二諦を明かすのみ。菩薩は初心の中の心に真を縁じて四住を伏《ぶく》し、煩悩の脂をして消《しょう》せしめ、三阿僧祇に六度の行を修し、功徳の身をして肥《こ》えしめ、百劫[1]に相好を種《う》え、五神通を獲《え》、法眼を得て俗諦を照らし、根性を分別し、衆生を調熟《じょうじゅく》して、仏事を作し、後心に道場に坐して、三十四心に見思の惑を断じ尽くす。此の三十四心は、八忍・八智・九無礙・九解脱[2]を合して、三十四心と為すなり。又た、『経』に言わく、「一念に六百の生滅あり」[3]と。成論師《じょうろんし》の云わく、「一念に六十の刹那《せつな》あり」[4]と。秖《た》だ是れ一念に仮従り空に入り、慧眼を得、真諦を照らして、成仏することを得。前に已に俗を照らし、次に復た真を照らす。二諦の双び明らかなるは、弟子と異なり。菩薩は但だ俗を照らして真を照らさず、二乗は但だ真を照らして俗を照らさず、仏は能く兼倶《けんく》[5]し、更に中道第一義諦を加う。三蔵の二諦は已に是れ方便にして、二諦の上に於いて更に中道を加え、方便の上に更に復た方便にして、此の諦を照見すれば、更に仏眼を加え、此の諦を知るが故に、更に一切種智を加う。離《り》すれば則ち二有り、合すれば則ち三有り。是れ三蔵の法の中の二諦・三諦の離合の相と為すなり。

次に三乗の人は、同じく無言説の道を以て煩悩を断ずるに、諦の離合を論ずれば、俗諦は則

（1）令煩悩脂消三阿僧祇修六度行使功徳身肥――『大智度論』巻第十五、「問曰、云何結使未断而能不随。答曰、正思惟故、雖有煩悩而能不随。復次思惟観空・無常相故、雖有妙好五欲、不生諸結。譬如国王有一大臣、自覆蔵罪、人所不知。王言、取無脂肥羊来、汝若不得者、当与汝罪。大臣有智、繫一大羊、以草穀好養。日三以狼而畏怖之、羊雖得養、肥而無脂。牽羊与王、王遣人殺之、肥而無脂。王問、云何得爾。答以上事。菩薩亦如是、見無常・苦・空狼、令諸結使脂消、諸功徳肉肥」（T25, 169b2-11）を参照。

（2）八忍八智九無礙九解脱――見道において四諦を現観する無漏智に、見惑を断じる無間道（無礙道）の智＝忍と、断じ終わって四諦の理を証する解脱道の智がある。全部で八忍・八智の十六心がある。欲界の苦諦に関して苦法智忍・苦法智、上界（色界・無色界）の苦諦に関して苦類智忍・苦類智があり、以下同様にして、集法智忍・集法智、集類智忍・集類智、滅法智忍・滅法智、滅類智忍・滅類智、道法智忍・道法智、道類智忍・道類智がある。道類智の前の十五心が見道に属し、道類智は修道に属す。

また、三界（欲界・色界・無色界）は九地（欲界・四禅天・四無色天）に分けられ、九地の一々に見惑と修惑（思惑）がある。そして、それぞれの地の修惑に九品の段階を設け、その一品の修惑を断じるのに、無礙道（無間道ともいう。惑を断じつつある位）と解脱道（惑を断じ終わって解脱を得る位）がある。したがって、一地ごとに、九無礙道、九解脱道があることになる。

（3）経言一念六百生滅――『輔行』には出典を「大経」（『涅槃経』）とするが、出典未詳。

（4）成論師云一念六十刹那――吉蔵にも類似の説の紹介がある。『百論疏』巻下、「成実師実法三相、一念六十刹那。前二十為生、次二十為住、後二十為滅」（T42, 290a5-7）を参照。

（5）兼倶――俗諦と真諦とを合わせて照らすこと。

ち同じく、真諦は則ち異なり。『大論』に云わく、「空に二種有り。一に但空《たんくう》、二に不但空なり」[1]と。『大経』に云わく、「二乗の人は、但空を見て、不空を見ず。智者は但空を見るのみに非ず、能く不空を見る。不空は即ち大涅槃なり」[2]と。二乗の但空の智は螢火《けいか》の如く、菩薩の人の智慧は日の如し。既に空は異なりて智は別なれば、則ち両諦の殊《こと》[3]なり有り。而して今、合して一の真諦と為す。二乗の仮を体して真に入るは、秖《た》だ但空に入りて、但空従り仮に入ること能わず、化他の用無し。菩薩の仮を体して但真《たんしん》[4]に入るは、能く但空従り仮に入りて、衆生を化《け》度《ど》[5]し、仏国土を浄《きよ》む。上根の菩薩は仮を体して真に入り、前に但空に入り、次に不但空に入れば、則ち無明を破し仏性を見るは、前の真と永く別なり。豈に同じく一の真諦と為す可きや。

昔、荘厳家《しょうごんけ》[6]の云わく、「仏果は二諦の外に出ず」と。此の片意《へんい》[7]を得て、義を作すは成ぜず。仏の智は別に何の境を照らし、別に何の惑を断ずるやを知らず、云云。若し今の意を得ば、外に出ずるの義は即ち成ぜん。開善家《かいぜんけ》[8]の云わく、「仏果は二諦の外に出でず」と。二乗を動異[9]すること能わず、義を作すは復た成ぜず。若し此の意を得ば、出でざる義も亦た成ぜん、古来、此れを名づけて風流の二諦[10]と為す。意は此《ここ》に在るなり。

(1)大論云空有二種一但空二不但空――『大智度論』巻第三十七、「釈曰、不堕声聞・辟支仏地者、空相応有二種。一者但空、二者不可得空。但行空、堕声聞・辟支仏地。行不可得空、空亦不可得、則無処可堕」(T25, 335a16-20)を参照。「但空」とは、空の一面のみを知って、不空の面を知らないことをいう。

(2)大経云二乗之人但見於空不見不空智者非但見空能見不空不空即大涅槃――『南本涅槃経』巻第二十五、師子吼菩薩品、「善男子、汝問、云何為仏性者、諦聴諦聴。吾当為汝分別解説。善男子、仏性者、名第一義空。第一義空、名為智慧。所言空者、不見空与不空。智者見空及与不空・常与無常・苦之与楽・我与無我。空者、一切生死。不空者、謂大涅槃」(T12, 767c17-22)を参照。

(3)両諦――真諦と俗諦の二諦の意。

(4)但真――但空と同義。

(5)化度――教化救済すること。

(6)荘厳家――荘厳寺僧旻《そうびん》の学派を指す。

(7)片意――断片的な意味のこと。

(8)開善家――開善寺智蔵の学派を指す。

(9)動異――動揺させること。

(10)風流二諦――『法華経三大部補注』巻第二、「荘厳云、仏果出二諦外。開善云、不出。如僧伝中有乗法師、先与一師住開泰寺。此師中途離開泰寺。後時乗在本寺開講序、仏果出二諦外。此師難云、為仏果出二諦外、為二諦出仏果外。乗反質云、為法師出開泰、為開泰出法師等。学者当知二家所執乃計通教利鈍両根、故有出与不出。古来名為風流二諦」(X28, 147c23-148a5)を参照。

28 b

但空、不但空は合する時、秖だ是れ一の真諦なり。離する時は、両の真諦を成ず。三蔵家と異なる。彼の三蔵の第三諦は、但だ中道の名のみ有りて、別の体無し。眼に別の見無く、智に別の知無し。今は則ち爾らず。第三諦を亦た真諦と名づけ、亦た中道第一義諦と名づく。別の体、別の見、別の知有り。是れ通教の二諦・三諦の離合の相と為すなり。

次に別教に二諦を明かすは、前と永く異なる[1]。前の真俗を合して、別が家[2]の俗と為す。俗とは、是れ世界は隔別《きゃくべつ》[3]にして、俗は有、真は無なり。凡夫は俗諦の摂する所と為り、二乗は真諦の摂する所と成る。既に有無の異なりあるが故に、称して俗と為す。『勝鬘』に、「二乗を名づけて空乱意の衆生と作す」[4]と。『大経』に云わく、「我れは弥勒と共に世諦を論ずるに、五百の声聞は真諦を説くと謂う」[5]と。若し二諦を論ぜは、俗諦は開せず。若し三諦を作さば、有を開して俗と為し、無を関して真と為し、不但空に対して、第一義諦と為す。是れ別教の離合の相と為すなり。

(1)永――底本の「求」を、甲本、『全集本』によって「永」に改める。

(2)別家――別教の範疇の意。

(3)隔別――隔たった別々なものの意。

(4)勝鬘名二乗作空乱意衆生――『勝鬘経』、自性清浄章、「世尊、如来蔵者、非我、非衆生、非命、非人。如来蔵者、堕身見衆生・顚倒衆生・空乱意衆生、非其境界」(T12, 222b19-21)を参照。

(5)大経云我与弥勒共論世諦五百声聞謂説真諦――『南本涅槃経』巻第三十二、迦葉菩薩品、「我往一時在耆闍崛山、与弥勒菩薩共論世諦。舎利弗等五百声聞、於是事中、都不識知。何況出世第一義諦」(同前、821c5-8)を参照。

【訳註者略歴】

菅野博史（かんの・ひろし）

1952年　福島県生まれ
1976年　東京大学文学部卒業
1984年　東京大学大学院博士課程単位取得退学
1994年　文学博士（東京大学）

創価大学文学部教授、
公益財団法人東洋哲学研究所副所長、
中国人民大学客員教授。

専門は仏教学、中国仏教思想史。

著書・訳書
『法華玄義』上・中・下〔第三文明選書〕
『法華文句』Ⅰ～Ⅳ〔第三文明選書〕
『一念三千とは何か――「摩訶止観」正修止観章』〔第三文明選書〕
『現代に生きる法華経』〔レグルス文庫〕（以上、第三文明社）
『現代語訳　法華玄義』上・下（東洋哲学研究所）
『法華経入門』（岩波書店）
『南北朝・隋代の中国仏教思想研究』
『法華玄義を読む――天台思想入門』
『法華経――永遠の菩薩道　増補新装版』（以上、大蔵出版）
『中国法華思想の研究』
『法華とは何か――「法華遊意」を読む』（以上、春秋社）
『中国仏教の経典解釈と思想研究』（法藏館）　など

摩訶止観《まかしかん》（Ⅰ）　第三文明選書18

2022年8月20日　初版第1刷発行

訳註者　菅野博史《かんのひろし》
発行者　大島光明
発行所　株式会社 第三文明社
東京都新宿区新宿1-23-5　郵便番号　160-0022
電話番号　03(5269)7144（営業代表）
03(5269)7145（注文専用）
03(5269)7154（編集代表）
URL　https://www.daisanbunmei.co.jp
振替口座　00150-3-117823

印刷所　図書印刷株式会社
製本所　牧製本印刷株式会社

ISBN 978-4-476-18018-3